Textos de intervenção política

FUNDAÇÃO EDITORA DA UNESP

Presidente do Conselho Curador
Mário Sérgio Vasconcelos

Diretor-Presidente / Publisher
Jézio Hernani Bomfim Gutierre

Superintendente Administrativo e Financeiro
William de Souza Agostinho

Conselho Editorial Acadêmico
Divino José da Silva
Luís Antônio Francisco de Souza
Marcelo dos Santos Pereira
Patricia Porchat Pereira da Silva Knudsen
Paulo Celso Moura
Ricardo D'Elia Matheus
Sandra Aparecida Ferreira
Tatiana Noronha de Souza
Trajano Sardenberg
Valéria dos Santos Guimarães

Editores-Adjuntos
Anderson Nobara
Leandro Rodrigues

JEAN-JACQUES ROUSSEAU

Textos de intervenção política

Organização, tradução, notas e apresentação
Thiago Vargas

Revisão técnica
Thomaz Kawauche

© 2022 Editora Unesp

Direitos de publicação reservados à:
Fundação Editora da Unesp (FEU)
Praça da Sé, 108
01001-900 – São Paulo – SP
Tel.: (0xx11) 3242-7171
Fax: (0xx11) 3242-7172
www.editoraunesp.com.br
www.livrariaunesp.com.br
atendimento.editora@unesp.br

Dados Internacionais de Catalogação na Publicação (CIP) de acordo com ISBD
Elaborado por Vagner Rodolfo da Silva – CRB-8/9410

R864t	Rousseau, Jean-Jacques
	Textos de intervenção política / Jean-Jacques Rousseau; organização, tradução, apresentação e notas por Thiago Vargas. Revisão técnica por Thomaz Kawauche. – São Paulo: Editora Unesp, 2022.
	Inclui bibliografia. ISBN: 978-65-5711-089-8
	1. Filosofia. 2. Jean-Jacques Rousseau. 3. Política. 4. Administração pública. I. Vargas, Thiago. II. Título.
2021-3256	CDD 100 CDU 1

Editora afiliada:

Sumário

Apresentação – Revoluções imperceptíveis:
  Rousseau e a concretude política . 7
Nota sobre a tradução . 31

Correspondência entre Buttafoco e Rousseau

Carta de 31 de agosto de 1764 . 35
Carta de 22 de setembro de 1764 . 41
Carta de 3 de outubro de 1764 . 45
Carta de 15 de outubro de 1764 . 51
Carta de 10 de novembro de 1764 . 55
Carta de 26 de fevereiro de 1765 . 59
Carta de 24 de março de 1765 . 61
Carta de 11 de abril de 1765 . 67
Carta de 26 de maio de 1765 . 71
Carta de 19 de outubro de 1765 . 75

Projeto de constituição para a Córsega

Preâmbulo . 81
Plano . 83
Fragmentos do manuscrito . 141

Considerações sobre o governo da Polônia e sua reforma projetada

I. Estado da questão . 157
II. Espírito das antigas instituições . 163
III. Aplicação . 169
IV. Educação . 181
V. Vício radical . 189
VI. Questão das três ordens . 193
VII. Meios para manter a constituição . 199
VIII. Do rei . 223
IX. Causas particulares da anarquia . 231
X. Administração . 239
XI. Sistema econômico . 245
XII. Sistema militar . 261
XIII. Projeto para submeter todos os membros do governo a uma marcha gradual . 273
XIV. Eleição dos reis . 287
XV. Conclusão . 297

Recomendações bibliográficas . 307

Apresentação
Revoluções imperceptíveis:
Rousseau e a concretude política

Sob diversos aspectos é possível afirmar que a filosofia de Rousseau, que confessadamente declara ter compreendido que "tudo se liga radicalmente à política",[1] teve como finalidade realizar uma mudança na maneira de pensar a condução dos governos e da sociedade de sua época. Sem ignorar a presença de um público extemporâneo ao qual Rousseau por vezes se dirige em suas obras, essa interpretação abrange tanto os textos que privilegiam uma abordagem eminentemente teórica dos princípios que compõem seu pensamento, conforme assim anunciam as linhas iniciais do *Contrato social* (1762), quanto outros livros cujos mesmos postulados de seu sistema se revelam e se difundem sob outras formulações e gêneros, tais como, por exemplo, o romance epistolar *Julie ou A nova Heloísa* (1761) ou o tratado de educação *Emílio* (1762). Sob uma perspectiva geral, podemos notar que em mais de uma ocasião, como no *Prefácio a Narciso*, no *Discurso sobre as ciências e as artes* (1750) ou no fragmento *O luxo, o comércio e as artes*, Rousseau faz questão de destacar a dimensão crítica e reativa que caracteriza sua filosofia, cujo

---

[1] Rousseau, Confessions, p.404.

intuito é apontar e erigir aporias não contra um ou outro autor em particular, mas contra um pensamento moderno ainda em vias de constituição.

É certo, por um lado, que o caráter interventivo de uma obra é com frequência subjacente, podendo por vezes até mesmo ser secundário em relação a qualquer intenção primeira que a norteie. Por outro lado, um expediente bem diferente é encontrado em trabalhos que manifestamente anunciam seu desejo de refletir sobre uma conjuntura ou situação histórica específica, visando contribuir de modo mais imediato para o estado atual de uma questão política concreta. De Platão a Foucault, a história da filosofia é repleta de exemplos de autores e autoras que, instados a se manifestar ou fazendo-o de forma voluntária, buscaram se engajar tendo em vista uma conjuntura precisa.

Classificam-se nessa última categoria de obras as *Cartas escritas da montanha* (1763-64), o *Projeto de constituição para a Córsega* (1765) e as *Considerações sobre o governo da Polônia e sobre sua reforma projetada* (1771), textos de Rousseau redigidos em um período no qual o filósofo já era um autor lido e discutido por toda a Europa, momento em que seus principais conceitos se encontravam consolidados em um sistema político, moral e antropológico iniciado na década de 1750 e cujo ápice é atingido no ano de 1762. Chamadas de "política aplicada", "política concreta" ou de textos de "prática",[2] essas obras formam um conjunto

---

2 Essas três denominações encontram-se, respectivamente, na introdução de Barbara de Negroni (2012) ao volume *Discours sur l'économie politique et autres textes*; no artigo de Bruno Bernardi (2018) sobre a correspondência de Rousseau e Buttafoco, escrito para a coletânea *Affaires de Corse*; e no livro *Rousseau*: da teoria à prática, de Luiz Roberto Salinas Fortes (2021[1976]).

que poderia ser convenientemente identificado como "textos de intervenção política", caso entendamos por *intervir* tanto o ato de emitir uma avaliação e opinião sobre um assunto específico quanto buscar influenciar os rumos e desenvolvimentos de um acontecimento factual.

Seja qual for a denominação dada a esse grupo de textos, convém realizar uma nuance importante no interior dessa tríade: diferente das *Cartas*, escritas por Rousseau como reação às acusações feitas contra o *Emílio* e o *Contrato* e redigidas em meio à exacerbação da crise com a república de Genebra,[3] o *Projeto* e as *Considerações* foram trabalhos formalmente solicitados por terceiros, isto é, elaborados a pedido de políticos corsos e poloneses que representavam interesses de determinados grupos nacionais, a fim de angariarem apoio para suas respectivas causas. A isso é preciso acrescentar que, diferente das *Cartas*, estas duas últimas obras possuem um caráter inacabado e durante muito tempo circularam clandestinamente em forma de manuscritos, tendo sido publicadas apenas postumamente. Essas particularidades já parecem oferecer razões suficientes para justificar a relevância de se compreender o contexto no qual ambas foram escritas, uma vez que elas nos ajudam a esclarecer alguns dos argumentos e fatos históricos presentes no texto, bem como auxiliam a jogar luz sobre algumas estratégias, decisões e recomendações concebidas por Rousseau.

---

3 Rousseau escreve em resposta às críticas e acusações contidas em *Cartas escritas do campo* (setembro de 1763), de Jean-Robert Tronchin, procurador-geral de Genebra. Os textos de Tronchin advogavam pela condenação das obras do filósofo.

Comecemos pelo caso da Córsega. Em 1762, com a condenação de *Emílio* e do *Contrato social* pelo Parlamento de Paris e pelo Pequeno Conselho de Genebra, Rousseau inicia seus anos de fuga pela Europa. É nesse período turbulento, mais especificamente no mesmo ano em que é publicada a obra *Cartas escritas da montanha*, que o filósofo passa a ser procurado pelo capitão Matteo Buttafoco, militar aristocrata e partidário dos independentistas corsos que realizava um trabalho de convencimento da causa junto às potências europeias. Hábil a tecer boas relações políticas e respeitado entre os seus compatriotas, Buttafoco participava do círculo de confiança de Pasquale Paoli, liderança máxima do movimento "paolista" pela libertação da ilha, e também seria um futuro desafeto de Napoleão Bonaparte, nascido em Ajácio, e que em sua juventude era também um admirador de Paoli e aficionado leitor de Rousseau.[4] Buttafoco buscava livrar a Córsega do domínio da República de Gênova e, para isso, conjugava uma inclinação pró-França a uma expectativa de obtenção de amplo apoio da sociedade letrada, almejando ter em mãos um plano prévio das instituições a serem adotadas no momento em que sobreviesse a desejada libertação da Córsega.

Nada mais natural para Buttafoco do que tentar persuadir Rousseau a assumir o papel de patrono intelectual das instituições políticas da ilha. Afinal, no *Contrato social* o filósofo havia realizado um diagnóstico auspicioso: "ainda existe na Europa um país capaz de legislação: é a ilha da Córsega. O valor e a constância com a qual esse bravo povo soube recobrar e defender sua liberdade bem mereceriam que algum sábio homem lhe ensinasse a conservá-la. Tenho certo pressentimento de que um

---

4 Cf. Zamoyski, *Napoleão*.

dia essa pequena ilha surpreenderá a Europa".[5] Animado com o elogio e motivado diante da disposição favorável de Rousseau, em uma notável troca de correspondências Buttafoco o convence a escrever um projeto de sistema político para os corsos.

Sintetizemos algumas das diversas razões que fazem da troca epistolar um registro importante. Em primeiro lugar, a correspondência ilustra a maneira pela qual o capitão corso explica e enxerga a situação da Córsega e como Rousseau reagirá e responderá a tais informações, tal como vemos no texto encontrado no manuscrito do *Projeto*. Em segundo lugar, ela demonstra a preparação do filósofo para a elaboração do texto, uma vez que Rousseau pretendia dedicar, a partir de 1765, um ano de estudo sobre a ilha e pelo menos mais três anos para a redação final do projeto. Tal disposição revela que o plano publicado integrava somente a etapa inicial – ou, como escreve Rousseau, algumas meditações ou "ideias provisórias" – do texto que seria finalmente dirigido aos corsos. Em terceiro lugar, e talvez mais importante, ela expõe um importante procedimento metodológico do processo de coleta de informações por Rousseau: a maneira pela qual ele organiza, estrutura e prepara os documentos para elaborar seus argumentos enquanto filósofo disposto a escrever sobre um problema político concreto. Com isso, é possível também compreendermos como foi acordado o envio dos materiais e arquivos necessários para que a redação do projeto pudesse começar.

---

5 Rousseau, Do contrato social ou princípios do direito político, in: *Rousseau – Escritos sobre a política e as artes*, livro II, capítulo 10, p.556. Todas as citações do *Contrato* utilizadas nesse volume referem-se a essa tradução.

O conteúdo das cartas demonstra que Buttafoco, militar dedicado, notável correligionário paolista e cioso em atender os interesses nacionais da Córsega, era também um escritor cuidadoso, assíduo leitor dos autores modernos, além de indivíduo atento às mudanças de perspectivas teóricas observadas na economia política de sua época. Em suas cartas e documentos, o capitão não esconde a inspiração que encontrava em Montesquieu, encampando em diversos trechos a teoria do *doux commerce*, segundo a qual o comércio teria como efeitos abrandar os costumes, inspirar a tolerância e substituir a beligerância das guerras pelas trocas.[6] Tendo em vista o estabelecimento de boas instituições para a Córsega, Buttafoco procurava conciliar os princípios encontrados em *Do espírito das leis* (1748) com aqueles expostos no *Contrato social*. De forma sucinta, podemos afirmar que o capitão corso pretendia aliar a independência política da ilha a uma forma de opulência econômica obtida através do comércio, isto é, buscava estabelecer uma forma híbrida que transitasse entre o governo das leis do republicanismo e o mecanismo social da sociedade mercantil, algo próximo da república comerciante preconizada na quarta parte do livro de Montesquieu. Vejamos como algumas dessas influências se refletem nos escritos de Buttafoco que foram enviados para Rousseau.

No *Exame histórico e justificativo da revolução da ilha da Córsega contra a República de Gênova*,[7] o capitão critica o mau governo realizado pelos genoveses que exploravam a Córsega, explicando as

---

6 Cf. Hirschman, *The Passions and the Interests*.

7 Assim como o *Memorando de Vescovado* citado mais adiante, o *Exame* é um documento redigido originalmente em italiano por Buttafoco e enviado para Rousseau. Ambos os manuscritos foram traduzidos para o francês e publicados somente em 1980, em uma edição organizada

razões das revoltas e o direito dos corsos de se levantarem contra a tirania. O *Exame* afirma que a ilha, um país fértil e cujos habitantes poderiam ser dispostos ao trabalho, fora até então má administrada por Gênova, que não fez senão espoliar os corsos, acabar com a produtividade da terra, lançar seus habitantes na preguiça e na inação, permitindo a proliferação dos crimes e dando início, finalmente, à diminuição da população. Ainda segundo Buttafoco, o povo era sobrecarregado por impostos e os indivíduos chegavam até mesmo a vender móveis e utensílios de suas casas a fim de obter dinheiro para o pagamento dos tributos, o que aprofundava a miséria e desencorajava o estímulo ao trabalho. No cenário retratado pelo *Exame* observamos um governo explorador, impedindo o florescimento de uma economia independente e mantendo a nação na pobreza:

> Buscamos a Córsega na Córsega e não mais a encontramos: ela não é mais reconhecível. Que país podemos comparar a esse? Em que lugar vemos as desolações, o despovoamento, o abandono da agricultura, da indústria, do comércio, serem o fruto de medidas perniciosas e da política pérfida do governo? Em que lugar vemos o príncipe constituir um sistema no qual os súditos são reduzidos à mais extrema e horrorosa indigência? É culpa dos corsos se são miseráveis? Deve-se admoestá-los ou deve-se culpar a insaciável crueldade dos opressores dessa infeliz nação?[8]

---

    por P. Castellin e J.-M. Arrighi, aqui citada. Cf. Buttafoco; Rousseau, *Projets de Constitution pour la Corse*.
8 Buttafoco, Examen historique, in: *Projets de Constitution pour la Corse*, p.89.

Segundo essa avaliação, Gênova administrava o país através da manutenção da miséria de seus habitantes, impedindo qualquer atividade de manufatura, comércio ou agricultura. Ora, como fazer com que esse país oprimido por um governo estrangeiro, cuja economia se encontra em constante declínio, possa prosperar? Longe de insistir somente no papel da agricultura da ilha, os documentos de Buttafoco enfatizam a liberdade como fonte da indústria e da abundância, e defendem o estímulo ao trabalho através de uma paixão particular, o amor ou incentivo ao ganho. Este seria um afeto capaz de aumentar a produção, impulsionar o comércio e garantir a abundância da ilha:

> Bastava encorajar a agricultura, a indústria, o comércio e teríamos visto do que os habitantes eram capazes. Seria preciso assegurar as posses, seria preciso observar uma justiça severa, e então o povo, longe de se entregar às armas, seria ligado ao cultivo das terras e ao comércio. O amor pelo ganho teria estimulado o amor pelo trabalho e em pouco tempo a nação teria gozado de um bem-estar que nunca deveria se vangloriar de suportar, pois esses meios, vantajosos para eles, não o seriam para os tiranos. Queriam assegurar a posse da ilha da Córsega e, para conseguir isto, acreditaram ser mais razoável nela fazer reinar mais a ociosidade, a penúria e o crime do que o trabalho, a opulência e a virtude. Eis os frutos desse governo tão enfatuado! [9]

Os corsos, reivindicando a baixa de impostos para a exportação de gêneros, buscavam abundância e prosperidade através da inserção no comércio realizado entre as nações europeias. Seria nessa liberdade para comerciar, aliada à proteção da propriedade

---

9 Ibid.

privada, que a Córsega garantiria sua abundância. Conforme escreve Buttafoco, "as nações vizinhas aportam sobre as praias para fazer um comércio de troca; os corsos, que sob domínio dos genoveses estavam acostumados a nada retirar de seus gêneros, sentem o quão vantajoso é viver sob um bom governo e animados pelo incentivo do ganho, pela segurança, pela proteção" e, em seguida, conclui que "a liberdade é a fonte da indústria e da abundância. A indústria e a opulência desejam apenas a segurança das posses".[10]

Finalmente, no *Memorando de Vescovado*, outro documento preparado por Buttafoco que fora enviado para Rousseau, o capitão inicia parafraseando o *Contrato* para em seguida exaltar o momento oportuno para o recebimento de novas leis, instituições e costumes: "a situação presente dos assuntos da Córsega torna essa ilha capaz de receber uma boa legislação. Como seu governo ainda não possui uma constituição fixa e permanente, a mudança do sistema político não ocasionaria, em si mesma, nenhuma inconveniência, pois as cabeças ainda se encontram em estado de indecisão e preparadas para receber toda espécie de novos regramentos".[11]

Eis então a descrição do estado de coisas na Córsega que Rousseau recebe de Buttafoco: um país sob o jugo da tirania, observando um decrescimento populacional, no qual os impostos oprimem o povo, em que não há segurança nem para os indivíduos, nem para as propriedades, onde o solo fértil é mal aproveitado por uma agricultura de exploração e, enfim, um país no qual o trabalho é desestimulado. Não obstante, a ilha é um

---

10 Ibid, p.90.
11 Buttafoco, Mémoire..., in: *Projets de Constitution pour la Corse*, p.65.

país promissor, com um povo apto a ser constituído em um corpo político bem ordenado, embora, como escreve Rousseau em um dos fragmentos do manuscrito, "os corsos quase ainda se encontram no estado natural e são, mas é preciso muita arte para mantê--los ali".[12] Essa arte interventiva é precisamente a política que, para ser efetiva, deve levar em conta as particularidades da nação para a qual se dirige e ser realizada no tempo adequado.

Como assim revelam as primeiras trocas de correspondências, Rousseau encara como tarefa o estabelecimento de um plano de governo, e não a formação de um código ou corpo de normas constitucionais; muito menos se sentia "em condição de alterar, por assim dizer, a natureza humana",[13] traço característico do trabalho do legislador. Para ficarmos com os termos empregados por Buttafoco em sua primeira carta, solicita-se ao filósofo um "plano do sistema político" para a ilha. Portanto, é relevante ressaltar que Rousseau não pretendia assumir um papel semelhante ao de Licurgo ou Numa Pompílio: antes, ele age como filósofo que, diante de um caso concreto, analisa-o segundo as noções estabelecidas no *Contrato* para, em seguida, estabelecer um diagnóstico preciso e oferecer suas prescrições para a nação corsa e polonesa.

Assim, seus princípios são como ferramentas necessárias construídas pelo próprio filósofo para a operação da ciência do direito político, pois possibilitam a execução do ofício de escritor político e o tornam capaz de auferir a legitimidade das instituições de uma nação, sempre levando em conta a variedade de condições que determinam cada experimento. Um pequeno parágrafo do livro V do *Emílio* sintetiza esse processo: "Antes de observar, é preciso

---

12 Rousseau, *Fragmentos do manuscrito*, p.153.
13 Cf. Rousseau, Do contrato social, II, 7, p.545.

fazer regras para as observações; é preciso fazer uma escala para relacionar as observações às medidas que tomamos. Nossos princípios de direito político são essa escala. Nossas medidas são as leis políticas de cada país".[14] Nesse sentido, a intitulação *Projeto de constituição para a Córsega*, atribuída posteriormente à obra, uma vez que o manuscrito não contém título dado pelo autor, pode ser enganadora e despistar as reais intenções e conteúdo do texto. De todo modo, e uma vez consideradas essas ressalvas, optou-se por manter nessa edição o título já usual e canônico da obra, amplamente empregado pela bibliografia crítica rousseauniana.

Por fim, quanto ao estilo apresentado no escrito sobre a Córsega e a formulação de algumas ideias ali apresentadas, é preciso levar em conta o já mencionado caráter não acabado do *Projeto*, publicado somente em 1861 – ou seja, quase cem anos após sua redação – na coleção de obras e correspondência inéditas organizada por Georges Streckeisen-Moultou. Nesse sentido, a presente tradução conta com notas e contextualizações, além de trazer anotações e fragmentos encontrados no manuscrito e no caderno de trabalho de Rousseau, disponibilizando aos leitores e leitoras instrumentos capazes de propiciar uma compreensão mais ampla do processo de realização do texto. Em forma de esboço, a versão original do *Projeto* carece de revisões de pontuação e do uso de letras maiúsculas, fazendo com que mesmo nas edições francesas certas decisões importantes de fraseado e vocabulário fiquem a cargo do intérprete ou tradutor.[15] Graças à conservação de documen-

---

14 Rousseau, *Emílio ou Da educação*, p.590.
15 Veja-se o caso dos já citados volumes *Discours sur l'économie politique et autres textes*, editado e organizado por Barbara de Negroni, e da edição *Affaires de Corse*, organizada por Christophe Litwin e editada por James Swenson.

tos como o *Manuscrito de Genebra*, uma primeira versão do *Contrato social*, e da troca de correspondências entre Rousseau e seu editor Marc-Michel Rey, sabemos que o filósofo costumava não apenas consentir com determinadas revisões editoriais, mas que ele próprio corrigia e alterava por diversas vezes o texto antes de sua versão definitiva. As recentes publicações das obras de Rousseau pela editora Vrin, realizando uma edição crítica através de um trabalho comparativo dos originais, demonstra muito bem esse processo ao mesmo tempo genealógico, cronológico e editorial das obras, permitindo-nos ver como se operou a construção dos conceitos e do sistema filosófico de Rousseau.

Passemos para a segunda parte do volume, as *Considerações sobre o governo da Polônia*. Redigidas entre 1770 e 1771, as *Considerações* foram publicadas apenas em 1782. A partir de 1772, Rousseau passa a se dedicar aos seus escritos autobiográficos, compostos por *As confissões, Rousseau juiz de Jean-Jacques* e *Os devaneios do caminhante solitário*, também publicadas postumamente. Com isso, é possível afirmar que o texto sobre a Polônia é a última obra manifestamente política escrita pelo filósofo.

As *Considerações* foram feitas a pedido do conde polonês Michel Wielhorski, enviado pela Confederação de Bar para a França com o intuito de realizar trabalhos diplomáticos e angariar apoio à causa dos insurretos. Lutando pela deposição de Estanislau Antoni Poniatowski (Estanislau II), monarca suscetível aos interesses do governo da Rússia e protegido da imperatriz Catarina II, a Confederação formou-se em 1768 e era liderada por Józef Pulaski e outros nobres poloneses que buscavam afastar as ingerências russas no país.

Ao longo do século XVIII, o destino da Polônia fora alvo de disputa por grandes potências estrangeiras, como a Rússia, mas também Áustria, Prússia e Espanha, sem contar a simpatia de autoridades francesas para com a causa dos insurretos; junto a isso, da Guerra de Sucessão da Polônia (1733-1738) até a condução de Estanislau II ao trono (1764), o país havia se tornado objeto constante de atenção dos escritores políticos. É nesse contexto que Wielhorski passa a buscar apoio diplomático e teórico, a fim de dispor de reflexões políticas, jurídicas, educacionais, econômicas, geográficas e históricas, pretendendo estabelecer as melhores instituições possíveis para seu país.

Rousseau é então contatado no final de 1770 e, ao mesmo tempo estudando os documentos que lhe foram enviados e redigindo suas reflexões, finaliza o trabalho das *Considerações* em 1771, enviando-o em caráter de confidencialidade para Wielhorski. No entanto, cópias não autorizadas do manuscrito rapidamente começaram a circular pelas livrarias parisienses; sendo o conde o responsável pela manutenção do sigilo do texto do filósofo, a quebra do acordo despertou uma desconfiança insanável e ocasionou um rompimento entre ambos. No segundo e terceiro diálogos de *Rousseau juiz de Jean-Jacques*, Rousseau brevemente descreve, não sem alguma mordacidade, detalhes acerca do episódio. Em um dos trechos, lemos sua impressão sobre o trabalho realizado e sobre a relação com Wielhorski:

> Devo, no entanto, acrescentar aos detalhes que acabei de relatar que J.J., no meio de todo esse trabalho manual, empregou ainda seis meses no mesmo período tanto a examinar a constituição de uma nação infeliz quanto a propor ideias sobre as correções que devem ser feitas nela, e isso por insistência, reiterada teimosamente, de um dos primeiros patriotas dessa nação, que lhe apresentava como um dever os trabalhos que lhe impunha e que, como única forma de

gratidão pelo zelo e pelo tempo que pôs nesse trabalho, deixou claro na sequência que não queria ter com ele nenhuma obrigação, e depois quis mandar-lhe vinho.[16]

Sobre a variedade de documentos encaminhados para Rousseau, podemos destacar dois que nos parecem dignos de atenção. O primeiro consiste num conjunto de textos fisiocráticos enviados aos poloneses, contendo escritos de Du Pont de Nemours (versando sobre o sistema educativo), de Nicolas Baudeau e de Le Mercier de la Rivière. De fato, a Polônia passara a interessar todos os membros do grupo dos *économistes*, escola liderada por François Quesnay. Baudeau, um dos editores do jornal fisiocrático *Efemérides do cidadão*, permanece um tempo na Polônia e, entre 1770 e 1771, chega a publicar no periódico as *Opiniões econômicas aos cidadãos esclarecidos da República da Polônia, acerca da maneira de obter rendimentos públicos*, coligidos posteriormente nas *Cartas históricas sobre o estado atual da Polônia e sobre a origem de seus infortúnios*, lançadas em 1772. Rivière também escreve *O interesse comum dos poloneses*, manuscrito atualmente conservado nos Arquivos Nacionais da França. Rousseau, que já havia lido parte relevante da obra fisiocrática e expresso sua rejeição pelas ideias dessa escola em sua célebre correspondência com Mirabeau,[17] teve amplo acesso aos textos dos economistas (evocados pelo filósofo no capítulo *Sistema econômico*) dos quais Wielhorski dispunha. O segundo caso é o *Do governo e das leis da Polônia, para o sr. conde Wielhorski*, preparado no começo da década de 1770 e publicado apenas em 1789.

---

16 Rousseau, *Rousseau juiz de Jean-Jacques*, p.274.

17 Sobre a relação entre Rousseau e os fisiocratas, cf. Vargas, *As sociedades e as trocas – Rousseau, a economia política e os fundamentos filosóficos do liberalismo*.

Escrito pelo abade Gabriel Bonnot de Mably, que também passara uma temporada na Polônia, o manuscrito – mais tarde organizado em forma de tratado –, fora enviado para Rousseau por intermédio do conde polonês. Assim como o texto de Mably se revela como um importante contraponto para as ponderações de Rousseau, o abade (para quem Rousseau consentira abrir uma exceção da confidencialidade do manuscrito) foi um dos primeiros leitores das *Considerações sobre o governo da Polônia*, tendo dirigido suas objeções em um manuscrito intitulado *Observações sobre o governo da Polônia*.

Quanto ao conteúdo das *Considerações*, há pelo menos dois pontos que o tornam especialmente relevante não somente em relação ao *Contrato*, mas que o alçam ao estatuto de peça fundamental para uma compreensão nuançada do sistema político de Rousseau.

O primeiro diz respeito à crítica ao sistema representativo. Se no *Contrato social* a representação era vista com desconfiança em relação à soberania e concluía-se que "no momento em que um povo se concede representantes, ele não é mais livre",[18] nas *Considerações sobre o governo da Polônia* a representação nos grandes Estados é tida como um fato inevitável (e, no caso específico, será até mesmo necessária para o bom funcionamento das Dietas polonesas).

O filósofo, portanto, é instado diante da concretude política a estabelecer reflexões inéditas sobre a matéria, propondo meios que seriam capazes de refrear o poder dos deputados e obstar a corrupção dos parlamentares. Prazos fixos para os mandatos, remoção da inamovibilidade da maioria dos senadores,

---

18 Rousseau, Do contrato social, III, 15, p.604.

limitações do poder de indicação do rei, números limitados para a reeleição, confecção das cédulas de votação: embora Rousseau recomende evitar reformas que pudessem ensejar os *tumultos democráticos* – referindo-se sobretudo a um recurso retórico que suscita paixões inflamadas e um estado de agitação e turbulência que impede a discussão de propostas efetivas para o interesse comum –, o texto mostra que sua intenção era inserir de modo gradual elementos de uma democracia representativa em um país essencialmente feudal, cuja administração e burocracia era inteiramente dominada por famílias ligadas à nobreza e ao entorno Real. Nesse mesmo sentido, apesar do capítulo *Do rei* iniciar constatando que a Polônia é um Estado extenso que não poderia dispensar a figura máxima da realeza, esse momento das *Considerações* apresenta uma das mais ácidas críticas de Rousseau à forma de governo monárquica, sobretudo ao sistema de monarquia hereditária. Seguindo os conselhos de Rousseau, mesmo a Coroa eletiva a ser adotada pelos poloneses acabaria por ser tão limitada que a monarquia, com um rei desprovido de poder de fato, mais se assemelharia a uma espécie de parlamentarismo. Por fim, apesar de muitos dos princípios explorados no capítulo *Meios para manter a constituição* sejam inspirados no *Contrato*, citado expressamente por diversas vezes ao longo do texto, a imperatividade da deputação no caso concreto da Polônia faz com que Rousseau desenvolva instrumentos para garantir que a representatividade expresse, de fato, a vontade dos eleitores e da nação. Não por acaso, uma das propostas principais do filósofo é fortalecer os procedimentos de escolha dos núncios nas Dietinas. Afinal, como elas são circunscritas às províncias, o controle e o estabelecimento de regras para a representação se aplicariam mais facilmente. Em outras palavras, os meios de fiscalizar os deputados seriam ali mais efetivos, uma vez que eles receberiam instruções diretamente dos cidadãos daquela região, pois habitam a mesma cidade ou província que seus eleitores, ou, para citarmos Rousseau, nas províncias os núncios "são mais conhecidos e [...] enfrentam seus concorrentes".[19]

O segundo ponto digno de nota é que, sobretudo no caso da Polônia – país já constituído, caracterizado por determinados costumes e instituições –, revela-se um autor muito mais inclinado para a reforma paulatina do Estado do que a figura do revolucionário radical esboçada após a publicação do *Contrato social*, cujo retrato foi definitivamente pintado no curso da Revolução Francesa. Nas *Considerações*, lemos um autor preocupado em não realizar rupturas bruscas que pudessem lançar a Polônia em novos conflitos internos e aprofundar o estado anárquico no qual, segundo assim se avaliava, o país se encontrava. Rousseau chega a aconselhar a seguinte máxima aos poloneses: "nada mudar sem que haja necessidade, nem para subtrair nem para acrescentar".[20]

Teria então o filósofo abandonado os ideais transformadores de seus princípios do direito político para se conformar a um realismo reformista? Essa aparente diferença entre o "escrever" e o "agir" não seria mais uma das contradições com as quais se poderia acusar Rousseau de paradoxal? Não parece ser esse o caso, e podemos mesmo recordar brevemente que Rousseau, longe de ter renegado os conceitos do *Contrato*, recorre a trechos dessa obra – por vezes citada expressamente pelo autor – ao longo dos textos da Polônia e da Córsega. Quanto aos detalhes

---

19 Rousseau, *Considerações sobre o governo da Polônia*, p.210.
20 Rousseau, op. cit., p.215.

pertinentes ao intricado tratamento entre os textos teóricos e práticos, a literatura crítica brasileira constitui uma tradição marcante nos estudos rousseaunianos,[21] para a qual remetemos os leitores e leitoras. Não obstante, nessa apresentação aos textos de intervenção parece pertinente ressaltar dois aspectos presentes no texto da Polônia, em certa medida também identificados no escrito sobre a Córsega, que podem contribuir para a abordagem de algumas das dificuldades suscitadas por essas questões.

Em primeiro lugar, é preciso considerar a preocupação de Rousseau em evitar que o seu plano de transição, o qual sem dúvida desagradaria os funcionários e nobres que se aproveitavam dos cargos e do *status quo*, aparatos burocráticos que contribuem para estratificação social típica do regime monárquico, desencadeasse uma guerra civil ou aprofundasse o estado de anarquia do país. Assim, lemos nas *Considerações* uma proposta de reorganização completa da nação através de um ajuste gradativo nos sistemas de promoções nos cargos do Estado, na reestruturação dos corpos militares, na revisão das funções do rei, na libertação gradativa dos camponeses e servos que ainda se submetiam a um sistema feudal e nobiliário, para que, enfim, um primeiro sopro de liberdade pudesse alcançar as aldeias e as cidades do país. Esse expediente, concomitante à introdução de eleições e a reforma da composição das casas parlamentares, visava fazer com que os poloneses paulatinamente caminhassem para um misto de democracia e aristocracia cuja soberania residisse no poder do povo. As noções de gradação, de "pequenas

---

[21] Para ficarmos com três textos canônicos a esse respeito: o livro de Luiz Roberto Salinas Fortes (2021[1976]) e os artigos de Milton Meira do Nascimento (1988) e Maria das Graças de Souza (2006).

modificações" ou de "sutis mudanças", para empregarmos os termos de Rousseau, também estão presentes no escrito da Córsega, sobretudo no que diz respeito à transição entre as formas de governo e sua relação com os diferentes sistemas econômicos.

Em segundo lugar, Rousseau enxerga a sociedade civil como sendo composta por "corpos" – associações, partidos, militares, parlamentares, nobreza, confederados, dentre outros – que possuem cada qual uma vontade particular em relação à vontade geral do corpo político, sendo este último formado por todos os membros da sociedade, sem exceção. Lembremos também que em ambos os textos de encomenda, seja no caso da Córsega ou da Polônia, os solicitantes, fossem eles verdadeiramente devotos dos interesses nacionais, participavam de uma causa composta por um grupo específico – no caso, Buttafoco e Wielhorski integravam certa parcela da nobreza local. Ora, caso um desses "corpos particulares" dentro do Estado viesse a conduzir uma revolução em nome de todo o povo, isso não apenas significaria que a revolução fatalmente se fundaria no problemático modelo representativo dos desejos políticos como horizonte de luta, mas também se verificaria ali o triunfo da vontade particular de um corpo sobre todos os demais, inclusive sobre a vontade geral,[22] que poderia muito bem ser abafada durante e após

---

[22] Argumento desenvolvido no *Contrato social*, II, 3: "se houver facções, ou associações parciais à custa da grande associação, a vontade de cada uma dessas associações torna-se geral em relação a seus membros e particular em relação ao Estado. Pode-se dizer que então não há mais tantos votantes quantos são os homens, mas somente quantas são as associações. As diferenças tornam-se menos numerosas e produzem um resultado menos geral" (Rousseau, Do contrato social, p.535).

a revolução.[23] Poderíamos formular essa asserção em forma de indagação nos seguintes termos: em que medida haveria na filosofia de Rousseau a recusa de um modelo revolucionário que somente consegue pensar e se disciplinar segundo o problemático modelo de representação das vontades, passível de cair na armadilha de reprodução da opressão através do novo grupo que assume o poder?

Se é certo que no *Contrato* vislumbra-se a existência de crises ou revoluções capazes de fazer o Estado renascer das cinzas e recuperar sua juventude,[24] os textos de intervenção política permitem apenas constatar que o filósofo adota uma postura mais inclinada para a prudência, falando de pequenas e imperceptíveis revoluções, que paulatinamente se instalam na vida política, social, econômica e moral através de reformas. Diante da situação polonesa, a proposta de alterações institucionais, sociais, legislativas, militares e econômicas, tem como objetivo uma emancipação gradual da população, alterando a constituição e o regime político então implementado, fazendo-o passar de uma monarquia feudal para uma democracia misturada com aristocracia. Nas palavras de Rousseau, é preciso operar essa mudança "sem revolução perceptível", para que os poloneses possam "completar a operação em larga escala" restituindo aos camponeses e à população mais pobre "o direito que a natureza lhes deu de participar na administração de seu país", mas fazendo com que seja "absolutamente necessário fazer isso de

---

23 Também no sentido em que é encontrada no verbete "Révolution" [politique] na *Enciclopédia*: "uma mudança considerável ocorrida no governo de um Estado" (Diderot; d'Alembert, *Encyclopédie*, t.XIV, p.237).

24 Cf. Rousseau, Do contrato social, II, 8, p.549.

um modo que, ao invés da libertação do servo ser onerosa ao senhor, ela seja honrosa e vantajosa". Com isso, o décimo terceiro capítulo apresenta a seguinte conclusão: "conseguir-se-ia vivificar todas as partes da Polônia, e a vinculá-las de maneira a constituírem somente um único corpo cujo vigor e forças seriam pelo menos dez vezes maiores do que aquelas que podem ter atualmente, e isso com a vantagem inestimável de ter evitado qualquer mudança intensa e brusca e o perigo das revoluções". Assim, é preciso fazer com que ao mesmo tempo em que todos sintam que estão ganhando vantagens particulares com a reforma proposta, tais benefícios sejam, na verdade, um meio para implementar uma democratização possível e para garantir o maior grau de liberdade, igualdade e legitimidade de um corpo político.

Escrever para a Córsega e para a Polônia exigirá ao mesmo tempo valer-se dos princípios do direito político e assegurar um plano factível, efetivo, seguro, gradual e proveitoso para ambas as nações. Em ambos os casos, a tarefa do escritor político é avaliar as condições para estabelecer o governo mais conveniente e adequado às circunstâncias, ou seja, realizar um diagnóstico completo de um corpo político específico, levando em conta todas as características de cada nação (população, território, clima, recursos naturais disponíveis etc.), a fim de lhe administrar os melhores meios possíveis para torná-la ou mantê-la próspera e abundante. É necessário que um povo estabeleça uma legislação que ele próprio possa suportar e definir uma administração que, dado o contexto histórico em que se encontra, seja a melhor possível para realizar as finalidades definidas pela vontade geral, conforme explica essa passagem do *Contrato*:

[...] esses objetos gerais de toda boa instituição devem ser modificados, em cada país, pelas relações que nascem tanto da situação local quanto do caráter dos habitantes, e é a propósito dessas relações que é preciso atribuir a cada povo um sistema particular de instituição que seja o melhor, talvez não em si mesmo, mas para o Estado ao qual é destinado.[25]

Dessa complexa multiplicidade inerente à confluência ou sincronia de circunstâncias que possibilitam uma boa instituição deriva a dificuldade de se constituir um Estado tão perfeito quanto possa ser. Os textos de intervenção são exemplos singulares de como a filosofia de Rousseau se vale do fundamento da imanência dos corpos políticos e assume que as condições concretas,[26] ao se transformarem ao longo do tempo, exigem respostas antes impensadas: trabalhar no campo aberto das possibilidades é, afinal, um atributo da arte política. Assim, à escala oferecida pelos princípios do direito político corresponde a medida do incontável número de relações que, na história humana, caracterizam um país; e, nesse caso, os múltiplos modos de organização da sociedade possibilitam tantas abordagens possíveis quanto for o número de peculiaridades de um povo. A esse franqueamento para o mundo das possibilidades realizado pelos conceitos gerais do *Contrato* conjuga-se, sem contradições, a concretude política presente nos textos de intervenção, encarnada na escolha de projetos capazes de fornecer os

---

25 Rousseau, Do contrato social, II, 11, p.557.
26 A esse respeito, conferir o artigo citado de Maria das Graças de Souza e o livro de Bruno Bernardi, *La fabrique des concepts*.

meios e as condições adequadas para a maior utilidade e conveniência de uma determinada nação.

Thiago Vargas

Universidade de São Paulo/Fapesp

Referências bibliográficas

BERNARDI, Bruno. Une commande qui "transporte l'âme": la correspondance de l'automne 1764 entre Buttafoco et Rousseau. In: ROUSSEAU, Jean-Jacques. *Affaires de Corse*. Paris: Vrin, 2018.

_____. *La fabrique des concepts*: recherches sur l'invention conceptuelle chez Rousseau. Paris: Honoré Champion, 2006.

BUTTAFOCO, Matteo; ROUSSEAU, Jean-Jacques. *Projets de Constitution pour la Corse*. Ed. Philippe Castellin e Jean-Marie Arrighi. Ajaccio: La Marge, 1980.

DE NEGRONI, Barbara. Présentation. In: ROUSSEAU, Jean-Jacques. *Discours sur l'économie politique et autres textes*. Paris: GF Flammarion, 2012.

DIDEROT, Denis; D'ALEMBERT, Jean Le Rond (Org.). *Encyclopédie, ou Dictionnaire raisonné des sciences, des arts et des métiers*, t.XIV. Paris: Samuel Faulche, 1765.

FORTES, Luiz Roberto Salinas. *Rousseau*: da teoria à prática. 2.ed. São Paulo: Discurso Editorial, 2021 [1976].

HIRSCHMAN, Albert O. *The Passions and the Interests*: Political Arguments for Capitalism Before its Triumph. Princeton, New Jersey: Princeton University Press, 2013 [1977].

NASCIMENTO, Milton Meira do. O contrato social – entre a escala e o programa. *Discurso* (USP), São Paulo, n.17, 1988.

ROUSSEAU, Jean-Jacques. *Emílio ou Da educação*. Trad. Thomaz Kawauche. Revisão técnica de Thiago Vargas. São Paulo: Editora Unesp, 2022.

_____. *Rousseau juiz de Jean-Jacques*: Diálogos. Trad. Claudio A. Reis e Jacira de Freitas. São Paulo: Editora Unesp, 2022.

_____. Do contrato social ou princípios do direito político. Trad. Ciro Lourenço Borges Jr. e Thiago Vargas. In: *Rousseau – Escritos sobre a política e as artes*. Org. Pedro Paulo Pimenta. São Paulo: Ubu/UnB, 2020.

_____. *Affaires de Corse*. Org. Christophe Litwin. Ed. James Swenson. Paris: Vrin, 2018.

_____. *Discours sur l'économie politique et autres textes*. Ed. Barbara de Negroni. Paris: GF Flammarion, 2012.

_____. Confessions. In: *Œuvres complètes de Jean-Jacques Rousseau*, t.I. Paris: Gallimard/Pléiade, 1959. [*Confissões*. Trad. Rachel de Queiroz e José Benedicto Pinto. Bauru: Edipro, 2008.]

SOUZA, Maria das Graças de. Ocasião propícia, ocasião nefasta: tempo, história e ação política em Rousseau. *Trans/Form/Ação* (Unesp), Marília, v.29, n.2, 2006.

VARGAS, Thiago. *As sociedades e as trocas – Rousseau, a economia política e os fundamentos filosóficos do liberalismo*. São Paulo/Paris, 2021. Tese (Doutorado em Filosofia) – Universidade de São Paulo/Université Paris 1 Panthéon-Sorbonne.

ZAMOYSKI, Adam. *Napoleão*: o homem por trás do mito. Trad. Rogério Galindo. São Paulo: Planeta, 2020.

Nota sobre a tradução

Para a tradução das obras desse volume tomou-se como base os textos estabelecidos por Sven Stelling-Michaud e Jean Fabre, disponíveis no tomo III das *Œuvres complètes de Jean-Jacques Rousseau* (Gallimard, 1964), na coleção Bibliothèque de la Pléiade. Foram também consultadas as edições francesas de Barbara de Negroni (*Discours sur l'économie politique et autres textes*, GF Flammarion, 2012), de Christophe Litwin e James Swenson (*Affaires de Corse*, Vrin, 2018), e de Philippe Castellin e Jean-Marie Arrighi (*Projets de Constitution pour la Corse*, La Marge, 1980), além da *Correspondance complète de J.-J. Rousseau*, de R. A. Leigh (Voltaire Foundation, 1965-1992). Em inglês, foram consultadas as edições *Rousseau. The Social Contract and other later Political Writings*, de Victor Gourevitch (Cambridge University Press, 1997), e *On the Social Contract and other Political Writings*, de Christopher Bertram e Quintin Hoare (Penguin Classics, 2012).

Este volume é dedicado a Antonius Iraeo Escobar (*in memoriam*).

*Correspondência entre
Buttafoco e Rousseau*

Carta de 31 de agosto de 1764

Mézières, 31 de agosto de 1764

Permitireis de bom grado, senhor, que um corso repleto de estima por vós ouse vos incomodar em vosso retiro? Vossas ocupações têm como única finalidade a felicidade dos homens. Somente isso já me daria a confiança para me dirigir a vós, ainda que não detestásseis a tirania, ainda que não fôsseis interessado pelos infelizes que ela oprime. Em vosso *Contrato social* haveis mencionado os corsos de uma maneira muito favorável: semelhante elogio é muito lisonjeiro quando parte de uma pluma tão sincera. Nada é mais adequado para estimular a emulação e o desejo de obter melhores resultados: fez a nação querer que o senhor desejásseis ser tal homem sábio,[1] capaz de oferecer os meios para conservar essa liberdade que tanto sangue custou para ser conquistada. Os corsos esperam que de boa vontade

---

[1] No *Contrato social*, Rousseau escreve o seguinte: "Ainda existe na Europa um país capaz de legislação: é a ilha da Córsega. O valor e a constância com a qual esse bravo povo soube recobrar e defender sua liberdade bem mereceriam que algum sábio homem lhe ensinasse a conservá-la." (Rousseau, Do contrato social, II, 10, p.556).

ireis querer emprestar a eles vossos talentos, vossa benevolência, vossa virtude, vosso zelo em benefício dos homens, sobretudo por aqueles que foram joguetes da mais hedionda tirania.

Os homens de gênio, aqueles que são virtuosos, que parecem convosco, não desdenham, senhor, de consagrar algumas madrugadas à felicidade de uma nação: quanto mais ela é infeliz, mais tem o direito de esperar tal sacrífico. A Córsega é conhecida apenas pela cruel situação à qual a culpável administração da república de Gênova a reduziu; ela forçou esses povos a repelir o jugo insuportável que se tornava mais e mais pesado. O abuso do poder, poder que é limitado por convenções, produziu essa revolução salutar e atuou pela nossa libertação.

É muito surpreendente que tenhamos conseguido deixar de temê-la: nossos progressos foram muito lentos, ainda que nossos meios fossem e ainda sejam medianos. Mas o amor pela liberdade torna os homens capazes das coisas mais extraordinárias: não seria cruel não poder tirar a maior vantagem possível da feliz circunstância na qual a Córsega se encontra de escolher o governo que seja mais conforme à humanidade, à razão, o governo mais adequado para estabelecer nessa ilha a morada da liberdade? Uma nação somente pode se vangloriar de tornar-se feliz e florescente se o fizer através de uma boa instituição política. Nossa ilha, como dissestes muito bem, senhor, é capaz de receber uma boa legislação, mas ela precisa de um legislador, precisa de um homem cuja felicidade independa de nós, um homem que, conhecendo a fundo a natureza humana, e que, construindo uma glória distante com o escoar do tempo, queira trabalhar em um século e desfrutar no outro.[2]

---

[2] Buttafoco retoma quase *ipsis litteris* o início do *Contrato social*, II, 7.

Aceitareis se dignar, traçando o plano do sistema político, a cooperar para a felicidade de toda uma nação?

Na situação em que se encontra o governo da Córsega, poder-se-ia nele realizar, sem inconveniente, todas as mudanças necessárias, mas essa matéria é bem delicada; ela deve ser tratada por pessoas que, como vós, conhecem os verdadeiros fundamentos do direito político[3] e civil da sociedade e dos indivíduos que a compõem.

A Córsega encontra-se mais ou menos na situação que havíeis estipulado para o estabelecimento de uma legislação: ainda não suportou o verdadeiro jugo das leis; absolutamente não teme ser esmagada por uma invasão súbita; pode dispensar outros povos; não é nem rica, nem pobre; pode bastar a si mesma; seus preconceitos não serão difíceis de destruir, e ouso dizer que nela serão encontradas as necessidades da natureza reunidas com as da sociedade.[4]

As pessoas que examinam somente as aparências das coisas e que julgam os efeitos apenas pelas causas censuram os corsos por opiniões que não são as suas próprias, mas que são de todos os homens: os homicídios contínuos, que devastavam a Córsega sob a administração genovesa, ocasionavam tais imputações. Mas sabeis melhor que ninguém, senhor, que os homens possuem o funesto direito de executar por si mesmos a vingança que lhes foi recusada por aqueles que possuem o poder legítimo

---

3 Uma das ambições da filosofia política de Rousseau era justamente oferecer contribuições para o avanço da *ciência* dos princípios do direito político, conforme revelado no livro V do *Emílio*. Vide também o subtítulo do *Contrato social*.

4 Mais uma vez, Buttafoco retoma quase literalmente as condições estabelecidas por Rousseau no *Contrato social*, II, 10.

para exercê-la. Os corsos amam a justiça: exigem-na de seu príncipe, ele a distribui a todos, foi constituído para esse objetivo e a espada só lhe foi concedida sob essa condição. Porém, se ao invés de punir os culpados, esse príncipe os protege; se ele é o promotor das desuniões, das guerras civis, dos assassinatos e de todos os horrores que deveria impedir, a quem devem então se dirigir as infelizes vítimas do ódio, da independência, da impunidade? Não se pode repelir a força pela força? É verdade que, em circunstâncias tão críticas, a nação retoma os direitos por vós estabelecidos no *Contrato social*. Ela deve cuidar de impedir a efusão do sangue humano, de velar pela conservação dos particulares. Mas, em convulsões tão hediondas, acostumada à insolência e à insubordinação, é preciso tempo para abrir seus olhos, é preciso tempo para orientá-la, através da razão, a conhecer os monstros que a governavam unicamente pelo prazer de destruírem-se uns aos outros. Essa obra não pode ter sido circunstancial, pois, com tudo sendo engolido pela barbárie, era muito difícil encontrar homens superiores que pudessem exercer sobre a multidão o domínio necessário para persuadir.[5] O tempo e a paciência reuniram, enfim, os corsos: eles saíram de seu embrutecimento, viram seus grilhões, sentiram o seu peso e os quebraram. Entregues à liberdade, desejavam vínculos estabelecidos pelos homens, desejavam que sua posteridade pudesse gozar de suas realizações.

Encontrareis, ouso dizer, algumas virtudes e costumes entre os corsos: são humanos, religiosos, hospitaleiros, benevolentes. Cumprem com a palavra, são honrados, de boa-fé, e, com exceção dos casos de vingança particular — atualmente muito raros —,

---

5 Mais uma referência ao *Contrato*: o legislador não convence, mas persuade.

os exemplos de assassinato são, ali, menos frequentes do que entre outros povos. Na Córsega, as mulheres são virtuosas, unicamente ocupadas com a direção de suas casas e com a educação de seus filhos: não correm atrás de assembleias, bailes, festins. São menos agradáveis que o resto das mulheres da Europa, mas são muito estimáveis. Não há entre os corsos nem artes, nem ciências, nem manufaturas, nem riqueza, nem luxo. Mas o que importa? Afinal, nada disso é absolutamente necessário para ser feliz.[6]

Reconheço, senhor, que o trabalho que ouso pedir que empreendas exige detalhes que vos faça conhecer a fundo aquilo que diz respeito ao sistema político. Se eu houvera por bem vos encarregar disso, começarei por vos enviar aquilo que minhas débeis capacidades intelectuais e minha ligação pela minha pátria me ditaram segundo vossos princípios e os do senhor presidente de Montesquieu. Além disso, eu mesmo me encarregarei de obter para vós, a partir da Córsega, os esclarecimentos dos quais podereis ter necessidade, e que o senhor Paoli, general da nação, deverá vos fornecer. Esse digno dirigente, e aqueles entre meus compatriotas que têm condições de conhecer vossas obras, partilham, com toda a Europa, os sentimentos de estima que com justiça vos são devidos: na Córsega, admiram o homem honesto e o cidadão, sempre inseparável do autor. Contudo, calo-me, pois cabe somente às vossas obras e costumes prestar elogios dignos de vós.

Permito adular-me, senhor, de que não recebereis de mau grado a liberdade que tomei de me dirigir a vós. Se conhecesse um homem mais capaz de atender minhas esperanças, não hesitaria, sem dúvida, em solicitá-lo, persuadido de que não é ofensa

---

6 Referência a alguns argumentos do *Discurso sobre as ciências e as artes*.

para homens que amam e professam a virtude dar-lhes a ocasião de fazer uso dela para uma nação desafortunada que, conhecendo todo o horror de sua situação passada e da instabilidade de sua situação presente, desejaria construir para o futuro um edifício razoável, sobre fundamentos para sempre firmes e duráveis.

Tenho a honra de contar com toda vossa estima e consideração possível, senhor. Vosso muito humilde e muito obediente servidor.

Capitão auxiliar-major do
regimento real italiano

MATTEO BUTTAFOCO

*Para Jean-Jacques Rousseau,
cidadão de Genebra,*[7] *via Neuchâtel*

---

7 Mais um pequeno afago de Buttafoco a Rousseau. Desde a década de 1750, o filósofo assinava seus textos como "cidadão de Genebra".

Carta de 22 de setembro de 1764

Môtiers-Travers, 22 de setembro de 1764

É supérfluo, senhor, tentar estimular meu zelo pelo empreendimento que haveis me proposto. Tão somente a ideia eleva a minha alma e me arrebata. Consideraria que meus dias restantes seriam muito nobremente, muito virtuosamente, muito felizmente empregados. Consideraria até mesmo que a inutilidade dos outros dias seria muito bem recompensada, caso pudesse tornar esse triste resto em algo bom para vossos bravos compatriotas, caso pudesse contribuir com qualquer conselho útil para a consideração de seu digno dirigente e para os vossos. Quanto a isso, estejais seguro de que eu, minha vida e meu coração pertencem a vós.

Contudo, senhor, o zelo não oferece os meios, e o desejo não é o poder. Não quero aqui tolamente fazer-me de modesto: sinto muito bem que possuo o poder, mas sinto ainda mais aquilo que me falta. Primeiramente, em relação à coisa, falta-me uma profusão de conhecimentos relativos à nação e ao país, conhecimentos indispensáveis e que, para serem adquiridos, exigirão de vossa parte muitas instruções, esclarecimentos, memorandos etc. Estes exigirão de minha parte muitos estudos e reflexão. No que me concerne, falta-me mais juventude, um espírito mais tranquilo, um coração menos desgastado por aborrecimentos, um certo vigor de gênio que, mesmo quando se possui, não está à prova dos anos e das tristezas. Faltam-me a saúde, o tempo; falta-me, oprimido por uma doença incurável e cruel, a esperança de ver o fim de um longo trabalho cuja coragem para levá-lo adiante somente a expectativa do sucesso pode oferecer. Falta-me, enfim, a experiência nos negócios públicos, que por si só esclarece mais sobre a arte de conduzir os homens do que todas as meditações.

Se eu me apresentasse em condições razoáveis, diria a mim mesmo: irei para a Córsega, seis meses passados nas localidades me instruirão mais do que cem livros. Mas como empreender uma viagem tão penosa, tão longa, no estado em que me encontro? Poderei suportá-la? Será que me deixariam transitar? Mil obstáculos me impediriam ao caminhar, o ar do mar acabaria de me destruir antes de meu retorno. Confesso-lhe que desejo morrer entre os meus.

Podeis estar com pressa: um trabalho dessa importância somente pode ser um assunto de longo fôlego, mesmo para um homem que se oriente bem. Antes de submeter minha obra ao exame da nação e de seus dirigentes, quero começar por estar eu mesmo satisfeito com ela: não quero entregá-la em fragmentos, a obra deve ser una; não poderia ser julgada separadamente. Não é pouco que me coloque em condição de começá-la; para terminá-la, o trabalho vai longe.

São também apresentadas reflexões sobre o estado precário no qual vossa ilha se encontra. Sei que, sob um dirigente tal qual possuem atualmente, os corsos nada têm a temer dos genoveses: creio que também nada têm a temer das tropas que dizem que a França envia à ilha. E o que me confirma esse sentimento é ver um patriota tão bom quanto pareces ser, permanecer, malgrado o envio dessas tropas, a serviço da potência que as concede. No entanto, senhor, a independência de vosso país não será de nenhum modo assegurada enquanto nenhuma potência reconhecê-la; e ireis me conceder que não é encorajador para um trabalho tão grande empreendê-lo sem saber seu uso, mesmo supondo-o bom.

Não é para recusar vosso convite, senhor, que faço essas objeções, mas para submetê-las ao vosso exame e ao do senhor Paoli. Considero-os, um e outro, pessoas extremamente boas para desejar que meu afeto por vossa pátria me faça consumir o pouco de tempo que me resta a cuidados que de nada servirão.

Examinai então, senhores: julgai e estejais seguros de que o empreendimento do qual me haveis achado digno não deixará de acontecer por minha vontade.

Recebei, eu vos peço, minhas muito humildes saudações.

ROUSSEAU

P.S.: ao reler vossa carta, senhor, vejo que em uma primeira leitura enganei-me a respeito de vosso objetivo. Acreditei que houvésseis pedido um corpo completo de legislação, e vejo que me pediu somente uma instituição política, o que me faz julgar que já contais com um corpo de leis civis além do direito escrito, sobre o qual se trata de dar uma forma de governo que se relacione a elas. A tarefa é menor sem ser pequena, e não é seguro que dela resulte um conjunto tão perfeito: podemos julgá-la apenas a partir da coletânea completa de vossas leis.

Carta de 3 de outubro de 1764

Paris, 3 de outubro de 1764

Seria inútil vos dizer, senhor, o prazer que senti ao receber vossa carta. Ela é digna de vós, de vossa virtude, da generosidade de vossa alma, de abraçar calorosamente, com ardor, até mesmo com paixão, a causa da humanidade. Os corsos se lamentariam, malgrado seu sucesso, se uma mão benfazeja não os conduzisse ao bem por uma sábia instituição política. Regozijo-me antecipadamente pela prosperidade que disso resultará, e preparo ao senhor Paoli um momento muito agradável ao contar-lhe uma notícia tão boa durante a viagem que farei à Córsega.

Desde que tenhais zelo, senhor, estarei tranquilo quanto ao resto. Seguramente nada lhe faltará. Gostaria de me vangloriar de vê-lo visitar os lugares e adquirir, por si mesmo, os conhecimentos relativos ao país e à sua nação. Se essa esperança não se realizar, faremos nosso melhor para vos oferecer os esclarecimentos e os memorandos que desejais. Tereis a bondade de nos guiar nesse trabalho ao fazer-nos saber os objetos que a correspondência deverá abordar. Mas começo por pedir indulgência para comigo e para com aqueles que serão encarregados disso. Faço-me justiça e concedo com franqueza minha incapacidade: posso entregar apenas minha extrema boa vontade. É tudo o que tenho.

Vossa saúde, senhor, é o assunto que mais me inquieta. Ela está ligada à nossa felicidade e, ao fazer votos para a prosperidade de nossa pátria, devemos a isso adicionar nossos mais sinceros votos para vossa conservação. Depositamos nossa esperança na Providência: ela desejou que os corsos pudessem sacudir um jugo tirânico; também desejou que, malgrado a extrema miséria dos corsos, sua desunião e seus débeis recursos, eles tenham ferido o orgulho de uma república tão rica quanto insolente e cruel. Essa mesma Providência velará pela conservação de uma pessoa que deve ser cara à Divindade e àqueles que amam a verdade e a justiça: ela quererá que encontraríeis, em um trabalho tão nobre, tão santo, um alívio para vossas tristezas, para vossos males, e a recompensa de uma vida consagrada unicamente à virtude. Conheço, senhor, as dificuldades que serão resolvidas com vossa viagem para a Córsega: uma pequena temporada ali vos dará todos os conhecimentos que seriam bem difíceis de obter por relatos. Vossa estadia nesse país não será nem longa, nem difícil, nem perigosa para vossa saúde: não haverá nenhum obstáculo a temer. Escolheremos a época mais favorável e embarcação mais leve. A marinha do imperador é a que mais frequenta nossas praias, é muito respeitada pelos genoveses. O ar puro do país é muito bom. Nada direi do prazer, do ardor que teremos em recebê-lo na ilha: encontrareis em nossas choupanas a simplicidade, a frugalidade e, sobretudo, o bom coração de Filêmon.[1] Julgareis vós

---

[1] Referência ao episódio de Filêmon e Baucis, da mitologia grega. O casal pobre, que abriga Zeus e Hermes, tornou-se um símbolo da hospitalidade.

mesmo as afrontas de uma tirania constante, vereis o horrível estado ao qual fomos reduzidos.

Percebeis muito bem, senhor, o quão essencial seria que a constituição fosse estabelecida dentro de pouco tempo. Entretanto, é muito razoável aguardar vosso trabalho e confiar em vosso zelo. É justo que começais por estar satisfeito consigo mesmo. Após esse pré-requisito, estou seguro da adesão, e não digo somente da nação corsa e de seus dirigentes, mas de toda Europa, que aplaudirá a empreitada. Mas, senhor, sem o apressar em demasia e sem, ao mesmo tempo, fazer com que o bem da sociedade perca seu interesse, não seria possível lançar fundamentos preliminares, através de uma forma provisória de governo relativa aos princípios sobre os quais o novo sistema será arquitetado?

Não poderia ser, senhor, senão no caso em que desejamos evitar que nossa liberdade seja atacada, que pedimos o precioso sacrifício de vosso tempo. Se apenas temos os genoveses como inimigos a serem combatidos, a liberdade parece estar assegurada: devemos nos vangloriar de vencê-los. É verdade que nossa pobreza extrema não nos permitirá tão brevemente expulsá-los dos portos marítimos, mas com o tempo chegaremos a esse fim. O senhor de Montesquieu diz muito bem que, no final das contas, o ouro se esgota, mas que a pobreza, a constância e o valor não se esgotam jamais.[2]

Quanto às tropas francesas que transitam em nossa ilha, não parece, senhor, que o façam para travar guerra. Sinto, como devo senti-lo, a justiça que desejais me oferecer sobre a esse assunto, e na ocasião eu não a negarei. Presumo que, quando muito, elas

---

[2] *Considerações sobre as causas da grandeza dos romanos e de sua decadência*, cap.IV.

oferecerão a mediação do rei para a pacificação, mas é crível que isso não será aceito. Assim, se essas tropas observarem uma neutralidade perfeita, os corsos apenas travarão guerra com a república pela cidade de Bonifácio que lhe resta. Portanto, voltaremos nossa atenção para a melhor situação possível do interior: a forma de governo se tornará o objeto principal. Diante dessa suposição, não poderíamos vos engajar a fazer a viagem para a Córsega?

A independência de nosso país ainda não é reconhecida por todas as potências. Contudo, senhor, é verdade que uma grande parte começa a admiti-la. O papa, na missão do visitante apostólico, deu o exemplo: o prelado foi enviado por requisição dos corsos e, malgrado a oposição dos genoveses, foi encaminhado ao governo nacional, e apenas exerceu suas funções após ter mandado verificar sua comissão. A Toscana é tudo para nós: as embarcações dessa nação vêm às nossas praias fazer um pequeno comércio; trazem-nos tudo aquilo que temos necessidade, mesmo munições de guerra, sem que os genoveses ousem se aproximar deles. O navio com a bandeira da Córsega é recebido, considerado e protegido em Livorno: a regência trata-nos como potência, e conduz-se de acordo com as instruções do Imperador; os reis de Nápoles e Sardenha permitem que seus súditos comerciem conosco. Este último faz ainda mais, pois quer que nossa marinha seja respeitada nas paragens de seus Estados: fez com que uma de nossas embarcações, detida pelos genoveses nas costas da Sardenha, fosse devolvida. Enfim, todas as potências da Itália nos enxergam como uma nação livre e se interessam por nosso destino. Um corpo completo de legislação seria, para nós, a maior das benfeitorias. Caberá a vós, senhor, escolher a tarefa que considera apropriada: não gostaríamos de ser indiscretos a ponto de exigir vossa boa vontade. Temos, é verdade, um corpo de leis civis, o Estatuto da Córsega. Eu poderia enviá-lo, mas creio que seria muito melhor fundá-lo novamente e adaptá-lo ao sistema político do que plasmá-lo ao Estatuto. Depois decidirás, senhor, e qualquer que seja o trabalho que desejais empreender, ele não poderá senão estimular em nós um reconhecimento tão sincero que o objeto será santo e louvável.

Estou em Paris durante alguns dias, a partir de onde passarei por Provença e, dali, para a Córsega. Se desejais enviar-me notícias vossas, eu poderia recebê-las em minha passagem por Aix, dos dias 20 ao 30 desse mês. Se assim desejais, poderei vos entregar diversas obras sobre a Córsega: há dois livros de justificações sobre a presente guerra. Não são redigidos por uma mão especialista, mas as razões e os agravos da nação são ali longamente discutidos; falta a ele apenas uma forma regular. Mas é preciso conceder muita indulgência aos corsos em tudo, não é absolutamente culpa deles que se encontrem na ignorância. Temos também uma história de nosso país até o século XVI, além de uma quantidade de outros escritos, os quais, reduzidos ao seu justo valor, constituiriam um pequeno volume. Tenhais a bondade de me indicar por qual via poderei vos fazer chegar essas diferentes peças, seja da Córsega, seja de Provença, seja de Mézières, onde está o regimento e onde se encontram alguns desses escritos.

Tenho a honra de ser, com toda a consideração possível, senhor, vosso mais humilde e obediente servidor.

BUTTAFOCO

Para o senhor J.-J. Rousseau, cidadão de Genebra, em Môtiers-Travers, via Pontarlier.

Carta de 15 de outubro de 1764

Môtiers, 15 de outubro de 1764

Não sei por que, senhor, vossa carta do dia 3 chegou até mim apenas ontem. Esse atraso me força, para aproveitar o correio, a respondê-lo às pressas, sem o que minha carta não chegaria em Aix a tempo para ali vos encontrar.

Não posso de forma alguma ter a esperança de estar em condições de ir para a Córsega. Ainda que pudesse realizar essa viagem, somente poderia fazê-lo na bela estação. Daqui até lá, o tempo é precioso, é preciso poupá-lo o tanto quanto possível e ele será perdido até que tenha recebido vossas instruções. Adiciono aqui uma rápida nota das primeiras instruções das quais tenho necessidade; as vossas me serão sempre necessárias nessa empreitada. Sobre isso, não é preciso me dizer, senhor, sobre vossa incapacidade: a vos julgar por vossas cartas, devo confiar mais em vossos olhos do que nos meus; e a vos julgar pelo vosso povo, ele não tem razão em buscar seus guias fora dele.

Trata-se de um objetivo tão grande que minha temeridade me faz tremer: que pelo menos não acrescentemos a leviandade a isso. Tenho o espírito muito lento, a idade e os males o tornam ainda mais vagaroso. Um governo provisório tem seus inconvenientes: por mais cuidado que se tenha para realizar apenas as mudanças necessárias, um estabelecimento tal como o que almejamos não se faz sem um pouco de comoção, e devemos nos esforçar para ocasionar pelo menos uma. Pode-se rapidamente lançar os fundamentos e depois erguer, com mais vagar, o edifício. Mas isso supõe um plano já feito, e para traçar esse plano é preciso uma meditação mais profunda. Além disso, deve-se recear que um estabelecimento imperfeito torne suas dificuldades mais perceptíveis que suas vantagens, e que isso faça com que o povo se enfastie de implementá-lo. Vejamos, todavia, o que pode ser feito: recebidos os memorandos dos quais tenho necessidade, serão necessários seis meses para que possa me instruir, e, pelo menos, a mesma quantidade de meses para orientar minhas instruções. De modo que, em um ano após a próxima primavera, eu possa propor minhas primeiras ideias sob uma forma provisória e, no final de outros três anos, propor meu plano completo de instituição. Como somente se deve prometer aquilo que depende de si, não estou seguro de conseguir colocar meu trabalho em ordem em tão pouco tempo; mas estou tão seguro de que não poderei abreviá-lo que, se alguma dessas datas tiverem de ser encurtadas, é melhor que eu nem comece a fazê-lo.

Estou encantado com a viagem que fazeis para a Córsega nessas circunstâncias; ela será utilíssima para nós. Se, como não tenho dúvidas, ireis vos ocupar de nosso objetivo, sabereis aquilo que deve ser dito a mim melhor do que eu mesmo poderia saber o que deveria vos perguntar. Mas me permita uma curiosidade, que inspira minha estima e admiração. Gostaria de saber tudo o que diz respeito ao senhor Paoli: quantos anos ele tem? É casado? Tem filhos? Onde aprendeu a arte militar? Como a felicidade de sua nação o colocou no comando de suas tropas? Quais funções ele exerce na administração política e civil? Esse grande homem se contentaria em ser apenas um cidadão em sua pátria após ter sido seu salvador? Principalmente, falai comigo com franqueza acerca de tudo: a glória e o repouso de vosso povo dependem aqui mais de vós do que de mim. Eu vos saúdo, senhor, com todo meu coração.

Rousseau

Memorial anexo a essa resposta

Um bom mapa da Córsega, onde os diversos distritos sejam destacados e distinguidos por seus nomes e até mesmo, se for possível, por cores.

Uma exata descrição da ilha, sua história natural, suas produções, sua cultura, sua divisão por distritos. A quantidade, a grandeza, a situação das cidades, burgos, paróquias, o recenseamento do povo o tão exato quanto for possível. O estado das fortalezas, das portas, da indústria, das artes, da marinha, do comércio realizado e daquele que pode se realizar etc., etc.

Qual é a quantidade, o crédito do clérigo? Quais são as suas máximas? Qual é sua conduta em relação à pátria? Possui casas antigas, corpos privilegiados, nobreza? As cidades possuem direitos municipais? Elas alimentam inveja entre si?

Quais são os costumes do povo, seus gostos, suas ocupações, suas diversões, a ordem e as divisões militares, a disciplina, a maneira de fazer a guerra etc.?

A história da nação até o momento atual, as leis, os estatutos; tudo aquilo que diz respeito à administração atual, os inconvenientes nela encontrados, o exercício da justiça, as receitas públicas, a ordem econômica, a maneira de impor e cobrar as taxas, o que aproximadamente o povo paga e quanto pode pagar anualmente, uma conta comparada com o outra.

Isso contém, de modo geral, as instruções necessárias. Porém, enquanto umas exigem detalhamento, outras bastam se forem descritas de forma sumária. Em geral, tudo aquilo que faz com que o gênio nacional seja mais bem conhecido não será dito em demasia. Frequentemente uma característica, uma palavra, uma ação diz mais do que um livro inteiro, mas é melhor dizer muito do que dizer pouco.

Carta de 10 de novembro de 1764

Fontainebleau, 10 de novembro de 1764

Ocupações contínuas, senhor, me impediram de responder mais rapidamente à vossa carta de 15 de outubro. Aproveito desse instante de repouso momentâneo para acusar a recepção do documento.

Não gostaria de perder a esperança de vê-lo em nossa ilha nessa primavera. Vossa amizade pelos corsos vos preencherá de forças: se puderdes aguardar, recebereis o que consegui reunir em Provença; o pacote deve partir de Aix no dia 2, pelo senhor Boy de la Tour.[1] Ireis receber também do regimento um outro pacote, e, da Córsega, providenciar-lhe-ei uma remessa tão logo eu me encontre na ilha. Uma vez estabelecida a forma provisória de governo, poderemos muito bem aguardar um corpo completo de legislação: esse prazo será aquele que vos for mais conveniente. Estamos persuadidos de que ireis fazê-lo no tempo mais breve que puder.

---

1 A família Boy de la Tour abrigou Rousseau em Môtiers, oferecendo-lhe uma casa.

Passarei pela Córsega e nela me ocuparei seriamente de nosso objetivo: isto é o que mais me interessa. Mas, senhor, vejo com preocupação que haveis excessiva confiança em minha débil capacidade de esclarecimento: seria muito lisonjeiro para mim assumir a boa impressão que haveis concebido. Quanto mais sinto que eu pouco a mereço, mais gostaria de poder alcançá-la. Porém, retomando vossas palavras, não possuo senão zelo, e ele deve assumir o lugar daquilo que me falta.

Acredito que queirais entrar em alguns detalhes sobre a maneira pela qual a matéria deve ser tratada, o que, para mim, é algo mais delicado do que difícil e inédito.

Irei vos falar sobre o senhor Paoli com sinceridade. Ele tem 39 anos; não é casado, jamais foi e não tem o desejo de sê-lo. Quando da pacificação da Córsega sob o marechal de Maillebois, seu pai, que era um dos generais da nação, transferiu-se para Nápoles com o título de coronel. Levou consigo seu filho, muito jovem, para o qual obteve um lugar na academia militar. As tropas francesas retiraram-se da Córsega em 1754. O senhor Gaffori, general dos corsos, havia sido assassinado no ano precedente por um dos emissários da república. O senhor Paoli, que estava a serviço do rei de Nápoles, transferiu-se para a Córsega, fez uma campanha como voluntário e, em seguida, foi promovido ao generalato: seu zelo, seu apego pelo bem público e seus talentos superiores o tornavam digno do cargo. Ele absolutamente não desmentiu as esperanças que lhe haviam sido depositadas: aspira somente à honra de livrar seu país do mais cruel dos jugos. Não possui outra ambição senão a de ver a liberdade reinar na Córsega.

Eu o estimo em demasia para não pensar que ele, de bom grado, se tornaria cidadão em sua pátria após ter sido seu salvador, ainda que o bem da nação o exigisse: me parece até mesmo que se o seu amor pelo bem não o conduzisse a isso, a glória e a celebridade de um nome nos séculos vindouros resolveriam a questão.

Se a abdicação de Sula,[2] após ter sido o destrutor de sua pátria, trouxe-lhe a estima e a admiração de seus compatriotas e de todo o mundo, com quão mais razão não se admiraria um tal ato do general dos corsos, após ter quebrado as correntes que prendiam sua nação?

Quando de sua promoção, sua autoridade era exorbitante: propunha as matérias a serem deliberadas e suas opiniões eram de um enorme peso, decidindo quase todos os assuntos. Julgava os processos, sem recursos; comandava as tropas, isto é, a nação inteira, porque todos eram soldados; enfim, não era um poder absoluto de direito, mas o era de fato. Entretanto, não abusou de nada, resolveu esse caos. Formaram-se magistrados para as funções civis e foi erigido o conselho supremo, do qual o general é o presidente. Esse corpo é o representante soberano quando a Assembleia geral das freguesias não está reunida.

O senhor Paoli é simples e frugal na sua maneira de viver, coerente em suas vestimentas e em suas maneiras, íntegro, repleto de retidão e de equidade: desinteressado, mas econômico em relação aos rendimentos da nação dos quais dispõe, e, ainda que estes sejam muito modestos, realiza muitas coisas com eles.

Tem uma boa estatura, é loiro, olhos claros, vivos e cheios de ardor; emana um ar grande e espirituoso. Enfim, asseguro-o de

---

2 Lúcio Cornélio Sula (138-78 a.C.), general e político romano. Sula, tendo tomado o poder pela força e tornando-se ditador, posteriormente renunciou ao posto e retornou à vida privada.

que, caso venha a conhecê-lo, ireis amá-lo e estimá-lo. Este é, creio eu, o mais belo elogio que posso fazer a ele. Fazei, como eu o espero, a viagem para a Córsega: ireis proporcionar felicidade à nação por ter um líder tão digno da estima e da admiração de pessoas honestas.

BUTTAFOCO

Carta de 26 de fevereiro de 1765

Bastia, 26 de fevereiro de 1765

Encontro-me na mais profunda inquietação, senhor, acerca de vosso silêncio: a maneira honesta com a qual haveis respondido as minhas cartas, o interesse que demonstrastes pela nossa situação, e, mais do que tudo, vosso amor pelo bem da sociedade, fazem-me aguardar o recebimento de notícias de vossa parte. Não posso imaginar por qual razão me privam delas. Faço um autoexame e seguramente não encontro nenhuma censura a fazer a mim mesmo. Assim, senhor, peço-vos a indulgência de me tirar da incerteza. Seguramente ficarei aborrecido caso tenhais mudado de ideia sobre o trabalho que nos concerne, mas ficarei inconsolável se tiver que me culpar de vos ter levado a essa decisão. Confiei somente a amigos fiéis as minhas e as vossas cartas: assim, estou muito seguro de que as notícias que se espalham em meio ao público sobre vós e sobre a Córsega não partiram nem deles, nem de mim.[1] Transmiti-as ao senhor Paoli: ele possui

---

[1] Nesse período, os jornais já começavam a disseminar os rumores de que Rousseau tratava com líderes corsos para escrever um plano de governo para a ilha.

muita estima e gratidão para com o senhor. Desde a chegada das tropas francesas, ele mantém-se em contínuo périplo pela ilha. Retorna do outro lado dos montes, onde sua presença restabeleceu a boa ordem que os emissários da república buscavam perturbar. Haviam se lisonjeado que as tropas francesas lhes teriam facilitado a utilização de recursos; contudo, tendo os franceses declarado que a intenção do rei não era a de suscitar problemas na nação, mas, ao contrário, a de contribuir para a manutenção da ordem e da união geral, as armas caíram nas mãos dos sediciosos, desistindo de seus projetos quiméricos.

Pedi-lhe, senhor, em minha carta do dia 10 de novembro, enviada de Fontainebleau, para que endereçasse vossas cartas ao conde de Marbeuf, em Bastia. Àquela altura, eu não tinha ninguém que pudesse fazê-las chegar até mim. Mas atualmente é possível enviá-las ao meu endereço. Mandei entregarem no endereço de Boy de la Tour um pacote que deve ter chegado até o senhor, bem como um outro que deve lhe ter sido enviado por Perpignan. Esforçar-me-ei para reunir tudo aquilo que diz respeito ao nosso objetivo, para que possais tê-lo em mãos.

Permito deleitar-me, senhor, em pensar que ireis me responder e me tirar da perplexidade na qual me encontro. Em relação a mim, seria duro ter que renunciar a receber vossas notícias, mas seria ainda mais duro em relação à minha nação, à qual quero servir, mesmo colocando-a em posição de ter obrigações para convosco. Ademais, aconteça o que acontecer, nada jamais poderá alterar a estima e a sincera afeição que me vanglorio de ter por vós.

De todo o coração, senhor, vosso mais humilde etc.

BUTTAFOCO

Carta de 24 de março de 1765

Môtiers-Travers, 24 de março de 1765

Vejo, senhor, que ignorais o abismo de novas infelicidades no qual me encontro afundado. Desde vossa penúltima carta, não me deixaram retomar o fôlego nem por um instante. Recebi vossa primeira encomenda sem nem ao menos poder pousar os olhos nela. Quanto àquela de Perpignan, sequer ouvi falar. Cem vezes desejei escrever-vos, mas a agitação contínua, todos os sofrimentos do corpo e do espírito, a saturação de minhas questões pessoais, não me permitiram considerar as vossas. Eu esperava um momento de intervalo, mas ele não chega, não chegará jamais; e, nesse mesmo instante em que vos respondo, corro o risco, malgrado minha condição, de não poder conseguir terminar minha carta neste momento.[1] É inútil, senhor, que vos

---

1 Em 1762 foram publicados os livros *Do contrato social* e *Emílio*. Este último foi condenado, rasgado e queimado em Paris, o que leva Rousseau a deixar Montmorency às pressas. Em seguida, o Pequeno Conselho de Genebra também condena as obras de Rousseau, que se refugia em Neuchâtel. Com a publicação das *Cartas escritas da montanha* em 1764, Rousseau passa a sofrer ainda mais ataques e libelos: a censura

baseies no trabalho que realizei; era-me extremamente agradável me ocupar de uma tão gloriosa tarefa, e essa consolação me foi arrancada. Minha alma, esgotada por tormentos, não se encontra mais em condições de pensar; meu coração ainda é o mesmo, contudo não tenho mais cabeça; minha faculdade de inteligência se apagou; não sou mais capaz de acompanhar um objeto com alguma atenção; e, além disso, o que desejais que faça um infeliz fugitivo que, não podendo mais viver com honra nesse asilo, é forçado a andar errando para buscar um outro, sem saber onde o encontrar, malgrado a proteção do rei da Prússia, soberano do país, e malgrado a proteção do milorde marechal, que é governador,[2] os quais, infelizmente muito distantes um do outro, bebem as afrontas como se fossem água?

Porém, senhor, sim, conheço um asilo digno de mim e do qual não me creio indigno. É entre vós, bravos corsos, que sabem ser livres, que sabem ser justos, e que foram demasiadamente infelizes para não saberem ser compassivos. Vede, senhor, o que pode ser feito: falai com o senhor Paoli. Solicito poder alugar, em algum cantão solitário, uma pequena casa para nela terminar meus dias em paz. Tenho minha governante que há vinte anos trata de minhas enfermidades contínuas: é uma mulher de 45 anos, francesa, católica, honesta e sábia, e que decidiu ir, se assim for necessário, até o final do universo para partilhar minhas misérias e fechar os meus olhos. Constituirei meu pequeno lar

---

cada vez maior de seus livros e o aumento da perseguição por parte dos governos é o pano de fundo de sua fuga pela Europa.

2 Georges Keith (1693-1778), o "milorde marechal", oficial do exército escocês. Ministro e amigo de Frederico II, foi nomeado por este como governador de Neuchâtel.

junto com ela e buscarei não tornar incômodo a meus vizinhos os cuidados de hospitalidade.

Mas, senhor, devo vos dizer tudo: é preciso que essa hospitalidade seja gratuita, não quanto à subsistência – não estarei ali à custa de ninguém –, mas quanto ao direito de asilo que é preciso que me concedam sem expectativa de vantagens, pois, tão logo eu esteja convosco, nada espereis de mim no tocante ao projeto sobre o qual estais ocupado. Repito-o: atualmente estou sem condições de pensar sobre ele e, mesmo quando o estiver, irei me abster de fazê-lo pelo próprio motivo de estar vivendo entre vós. Afinal, tive e sempre terei por máxima inviolável carregar o mais profundo respeito pelo governo sob o qual vivo, sem nunca pretender me imiscuir para censurá-lo ou criticá-lo, bem como para reformá-lo de alguma maneira. Tenho até mesmo uma razão a mais – e, a meu ver, uma razão de peso. Do pouco que pude percorrer em vossos memorandos, vejo que minhas ideias diferem prodigiosamente das ideias de vossa nação. Não seria possível que o plano que eu propusesse deixasse de fazer muitos descontentes, e talvez vós mesmo sejais o primeiro dentre eles. Ora, senhor, estou farto de disputas e querelas. Não quero nem ver nem fazer pessoas descontentes em meu entorno, seja por qual preço for. Anseio pela tranquilidade mais profunda, e meus últimos anseios são o de ser amado por todos aqueles que me rodeiam e o de morrer em paz. Minha resolução sobre isso é inabalável. Além disso, meus males contínuos me absorvem e aumentam minha indolência. Minhas próprias questões exigem mais do meu tempo do que eu posso dar a elas. Meu espírito desgastado não mais é capaz de nenhuma outra aplicação. Se talvez a satisfação de uma vida calma prolongue meus dias o bastante para me arranjar lazeres de tal modo que eu seja capaz de escrever vossa história, empreenderei de bom grado esse trabalho honorável, que satisfará meu coração sem fatigar em demasia a minha cabeça; e, assim, sentir-me-ia muito lisonjeado de deixar para a posteridade esse registro de minha estadia entre vós. Que, todavia, mais nada me seja exigido: como não quero vos enganar, censurar-me-ia de comprar vossa proteção pelo preço de uma espera inútil.

Nessa ideia que chegou até mim, consultei mais meu coração do que as minhas forças, pois, na condição em que me encontro, é pouco provável que possa suportar uma viagem tão longa; viagem, aliás, muito difícil, sobretudo com minha governanta e minha pequena bagagem. Entretanto, se me encorajardes um pouco, tentarei fazê-la, isso é certo, mesmo que eu fique pelo caminho ou morra durante a viagem. Mas seria necessário pelo menos uma garantia moral de que eu possa estar em repouso pelo resto da minha vida: pois isso já está posto, senhor, não quero mais fugir. Malgrado minha condição crítica e precária, esperarei nesse país vossa resposta antes de tomar algum partido. Peço, porém, que demore o menos possível, pois, malgrado minha paciência, não posso ser o senhor dos acontecimentos. Eu vos cumprimento e vos saúdo, senhor, de todo o meu coração.

ROUSSEAU

P.S.: Esqueci de dizer que, quanto aos vossos padres, muito dificilmente eles estarão contentes comigo. Jamais discuto sobre nada, nem falo jamais de religião, e naturalmente amo tanto vossos clérigos quanto odeio os nossos. Tenho muitos amigos entre os clérigos da França, e sempre vivi muito bem com eles. Mas, aconteça o que acontecer, absolutamente não quero mudar de religião, e desejo que nunca me falem sobre essa questão, até porque isso seria inútil.

Para não perder tempo, em caso afirmativo, é preciso me indicar alguém em Livorno para quem eu possa pedir instruções acerca da travessia.

Carta de 11 de abril de 1765

Vescovato, 11 de abril de 1765

 Envio-o, senhor, a resposta do senhor Paoli. Há algum tempo que eu lhe enviei uma de suas cartas em que ele vos convidava a se mudar para a Córsega. Podereis perceber em ambas o desejo que ele possui de receber-vos nesse país. Quanto a mim, nunca desejei nada com tanto ardor.
 Compadeço-me com muita sinceridade, senhor, de todas as vossas dificuldades. Estaremos muito satisfeitos se pudermos ajudar a mitigá-las. Que possais encontrar em nossa ilha essa paz, essa tranquilidade a qual aspiras! Que possais ali viver feliz e por tempo suficiente para ver o fim de vossos trabalhos: tempo suficiente para dar celebridade a essa nação por vossos escritos e vossos conselhos! Encontrareis corações sensíveis entre os corsos, almas compassivas que sofrerão ao vê-lo sofrer.
 Considerarei minha pátria como feliz quando ela abrigar em seu seio o defensor da humanidade, o amigo das artes, das ciências, enfim, o amigo da virtude. O asilo que ela vos oferece, tal como desejais, deve honrá-la perante a posteridade tanto quanto a constância pela qual ela combateu por sua liberdade. Ela fará

com que vossos algozes vejam que se nossos costumes ainda são bárbaros, nós não o somos: aprenderão de nós ao menos a respeitar a virtude oprimida.

De resto, senhor, sereis livre na Córsega, e desobrigado de vossos compromissos: ireis determinar a tarefa que melhor lhe convier, e, se assim quiserdes, não terás tarefas. Não vejo absolutamente nenhum empecilho para que sejais bem acolhido: todos os estrangeiros são, em geral, bem-vistos na Córsega; não inquirimos sobre a religião que professam. Os padres e os monges vivem ali em uma feliz ignorância. Não possuem nenhuma influência nos negócios públicos e, fora de seus confessionários, não possuem nenhuma espécie de crédito. Assim, podeis, a esse respeito, permanecer tranquilo.

Quanto à vossa viagem, senhor, creio que é preciso irdes a Livorno. Poderei dirigir-se ao senhor conde de Rivarola, cônsul geral do rei da Sardenha na Toscana. Ele é corso, é um dos meus amigos, honesto, sábio, discreto, bom patriota. Espero que isso vos satisfaça: ele vos propiciará todas as facilidades para fazer-vos chegar à Córsega com vossa governanta e vossa bagagem. É preciso fazê-lo de modo que o desembarque seja na foz do Golo, perto da cidade em que habito. Querei nessa circunstância aceitar de bom grado uma cabana desgastada oferecida de bom coração, até que possamos conseguir para vós aquela que desejais. Mas devo avisá-lo de que se desejais conduzir seu próprio lar, é necessário trazer convosco um colchão, utensílios de cozinha e roupas de toda espécie, porque nesse país temos somente pouquíssimos recursos para obter tais coisas.

Peço-vos, senhor, dar-me o mais rápido possível notícias de vossa parte, para que possamos saber positivamente em quanto tempo ireis chegar em Livorno. Espero esse instante com muita impaciência.

Cumprimento-vos de todo meu coração e sou perfeitamente, senhor, vosso muito humilde etc.

BUTTAFOCO

Carta de 26 de maio de 1765

Môtiers, 26 de maio de 1765

A tempestuosa crise que acabo de suportar, senhor, e a incerteza do partido que ela me fará tomar fizeram-me atrasar para vos responder e agradecer até que eu estivesse restabelecido. Estou-o agora, por uma sequência de acontecimentos que, oferecendo-me senão a tranquilidade, ao menos a segurança, me fazem tomar o partido de permanecer no local sob a proteção declarada e confirmada do rei e do governo. Isso não significa que eu tenha perdido o mais sincero prazer de viver em vosso país, mas o esgotamento total de minhas forças, os cuidados que devo tomar, as fadigas que preciso suportar e outros obstáculos mais que brotam da minha condição me fazem, pelo menos nesse momento, abandonar meu empreendimento, pelo qual, malgrado essas dificuldades, meu coração ainda não resolveu por completo renunciar. Mas, meu caro senhor, envelheço, definho, minhas forças me abandonam, o desejo se exaspera e a esperança se apaga. Seja como for, recebeis e fazeis chegar ao senhor Paoli meus mais vivos, mais afetuosos agradecimentos pelo asilo que ele de bom grado me concedeu. Povo bravo e hospitaleiro...

não, jamais esquecerei em nenhum instante de minha vida que vossos corações, vossos braços, vossos lares me foram franqueados no momento em que não me restava quase nenhum asilo na Europa. Se eu não tiver a felicidade de deixar minhas cinzas em vossa ilha, esforçar-me-ei ao menos de nela deixar algum registro de minha gratidão, e me honrarei aos olhos do mundo inteiro de vos chamar de meus anfitriões e de meus protetores.

Recebi pelo cavalheiro R. a carta de Paoli. Mas, para vos explicar por que a respondi com poucas palavras e com um tom demasiadamente vago, é preciso vos dizer, senhor, que o barulho da proposta que me havíeis feito tendo se propagado sem que eu o saiba como, o senhor Voltaire difundiu ao mundo inteiro que essa proposta era uma invenção de sua lavra: ele alegava ter me escrito, em nome dos corsos, uma carta falsa na qual eu era o ludibriado. Como eu estava muito seguro a seu respeito, deixei-o falar, continuei meus afazeres, e nem mesmo vos mencionei sobre o assunto. Contudo, ele fez mais: no inverno passado, vangloriou-se de que, malgrado o milorde marechal e o próprio rei, conseguiria me expulsar do país. Ele possuía emissários, uns conhecidos, outros disfarçados. No meio da forte agitação à qual meu último escrito serviu de pretexto, chega aqui o senhor de R... Veio me visitar da parte do senhor Paoli, sem me trazer nenhuma carta nem dele, nem vossa, nem de ninguém; recusou-se a me dizer seu nome; vinha de Genebra, tinha visto meus mais fervorosos inimigos, como assim me informaram. Sua longa estadia nesse país sem que ali tivesse algum negócio exalava o ar mais misterioso do mundo. Essa estadia foi precisamente o tempo em que a tormenta foi estimulada contra mim. Adicione-se a isso que ele havia empenhado todas as suas forças para saber quais relações eu poderia ter na Córsega. Como ainda não havia mencionado vosso nome, eu igualmente não queria vos mencionar. Enfim, ele me entrega a carta do senhor Paoli, do qual eu absolutamente não conheço a grafia. Julgai se tudo isso não deveria se revelar como suspeito para mim. O que deveria ter feito em semelhante caso? Dar-lhe uma resposta em que, não importa a situação, ninguém pudesse tirar conclusão alguma. Foi isso o que fiz.

Gostaria de agora falar sobre nossos negócios e nossos projetos, mas este ainda não é o momento. Sobrecarregado de cuidados, de embaraços, forçado a conseguir uma outra casa a 5 ou 6 léguas daqui, somente as preocupações de uma mudança muito incômoda já me absorveriam, mesmo se não tivesse outras – e aquelas são as menores preocupações que possuo. Vislumbrando as coisas de modo geral, mesmo quando minha cabeça se restabelecesse, algo que vejo como impossível no próximo ano, não estarei em condições de me ocupar de outra coisa senão de mim mesmo. O que vos prometo, e algo com o qual podeis contar desde logo, é que, pelo resto da minha vida, ocupar-me-ei somente de mim ou da Córsega, e todos os outros assuntos estarão inteiramente banidos de minha mente. Ao aguardar, não negligencieis a reunião dos materiais, seja para a história seja para a instituição; eles são os mesmos. Vosso governo parece-me estar em condições de poder esperar. Tenho, entre vossos papéis, um memorando de Vescovado (1764),[1] que presumo ter sido elaborado por vós e que achei excelente. A alma e a cabeça do

---

[1] Buttafoco prepara e envia a Rousseau um documento intitulado *Memoria sopra la costituzione politica da stabilire nel Regno di Corsica nella quale si dà un piano generale delle cose più essenziali che costituiscono un governo in Republica mista*, de 16 de fevereiro de 1764. Sobre o conteúdo do memorando, conferir a apresentação deste dossiê.

virtuoso Paoli farão mais do que todo o resto. Com tudo isso, poderias carecer de um bom governo provisório? Da mesma forma, enquanto as potências estrangeiras interferirem em vossos assuntos, não podereis estabelecer outra coisa.

Gostaria muito, senhor, que pudéssemos nos encontrar: dois ou três dias de conferências esclareceriam muitas coisas. Esse ano não estarei tranquilo o suficiente para vos propor nada. Mas seria possível que, no próximo ano, possais organizar uma passagem por esse país? Estou persuadido de que nos veríamos com muito gosto, e que nos despediríamos contentes um do outro. Considerai isso, pois eis a hospitalidade estabelecida entre nós. Venhais exercer vosso direito. Eu vos cumprimento.

Rousseau

Carta de 19 de outubro de 1765

Vescovato, 19 de outubro de 1765

Há muito tempo, senhor, recebi vossa última carta e aquela na qual estava inclusa a carta para o senhor Paoli. Ambos recebemos com uma extrema alegria a proteção confirmada do rei da Prússia. O grande rei, o grande filósofo, não poderia senão fazer grandes coisas, dentre as quais, a garantia de vossa segurança dentro de seus Estados; esta não será menos importante e lhe dará mais honra.

Tardei para vos escrever: pensava em passar pela França e fazer-vos uma visita. Como esse plano atrasou, apresso-me a dar notícias minhas.

Haveis me inspirado uma excelente ideia de um pequeno manuscrito datado em Vescovato. Mas, senhor, ele não é meu: é vosso, de Maquiavel, do presidente Montesquieu. Tenho somente o pequeno mérito de haver costurado vossas ideias. É uma grande felicidade se esse trabalho é adaptável ao país ao qual empreendi esse estudo! No mais, absolutamente não foi por vaidade que o fiz: amo a minha pátria, gostaria de ser-lhe útil e inspirar em todos o mesmo desejo. Se esse escrito não puder servir para estabelecer a Constituição, ao menos será uma prova de meu zelo por sua prosperidade, um tributo que todo bom cidadão lhe deve. O memorando foi lido em ampla consulta no ano em que foi escrito: parecia ser bastante satisfatório e muitos estabelecidos foram inspirados nele. Porém, sua adoção completa demandaria um longo trabalho para colocá-lo em prática. Vede, senhor, o que pode ser feito: podeis corrigi-lo, aumentá-lo, diminuí-lo. Entrego-o a vós: buscai tirar proveito dele.

Reservo-me ao direito de vos confiar uma outra pequena obra sobre a Revolução da Córsega.[1] Não a li muito, mas, da pouca leitura que fiz, separei trechos quando a matéria tratada demonstra ter conexão com esse país.

Esse escrito fundou-se em nossos diversos livros de justificativas, em J.-J. Rousseau, Algernon Sidney,[2] Montesquieu e Gordon.[3] Não possuo a vaidade de me adornar inadequadamente com plumas de pavão, e creio, ao contrário, que há mais glória

---

[1] Buttafoco provavelmente se refere ao *Examen historique, politique et justificatif de la Révolution de l'île de Corse contre la République de Gênes*.

[2] Algernon Sidney (1623-1683), político, escritor e filósofo inglês, autor de *Discursos sobre o governo*. Em suas *Cartas escritas da montanha*, Rousseau afirma se filiar a Locke e Sidney, a "parte sã" da filosofia política, dizendo, enfim, que "o infortunado Sidney pensava como eu, mas ele agira" (Rousseau, *Cartas escritas da montanha*, p.326). Rousseau havia lido a tradução francesa dos *Discursos sobre o governo*, publicada em 1704. A influência de Sidney nos escritos rousseaunianos faz-se presente desde pelo menos o *Discurso sobre a desigualdade* (1755) e, segundo Bruno Bernardi, "não há dúvida de que Rousseau tenha lido Sidney na sua totalidade e com atenção; em todo caso, leu-o suficientemente bem para ter copiado um bom número de passagens" (Bernardi, *Le principe d'obligation*, p.43).

[3] Thomas Gordon (1691-1750), autor das *Cartas de Catão* e defensor de ideias republicanas.

em dizer ingenuamente a verdade do que buscar parecer aquilo que absolutamente não se é. Basta ser um homem honesto de sua terra e sem ostentação: quanto ao resto, basta dar a César o que é de César e usufruir aquilo que nos pertence.

Como vi estampado nos jornais que não mais escreveis nem recebeis cartas pelos correios, envio esta carta ao senhor Boy de la Tour e para a Companhia de Lyon. Concedei-me a amizade de dar-me notícias vossas e estejais muito seguro da afeição inviolável pela qual tenho a honra de ser vosso mais humilde etc.

BUTTAFOCO

Projeto de constituição para a Córsega

Preâmbulo

Solicita-se um bom plano de governo para a Córsega. Isto é solicitar mais do que se imagina. Há povos que, seja qual for a maneira pela qual os consideremos, não poderiam ser bem governados, pois entre eles a lei não exerce influência, e um governo sem lei não pode ser um bom governo. Pelo contrário, o povo corso me parece o mais favoravelmente disposto pela natureza para receber uma boa administração.[1] Mas isso ainda não é o suficiente. Todas as coisas têm seus abusos, muitas vezes inevitáveis, e os abusos dos estabelecimentos políticos são tão avizinhados de sua instituição que quase não vale a pena realizá-la para vê-la tão rapidamente degenerar.

Busca-se impedir este inconveniente através de máquinas que mantenham o governo em seu estado primitivo. Damos-lhe mil correntes, mil entraves para retê-lo em sua queda e o atravancamos de tal forma que, desmoronando sob o peso de seus

---

[1] Rousseau já havia expressado essa disposição da Córsega em *Contrato social*, II, 10. Esta menção foi, inclusive, um dos motivos pelos quais o capitão corso Matteo Buttafoco solicita a Rousseau um plano de governo para a ilha. A esse respeito, conferir a apresentação deste volume.

grilhões, torna-se inativo, imóvel e, se ele não declina em direção à queda, também não chega ao seu fim.

Tudo isto decorre de separar-se demasiadamente duas coisas inseparáveis, a saber, o corpo que governa e o corpo que é governado. Pela instituição primitiva, estes dois corpos constituem apenas um, e apenas se separam pelo abuso da instituição.

Em semelhante caso, os mais sábios, observando as relações de conveniência, moldam o governo para a nação.[2] Há, no entanto, algo muito melhor a ser feito: moldar a nação para o governo. No primeiro caso, à medida que o governo declina enquanto a nação permanece a mesma, a conveniência desaparece. No segundo, tudo muda no mesmo passo, e a nação, arrastando o governo por sua força, conserva-o enquanto ela se conserva e o faz declinar quando ela declina. Um convém ao outro em todos os momentos.

O povo corso encontra-se na feliz condição que torna uma boa instituição possível, podendo partir do primeiro ponto e adotar medidas para não degenerar. Repleto de vigor e de saúde, pode se entregar ao governo que o mantenha vigoroso e são. Entretanto, este estabelecimento deve desde logo encontrar obstáculos. Os corsos ainda não adquiriram os vícios das outras nações, mas já adquiriram seus preconceitos, e são esses preconceitos que é preciso combater e destruir para formar um bom estabelecimento.

---

2 A observância dessa relação de conveniência – entre fatores como costumes, religião, clima, geografia, extensão do território, dentre outros – é um dos trabalhos mais árduos dos grandes legisladores. A análise dessa relação é objeto do *Espírito das leis*, de Montesquieu, citado frequentemente por Buttafoco. A obra de Montesquieu, estudada a fundo por Rousseau, também influencia diretamente na decisão de realizar uma teoria sobre os princípios do direito político. Para um estudo sobre essa relação, cf. Moscateli, *Rousseau frente ao legado de Montesquieu*.

Plano

A situação vantajosa da ilha da Córsega e a felicidade natural de seus habitantes parecem lhes oferecer uma esperança razoável de poderem se tornar um povo florescente e de algum dia se destacarem na Europa, caso, baseados na instituição sobre a qual meditam, dirijam seu foco para esse ponto. Contudo, o esgotamento extremo no qual quarenta anos contínuos de guerra os jogaram, a pobreza presente em sua ilha e o estado de despovoamento e de devastação no qual se encontram não lhes permitem darem tão cedo a si mesmos uma administração dispendiosa, tal como seria necessário para policiá-los[1] tendo em vista esse

---

1 O vocábulo *policer* (policiar) remete a *politie*, proveniente do grego *politeia*. O termo possui uma acepção muito especial para Rousseau, que o utiliza deliberadamente aqui e em textos como *Do contrato social*. Significa, de forma geral, um processo de polimento ou civilização dos costumes e da política de um povo. Segundo a edição do *Contrato* estabelecida por Bruno Bernardi, "o termo *politie* [...] é somente uma transcrição do grego *politeia*, a constituição, a ordem política. Estava em desuso. Rousseau o recoloca em uso voluntariamente como atesta a seu editor M.-M. Rey (23 de dezembro de 1761)" (cf. Rousseau, *Du contrat social*, nota 34). De fato, ao submeter a redação final do *Contrato*, Rousseau assim escreve ao seu editor: "Preste também atenção que não

objetivo. Além disso, mil obstáculos invencíveis irão se opor à execução desse plano. Gênova, ainda dona de uma parte da costa e de quase todos os portos marítimos, por mil vezes esmagaria a nascente marinha corsa, continuamente exposta ao duplo perigo dos genoveses e dos berberes.[2] Os corsos somente poderiam dominar os mares com navios armados que lhes custariam dez vezes mais do que as transações comerciais poderiam lhes proporcionar. Expostos sobre a terra e sobre o mar, forçados a se defenderem de todos os lados, o que se tornariam? Ficando à mercê do mundo inteiro, incapazes por sua fraqueza de estabelecer qualquer tratado de comércio vantajoso, receberiam a lei de todos. Em meio a tantos riscos, obteriam apenas os lucros que nenhum outro se dignaria a buscar, e que seriam reduzidos a uma bagatela. Se por uma boa sorte difícil de compreender conseguissem superar todas essas dificuldades, sua própria prosperidade, atraindo sobre eles os olhares de seus vizinhos, constituiria um novo perigo para sua liberdade mal estabelecida. Objeto contínuo de cobiça para as grandes potências e de inveja para as pequenas, sua ilha seria ameaçada a todo momento por uma nova servidão da qual não mais poderia se livrar.

Seja qual for o propósito pelo qual a nação corsa queira se policiar, a primeira coisa que deve fazer é dotar-se, por si mesma, de toda a consistência que pode alcançar. Alguém que dependa de outrem e não possua seus próprios recursos em si mesmo não poderia ser livre. As alianças, os tratados, a fé dos homens,

---

se vá colocar política no lugar de *politie*, em todo lugar em que escrevi essa palavra, mas que se siga literalmente o manuscrito, até em seus erros" (Rousseau, *Correspondance complète*, v.9, carta 1604, p.346).

2 Os berberes eram piratas vindos da costa dos Berberes (hoje denominada de litoral magrebino), localizada no nordeste da África.

tudo isso pode ligar o fraco ao forte, mas jamais liga o forte ao fraco. Assim, deixai as negociações às potências e contai apenas consigo mesmos. Bravos corsos, quem saberia melhor do que vós tudo o que é possível extrair de vós mesmos? Sem amigos, sem apoios, sem dinheiro, sem exército, subjugados por terríveis senhores, sozinhos conseguistes se livrar do jugo que vos foi imposto. Haveis observado alternadamente se coligarem contra vós os mais temidos potentados da Europa, haveis visto inundarem vossa ilha com exércitos estrangeiros: superastes tudo. Com sua constância apenas, fizestes o que o dinheiro não teria conseguido fazer: se houvésseis desejado conservar vossas riquezas, teríeis perdido vossa liberdade. Não é preciso tirar conclusões sobre vossa nação vendo o exemplo das outras. As máximas estabelecidas a partir de vossa própria experiência são as melhores sobre as quais podereis vos governar.

Não se trata tanto de tornar-vos diferentes, mas sim de permanecerdes o que sois, de saber vos conservar como tais. Os corsos ganharam muito desde que se tornaram livres: juntaram a prudência à coragem, aprenderam a obedecer a seus iguais, adquiriram virtudes e costumes e não possuíam lei alguma. Se pudessem assim permanecer por si mesmos, consideraria que quase nada precisaria ser feito. Porém, quando o perigo que os reuniu se afastar, as facções que ele afugenta renascerão entre os corsos. Assim, ao invés de reunir suas forças para a manutenção de sua independência, irão utilizá-las uns contra os outros e, caso venham novamente a atacá-los, não mais as terão para se defender. Eis o que é preciso desde logo prevenir. Em todas as épocas as divisões dos corsos foram um artifício de seus senhores para torná-los fracos e dependentes, mas esse artifício, empregado incessantemente, produziu neles, enfim, a inclinação para a divisão e tornou-os naturalmente inquietos, buliçosos, difíceis de governar, até mesmo pelos próprios chefes. São necessárias boas leis, é necessária uma instituição nova para restabelecer a concórdia cujo próprio desejo foi destruído pela tirania. A Córsega, submetida a senhores estrangeiros cujo duro jugo ela jamais suportou com paciência, sempre foi turbulenta. É necessário, agora, que seu povo realize um novo estudo e que busque a paz na liberdade.

Eis então os princípios que, a meu ver, devem servir de base para sua legislação: tirar partido de seu povo e de seu país o tanto quanto possível; cultivar e reunir suas próprias forças, apoiando-se somente sobre elas; e não mais considerar as potências estrangeiras, como se nenhuma houvesse.

Partamos disso para estabelecer as máximas de nossa instituição.

A ilha da Córsega, não podendo enriquecer-se de dinheiro, deve encarregar-se de enriquecer-se de homens. O poder que vem da população é mais real do que aquele que vem das finanças e produz seu efeito mais seguramente. O emprego dos braços dos homens, não podendo ser ocultado, dirige-se sempre para a destinação pública. O mesmo não ocorre com o emprego do dinheiro: ele se escoa e se deposita em destinações particulares; nós o acumulamos para um fim e o gastamos em outro; o povo paga para ser protegido e o dinheiro que dá é utilizado para oprimi-lo. Disso decorre que um Estado rico em dinheiro é sempre fraco, e que um Estado rico em homens é sempre forte.

Para multiplicar os homens, é preciso multiplicar sua subsistência, daí a agricultura. Não entendo essa palavra como a arte de aperfeiçoar a agricultura, de estabelecer academias que dela falam, de fazer livros que dela tratam.³ Entendo-a como uma constituição capaz de conduzir um povo a espalhar-se sobre toda a superfície de seu território, a nele se fixar, a cultivá-lo em todos os seus pontos, a amar a vida campestre, os trabalhos a ela relacionados, a nela encontrar tanto o necessário quanto os encantos da vida, a ponto de não mais desejar dela sair.

O gosto pela agricultura não é somente vantajoso para a população ao multiplicar a subsistência dos homens, mas ao dar para o corpo da nação um temperamento e costumes que fazem com que os homens nasçam em grande quantidade. Em todos os países, os habitantes do campo povoam mais do que os das cidades, seja pela simplicidade da vida rústica que molda corpos mais bem constituídos, seja pela assiduidade ao trabalho que previne a desordem e os vícios. Afinal, considerando todas as coisas como iguais, as mulheres mais castas, aquelas cujos sentidos são menos inflamados pelo uso dos prazeres, fazem mais filhos do que as outras, e não é menos certo que os homens debilitados pela devassidão, fruto certo da ociosidade, são menos aptos à procriação do que aqueles que uma condição laboriosa torna mais temperantes.

Os camponeses são muito mais ligados ao seu solo do que os citadinos aos seus burgos. A igualdade, a simplicidade da vida rústica, possuem, para aqueles que não conhecem outro modo de viver, um atrativo que não lhes dá o desejo de mudá-lo. Disso

---

3 Apesar de pontos em comum (como o papel no crescimento da população), a ênfase dada por Rousseau à agricultura difere, em termos filosóficos, dos fisiocratas (que, especialmente com Mirabeau, tentaram, sem sucesso, cooptar Rousseau para a escola fisiocrática). A agricultura fisiocrática é, em última instância, fundada numa concepção metafísica de ordem natural que é rejeitada por Rousseau.

deriva o contentamento de sua condição, que torna o homem pacífico, e também o amor pela pátria, que o liga à sua constituição.

O cultivo da terra forma homens pacientes e robustos, tais como devem ser para tornarem-se bons soldados. Aqueles que encontramos nas cidades são indisciplinados e débeis, não podem suportar as fadigas da guerra, ficam abatidos com as marchas, as doenças os consomem, enfrentam-se entre si e fogem diante do inimigo. As milícias treinadas são as melhores e mais seguras tropas.[4] A verdadeira educação do soldado é ser agricultor.

O único meio de manter o Estado em uma independência em relação aos outros é a agricultura. Tenhais todas as riquezas do mundo, mas, se não tiverdes com o que se alimentar, dependereis de outrem. Vossos vizinhos podem dar ao seu dinheiro o preço que lhes aprouver, pois podem esperar. Contudo, o pão que nos é necessário tem, para nós, um preço sobre o qual não poderíamos discutir, e em toda espécie de comércio é sempre o menos pressionado que ditará ordens ao outro. Admito que em um sistema de finanças seria necessário operar de acordo com outras considerações; tudo depende da finalidade última a qual aspiramos. O comércio produz a riqueza, mas a agricultura assegura a liberdade.

Dir-se-á que seria melhor ter um e outro de uma só vez, mas ambos são incompatíveis, como será demonstrado mais adiante. "Em todos os países", alguém acrescentaria, "a terra é cultivada". Concordo. Porém, assim como em qualquer país há comércio e assim como em todo lugar há um maior ou menor número de negociações comerciais, isso não quer dizer que em todo lugar a agricultura e o comércio floresçam. Não examino aqui o que se

---

4 Cf. nota do tradutor nas *Considerações sobre o governo da Polônia*, cap.XII.

faz pela necessidade das coisas, mas o que resulta da espécie do governo e do espírito geral da nação.

Embora a forma de governo[5] que um povo dê a si mesmo seja mais frequentemente a obra do acaso e da fortuna do que uma verdadeira escolha, na natureza e no solo de cada país há, entretanto, qualidades que lhe proporcionam um governo mais adequado do que outro,[6] e cada forma de governo possui uma força particular que conduz os povos para tal ou qual ocupação.

A forma de governo que devemos escolher é, de um lado, a menos custosa, pois a Córsega é pobre, e, de outro, a mais favorável à agricultura, pois a agricultura é atualmente a única ocupação que pode conservar para o povo corso a independência que adquiriu e dar-lhe a solidez da qual tem necessidade.

A administração menos custosa é aquela que passa por menos níveis e requer menos diferenças de ordens. Tal é, de modo geral, a constituição republicana e, em particular, a democrática.

A administração mais favorável à agricultura é aquela cuja força, não estando concentrada em um ponto qualquer, não conduz à desigual distribuição do povo, mas o deixa igualmente disperso sobre o território. Tal é a democracia.

---

5 Sobre a distinção das formas de governo, cf. *Contrato social*, III.
6 Esse tópico, que dialoga diretamente com Montesquieu, é investigado com mais detalhes no *Contrato social*, III, 8, "Que nem toda forma de Governo é apropriada a todos os países". Ver também a segunda parte do *Discurso sobre a desigualdade*: "apesar de todos os trabalhos dos mais sábios legisladores, o estado político sempre permaneceu imperfeito, pois era quase obra do acaso [...]" (Rousseau, Discurso sobre a origem e os fundamentos da desigualdade entre os homens, in: *Rousseau – Escritos sobre a política e as artes*, p.226).

Vemos na Suíça uma aplicação muito surpreendente desses princípios. A Suíça é, em geral, um país pobre e estéril. Seu governo é por toda parte republicano. Porém, nos cantões mais férteis que os outros, tais como os de Berna, Soleura e Friburgo, o governo é Aristocrático. Nos mais pobres, naqueles onde o cultivo é mais ingrato e requer um grande trabalho, o governo é Democrático. O Estado tem apenas aquilo que precisa para subsistir sob a mais simples administração. Se estivesse sob qualquer outra, esgotar-se-ia e pereceria.

Dir-se-á que a Córsega, mais fértil e com um clima mais suave, pode suportar um governo mais oneroso. Isso seria verdade em outros tempos, mas, agora, oprimida por uma longa escravidão, devastada por longas guerras, a nação primeiramente necessita se restabelecer. Quando tiver explorado seu solo fértil, poderá considerar tornar-se florescente e dar a si mesma uma administração mais brilhante. Digo mais: o sucesso da primeira instituição em seguida tornará a mudança necessária. A cultura dos campos cultiva o espírito. Todo povo cultivador multiplica: multiplica proporcionalmente o produto de sua terra e, quando essa terra é fecunda, multiplica-a de modo tão vigoroso que ela deixa de lhe ser suficiente. A partir de então, é forçado a estabelecer colônias ou mudar seu governo.

Quando o país está saturado de habitantes e não é mais possível empregar o excedente no cultivo, é preciso ocupar esse excedente com a indústria, com o comércio, com as artes, e esse novo sistema requer uma outra administração. Que a instituição que a Córsega irá realizar possa muito em breve colocá-la na necessidade de assim alterá-la. Porém, enquanto não possuir mais homens do que pode alimentar, enquanto restar na ilha uma só polegada de terra em pousio, deve ater-se ao sistema rústico e somente alterá-lo quando a ilha já não puder mais se contentar com ele.

O sistema rústico diz respeito, como já disse, à constituição Democrática. Assim, a forma que devemos escolher está dada. É verdade que para sua aplicação há algumas modificações a serem feitas, por causa do tamanho da ilha: afinal, um governo puramente democrático convém mais a uma pequena cidade do que a uma nação. Não poderíamos reunir o povo inteiro de um país como se reúne o povo de uma cidade, e quando a autoridade suprema é confiada aos deputados, o governo muda e se torna Aristocrático. O que convém à Córsega é um governo misto no qual o povo se reúne apenas em partes e no qual os depositários de seu poder sejam frequentemente trocados. É o que observou muito bem o autor do memorando feito em 1764 em Vescovato, memorando excelente e que podemos consultar com confiança acerca de tudo aquilo que não é explicado nesse plano.

Com essa forma de governo bem estabelecida, resultarão duas grandes vantagens. Uma, a de confiar a administração apenas ao menor número, o que permite a escolha de pessoas esclarecidas. A outra, a de fazer com que todos os membros do Estado contribuam para a autoridade suprema, o que coloca o povo inteiro em um nível perfeito, permitindo-lhe espalhar-se sobre toda a superfície da ilha e de povoá-la igualmente em todo lugar. Eis aqui a máxima fundamental de nossa instituição. Façamo-la de tal forma que por todo lugar mantenha a população em equilíbrio, e somente através disso já a teremos tornado tão perfeita quanto possa ser. Se essa máxima for boa, nossas regras se tornam claras e nossa obra se simplifica a um ponto impressionante.

Uma parte dessa obra já está feita: temos menos estabelecimentos do que preconceitos a destruir, trata-se menos de mudar do que concluir o que foi começado. Os próprios genoveses prepararam vossa instituição e, por um cuidado digno da Providência, crendo ter consolidado a Tirania, fundaram a liberdade. Eles vos privaram de quase todo comércio e, de fato, não é agora o tempo de tê-lo. Se o comércio fosse aberto ao estrangeiro, seria preciso proibi-lo até que vossa constituição tivesse se assentado e que o comércio doméstico vos fornecesse tudo o que podeis extrair dele. Os genoveses prejudicaram a exportação de vossos víveres. Vosso melhor proveito não é o de que estes sejam exportados, mas que nasçam na ilha um número suficiente de homens para consumi-los.

As freguesias[7] e jurisdições particulares, formadas ou preservadas pelos genoveses para facilitar a cobrança de impostos e a execução das ordens, são o único meio possível para estabelecer a democracia entre um povo inteiro que não pode se reunir de uma só vez em um mesmo lugar. São também o único meio para manter o país independente das cidades, que são mais fáceis de se manter sob o jugo. Os genoveses também se dedicaram a destruir a nobreza, a privá-la de suas dignidades, de seus títulos, a extinguir os grandes feudos: é venturoso para vós que eles tenham se encarregado daquilo que há de odioso nesse empreendimento, que talvez não teríeis podido fazer se não o tivessem feito antes de vós. Não hesitai de terminar seu trabalho: enquanto eles acreditam trabalhar para si mesmos, estarão trabalhando para vós. Mas a finalidade é bem diferente, pois a

---

7 No original, *piève* (do latim *plebs*) é o nome dado a uma divisão administrativa que reúne diversas paróquias, geralmente em torno de uma igreja rural (a própria *pieve*, em italiano). Posteriormente, as funções da *piève* passam a ser exercidas pela paróquia. Piève também se tornou, posteriormente, o nome de uma comuna na Córsega.

dos genoveses estava na própria coisa, a vossa está em seu efeito. Eles queriam aviltar a nobreza, vós quereis enobrecer a nação.

Este é um ponto sobre o qual vejo que os corsos não possuem ideias salutares. Em todas suas memórias justificativas, em seu protesto de Aix-la-Chapelle,[8] queixaram-se que Gênova tinha aviltado, ou melhor, destruído sua nobreza. Isso é sem dúvida um grande pesar, mas não uma infelicidade; é, ao contrário, um benefício, sem o qual lhes seria impossível permanecerem livres.

Colocar a dignidade de um Estado nos títulos de alguns de seus membros é como tomar a sombra pelo corpo. Quando o Reino da Córsega pertencia a Gênova, poderia ser-lhe útil ter marqueses, condes, nobres intitulados que servissem, por assim dizer, de mediadores do povo corso junto à República. Mas contra quem semelhantes protetores poderiam ser atualmente úteis ao povo? Longe de serem aptos a proteger o povo da Tirania, eles mesmos estão preparados para usurpá-lo, para devastá-lo com suas vexações e debates, até que um deles, tendo subjugado os outros, fizesse de todos seus concidadãos seus súditos.

Distingamos duas espécies de nobreza. A nobreza feudal, que pertence à Monarquia, e a nobreza política, que pertence à Aristocracia. A primeira tem diversas ordens ou graus, uns intitulados e outros sem título, desde os grandes vassalos até simples cavalheiros; seus direitos, ainda que hereditários, são, por assim dizer, individuais, particulares, ligados a cada família e de tal forma independentes uns dos outros a ponto de o serem até mesmo da constituição do Estado e da soberania. A segunda, ao

---

8 O Tratado de Aix-la-Chapelle, de 1748, pôs fim à Guerra de Sucessão Austríaca, colocando a Córsega novamente sob a dominação dos genoveses.

contrário, unida em um corpo único, indivisível, no qual todos os direitos pertencem ao corpo e não aos seus membros, forma uma parte tão essencial do corpo político que ela não pode subsistir sem ele e ele não pode subsistir sem ela, e todos os indivíduos que a compõem, iguais por seu nascimento em termos de títulos, privilégios e autoridade, amalgamam-se sob o nome comum de patrícios.

Quanto à antiga nobreza corsa, pelos títulos que carregava e pelos feudos que possuía, tendo direitos que se aproximavam da própria soberania, fica evidente que ela pertencia à primeira classe e devia sua origem seja aos conquistadores, mouros ou franceses, seja aos príncipes que os Papas haviam investido na Ilha da Córsega[9]. Ora, essa espécie de nobreza caberia tão pouco em uma República democrática ou mista quanto, da mesma forma, em uma Aristocracia, pois esta apenas admite direitos de corpo, e não direitos individuais. A Democracia não conhece outra nobreza além da virtude senão a liberdade, e a Aristocracia igualmente não conhece outra que não a autoridade. Tudo o que é estranho à constituição deve ser cuidadosamente banido do corpo político. Deixai, pois, aos outros estados todos esses títulos de "marqueses" e de "condes" que aviltam os simples cidadãos. A lei fundamental de vossa instituição deve ser a igualdade[10].

---

9 A Santa Sé, reivindicando que Carlos Magno havia cedido direitos de suserania sobre a ilha para Igreja Católica no século VIII, desde pelo menos o século XI interferia diretamente nos assuntos políticos da Córsega.

10 A questão da igualdade e da desigualdade constitui um dos pilares do sistema de Rousseau. Vale destacar que o filósofo não compreende a igualdade em termos absolutos, mas relativos. Em uma passagem do *Contrato social* em que a liberdade e igualdade são vistas como os dois objetivos de toda legislação, Rousseau escreve: "a respeito da igualdade,

Tudo deve reportar-se a ela, até mesmo a autoridade, que é estabelecida apenas para defendê-la, e todos devem ser iguais por direito de nascença. O Estado deve apenas conceder distinções ao mérito, às virtudes, aos serviços prestados à pátria, e essas distinções não devem ser hereditárias, assim como não o são as qualidades sobre as quais se baseiam. Veremos brevemente como podemos graduar diferentes ordens entre um povo sem que o nascimento e a nobreza nisso tenham alguma participação.

Todos os feudos, vassalagens, censos e direitos feudais, a partir de então abolidos, assim o serão para sempre; e o Estado recomprará aqueles que ainda subsistem, de modo que todos os títulos e direitos senhoriais permanecerão extintos e suprimidos por toda a ilha.

Para que todas as partes do Estado mantenham entre si, o tanto quanto possível, o mesmo nível que nos esforçamos para estabelecer entre os indivíduos, os limites dos distritos, freguesias e jurisdições serão regulados de maneira a diminuir a extrema desigualdade percebida entre elas. Somente a província de Bastia e de Nebbio já contêm tantos habitantes quanto as sete províncias de Cabo Corso, Aléria, Porto Vecchio, Sartène, Vico, Calvi e Algagliola. A de Ajaccio contêm mais habitantes do que as quatro que a avizinham. Sem suprimir completamente as fronteiras e sem invadir as competências, através de algumas pequenas modificações é possível moderar essas enormes

---

não se deve entender por essa palavra que os graus de poder e de riqueza sejam absolutamente os mesmos, mas que, quanto ao poder, que esteja abaixo de toda violência e jamais se exerça senão em virtude dos cargos e das leis, e, quanto à riqueza, que nenhum cidadão seja tão opulento para poder comprar outro e nenhum tão pobre para ser constrangido a vender-se" (Rousseau, Do contrato social, II, 11, p.556).

desproporções. Por exemplo, a abolição dos feudos facilita a formação, em Canari, Brando e Nonza, de uma nova jurisdição que, reforçada com a freguesia de Pietrabugno, será mais ou menos igual à jurisdição de Cabo Corso. O feudo de Istria, reunido com a província de Sartène, não deixará esta última igual à de Corte; e a província de Bastia e Nebbio, embora reduzida a uma freguesia, pode ser dividida em duas jurisdições ainda mais sólidas, separadas pelo Golo.[11] Este é apenas um exemplo para que eu possa ser compreendido, pois não conheço tão bem o local para poder determinar algo.

Através destas sutis mudanças, a ilha da Córsega, supondo-a já completamente livre,[12] encontrar-se-á dividida em doze jurisdições que não serão demasiadamente desproporcionais, sobretudo quando, tendo reduzido, como assim deve ser feito, os direitos municipais das cidades, se tiver deixado menos peso à jurisdição destas.

As cidades são úteis em um país desde que nelas o comércio e as artes sejam cultivados, mas são prejudiciais ao sistema que adotamos. Seus habitantes são cultivadores ou ociosos. Ora, o cultivo é sempre mais bem feito pelos colonos do que pelos citadinos, e é da ociosidade que provêm todos os vícios que até agora assolaram a Córsega. O tolo orgulho dos burgueses apenas envilece e desencoraja o trabalhador. Entregues à molícia e às paixões por ela estimuladas, mergulham na devassidão e se vendem para satisfazê-la. O interesse os torna servis e a

---

11 Golo é o maior rio da Córsega, cortando a ilha no sentido do sul ao nordeste.

12 Ou seja, quando Gênova, que ainda possuía o controle de portos e cidades litorâneas, tivesse de fato deixado a ilha.

vagabundagem os torna inquietos, são escravos ou indisciplinados, jamais livres. Essa diferença foi manifestamente sentida ao longo de toda a guerra atual e também desde que a nação rompeu seus grilhões. Se foi o vigor de vossas freguesias que fez a revolução, foi a firmeza delas que a manteve; essa inabalável coragem, que nenhum revés pode abater, advém delas. As cidades, povoadas com homens mercenários, venderam sua nação para preservar para si alguns pequenos privilégios que os genoveses sabiam com arte enaltecer, e, justamente punidas por sua covardia, permanecem nos ninhos da Tirania, enquanto o povo corso gloriosamente já usufrui da liberdade que adquiriu pelo preço de seu sangue.

Não é necessário que um povo cultivador enxergue com cobiça a rotina das cidades e inveje o destino dos vagabundos que as povoam. Consequentemente, não é necessário favorecer a habitação através de vantagens prejudicais à população geral e à liberdade da nação. É necessário que um agricultor não seja por nascimento inferior a ninguém, que veja acima dele somente as leis e os magistrados, e que possa ele mesmo tornar-se magistrado se for digno disso por seu esclarecimento e por sua probidade. Em poucas palavras, as cidades e seus habitantes, não mais que os feudos e seus possuidores, não devem conservar nenhum privilégio exclusivo. A ilha inteira deve gozar dos mesmos direitos, suportar os mesmos encargos e tornar-se indistintamente aquilo que nos termos campestres se denomina de *terra di comune*.[13]

---

13 Rousseau refere-se a uma divisão ocorrida na Córsega durante a Idade Média. No século XIV, o corso Sambucucciu d'Alandu, apoiado por genoveses, liderou uma revolta contra os senhores feudais da ilha. Como resultado, o território dividiu-se da seguinte maneira: no sul da ilha ficavam as *Terra di i Signori*, isto é, domínios pertencentes aos senhores feudais, enquanto o centro tornou-se livre e se denominou

Ora, se as cidades são prejudiciais, as capitais são-no ainda mais. Uma capital é um abismo onde a nação quase inteira encaminha-se para perder seus costumes, suas leis, sua coragem e sua liberdade. Considera-se que as grandes cidades favorecem a agricultura, pois consomem muitos víveres; mas elas o consomem ainda mais dos cultivadores, seja pelo desejo de ter um melhor ofício que impulsiona estes últimos, seja pelo enfraquecimento natural das estirpes burguesas, sempre recrutadas no campo. Os arredores das capitais possuem um ar de vida, mas quanto mais nos distanciamos, mais tudo é deserto. Da capital se exala uma peste contínua que, ao fim e ao cabo, mina e destrói a nação.

Entretanto, o governo necessita de um centro, de um ponto de reunião para o qual tudo se remeta: seria um inconveniente muito grande que a administração suprema fosse errante. Para fazê-la circular de província em província, seria necessário dividir a Ilha em diversos pequenos Estados confederados, entre os quais cada um alternadamente assumiria a presidência. No entanto, esse sistema complicaria o jogo da máquina e nela as peças seriam menos interligadas. Não sendo a Ilha suficientemente grande para tornar obrigatória essa divisão, ela é, no entanto, muito grande para poder dispensar uma capital. Porém, é preciso que essa capital estruture a correspondência de todas as jurisdições, sem atrair suas populações; que tudo ali se comunique e que cada coisa permaneça em seu lugar. Em poucas palavras, é necessário que a sede do Governo supremo seja mais um lugar-chefe[14] do que uma capital.

Terra di comune, ou seja, terra comunal, onde os camponeses viviam de modo alodial.

14 Lugar-chefe é um centro administrativo. Divisão mais importante em um território, é o local no qual se concentram poderes e serviços públicos, possuindo, em geral, peso demográfico considerável.

A esse respeito, a necessidade por si só dirigiu a escolha da nação, como a própria razão o teria feito. Os genoveses, tendo permanecido donos dos portos marítimos, apenas lhes deixaram a cidade de Corte, cuja localização não é menos favorável para a administração corsa do que Bastia é para a administração genovesa. Corte, situada no meio da ilha, tem todas suas linhas costeiras a distâncias quase iguais. Ela está precisamente entre as duas grandes partes *di quà e di là da'i monti*,[15] equidistante de todo o resto. Está longe do mar, o que conservará os costumes, a simplicidade, a retidão e o caráter nacional dos habitantes por mais tempo do que se estivesse sujeita a afluência de estrangeiros. Está na parte mais elevada da ilha, em ares muito sadios, mas em um solo pouco fértil e próxima da fonte dos rios, o que, dificultando o acesso às provisões, não permite que ela cresça muito. Se acrescentar-se a tudo isso a cautela de não tornar hereditários ou vitalícios nenhum dos grandes cargos do Estado, deve-se presumir que os homens públicos, ali formando somente residências passageiras, não atribuirão durante muito tempo à cidade esse esplendor funesto que faz o lustro e a ruína dos Estados.

Eis as primeiras reflexões que me ocorreram após um rápido exame das localidades da ilha. Antes de começar a falar detalhadamente sobre o governo, é necessário começar por observar o que ele deve fazer e a partir de quais máximas deve se orientar. É isso que deve finalmente determinar sua forma, pois cada

---

15 "Deste e daquele lado das montanhas". A região de Delà des Monts, na qual se situa a capital Ajaccio, ocupa a porção ocidental da ilha. A parte oriental é denominada de Deçà des Monts, e abriga a importante cidade de Bastia.

forma de governo tem seu espírito que lhe é natural, apropriado, e do qual ele nunca se afastará.[16]

Até aqui nivelamos o solo nacional o tanto quanto foi possível. Esforcemo-nos agora para delinear sobre ele o plano do edifício que precisamos erguer. A primeira regra que devemos seguir é o caráter nacional. Todo povo tem ou deve ter um caráter nacional e, caso prescindisse de um, seria necessário começar por atribuir-lhe um. Os ilhéus, sendo acima de tudo menos misturados e menos mesclados com outros povos, comumente possuem um caráter nacional mais pronunciado. Os corsos, em específico, possuem um caráter naturalmente muito sensível; e se de tão desfigurado pela escravidão e pela tirania tornou-se difícil reconhecê-lo, por outro lado ele é, graças à sua posição isolada, fácil de ser reestabelecido e conservado.

A Ilha da Córsega, diz Diodoro,[17] é montanhosa, repleta de madeira e regada por grandes rios. Seus habitantes se alimentam de leite, de mel e de carne que a região campestre lhes fornece em profusão. Observam entre si as regras da justiça e da humanidade

---

16 Logo após este parágrafo, Rousseau havia escrito um outro, no qual ecoa a seguinte ideia do *Contrato social*: a vontade geral não é a vontade comum e nem uma soma das vontades particulares, mas sim o resultado de todas as diferenças. A parte suprimida, que retoma o que havia sido dito anteriormente, tinha a seguinte redação: "Para chegar a isso, é necessário desde logo conhecer o caráter nacional do povo a ser governado e, se ele não possui um, dar-lhe um. Todo homem que, por assim dizer, não carrega na alma a disposição de estar a serviço de seu país, não pode ser nem um bom cidadão nem um súdito fiel, e a legislação não consiste no que há de comum em todas as leis do mundo, mas naquilo que elas possuem de diferente".

17 Referência ao Livro V da *Biblioteca histórica*, de Diodoro da Sicília (I a.C.). Pouco antes de sua correspondência com Matteo Buttafoco, Rousseau havia solicitado à livraria Duchesne exemplares da obra.

com mais exatidão do que os outros bárbaros. Aquele que primeiro encontrou mel nas montanhas e nos ocos das árvores tem a certeza de que ninguém questionará sua reivindicação. Estão sempre seguros de encontrar suas ovelhas, nas quais cada um coloca sua marca e, em seguida, deixam-nas pastar nos campos sem ninguém para tomar conta delas. O mesmo espírito de equidade parece conduzi-los em todas as ocasiões da vida.

Os grandes historiadores sabem, nas mais simples narrativas e sem reflexões próprias, tornar perceptível ao leitor a razão de cada fato que relatam.

Quando um país não é povoado por colônias, o caráter primitivo dos habitantes nasce da natureza do solo. Um terreno rude, desigual, difícil de cultivar, é mais capaz de fornecer sustento aos animais do que aos homens: nesses lugares os campos devem ser raros e as pastagens mais abundantes. Disso deriva a multiplicação do gado e a vida pastoral. Errando pelas montanhas, os rebanhos dos particulares se misturam e se confundem. A exploração do mel não tem outro signo que não a marca do primeiro ocupante.[18] A propriedade não pode ser estabelecida e nem conservada senão sob a fé pública, e é preciso que todos sejam justos, sem o que ninguém teria nada e a nação pereceria.

Montanhas, bosques, rios, pastagens. Não acreditaríamos estar lendo a descrição da Suíça? Em outros tempos encontraríamos nos suíços o mesmo caráter que Diodoro confere aos corsos: a equidade, a humanidade, a boa-fé. A única diferença é que, habitando um clima mais rude, os suíços eram

---

18 Junto com o trabalho, o direito do primeiro ocupante é, para Rousseau, uma das marcas distintivas que se associam ao direito de propriedade no estado civil. Cf. *Discurso sobre a origem da desigualdade* e *Contrato social*, I, 9.

mais laboriosos. Escondidos durante seis meses sob as neves, eram forçados a armazenar provisões para o inverno; esparsos sobre seus rochedos, cultivavam com uma labuta que os tornava robustos; um trabalho contínuo lhes deixava sem tempo para conhecer as paixões; as comunicações eram sempre custosas, e quando as neves e os gelos acabavam por conseguir cercá-los, cada qual em sua cabana era forçado a bastar a si próprio e à sua família: daí a feliz e grosseira industriosidade. Cada um exercia em sua casa todas as artes necessárias: todos eram pedreiros, carpinteiros, artesãos, segeiros. Os rios e as torrentes que os separavam uns dos outros ofereciam a cada um, em contrapartida, os meios para dispensar seus vizinhos: com a multiplicação das serras, das forjas e dos moinhos, aprenderam a administrar o curso das águas tanto para conduzir as engrenagens quanto para multiplicar as irrigações. É assim que no meio de seus precipícios e de seus vales cada qual vivia de seu solo, tirando dele todo o necessário, vivendo fartamente e não desejando nada além disso. Os interesses e as necessidades não se cruzavam e ninguém dependia de um outro, com todos tecendo entre si apenas laços de benevolência e de amizade. A concórdia e a paz reinavam sem esforços em suas numerosas famílias; não possuíam outra coisa para tratar entre si além dos casamentos, nos quais somente a inclinação era consultada, a ambição não participava e o interesse e a desigualdade não interfeririam nunca. Esse povo pobre, mas sem necessidades, na mais perfeita independência, multiplicava-se assim em uma união que coisa alguma poderia alterar. Não havia virtudes, pois, não havendo nenhum vício a ser vencido, fazer o bem nada lhe custava, e era bom e justo sem mesmo saber o que era a justiça e o que era virtude. Por meio da força pela qual a vida laboriosa e independente ligava os suíços à sua pátria resultaram dois grandes meios para defendê-la, a saber, o concerto nas resoluções e a coragem nos combates. Quando se considera a união constante que reinava entre esses homens que desconheciam senhores, indivíduos quase sem leis e cujos príncipes dos lugares vizinhos se esforçavam, empregando todas as manobras da política, para dividir; quando se observa a inabalável firmeza, a constância, a própria obstinação que esses homens terríveis exibiam em seus combates, resolvidos a morrer ou a vencer, e nem mesmo tendo a ideia de separar sua vida de sua liberdade; tudo isso faz com que sejam dissipadas as dificuldades para concebermos os prodígios que fizeram para a defesa de seu país e de sua independência, com que não mais fiquemos surpresos em ver as três maiores potências e as tropas mais belicosas da Europa fracassarem sucessivamente em seus empreendimentos contra essa heroica nação, cuja simplicidade tornou-a invencível contra a astúcia, assim como sua coragem a tornou valente. Corsos, eis o modelo que deveis seguir para voltar ao seu estado primitivo.

Contudo, esses homens rústicos, que a princípio conheciam apenas a si mesmos, suas montanhas e seu gado, ao se defenderem contra as outras nações aprenderam a conhecê-las. Suas vitórias lhes abriram as fronteiras de sua vizinhança, a reputação de sua bravura fez brotar nos príncipes a ideia de utilizá-la. Começaram a pagar essas tropas que não puderam vencer. Estas bravas gentes, que haviam tão bem defendido sua liberdade, tornaram-se as opressoras da liberdade alheia. É impactante vê-las exibir a serviço dos príncipes a mesma valentia que tinham devotado para resistir-lhes, a mesma fidelidade que tinham mantido para com a pátria, e vê-las vender por dinheiro as virtudes pelas quais menos se pagam e aquelas cujo dinheiro corrompe mais rapidamente. Mas nesses primeiros tempos eles exibiam a serviço dos príncipes o mesmo orgulho que haviam devotado para resistir-lhes; enxergavam-se menos como satélites do que como defensores, e acreditavam estar lhes vendendo mais sua proteção do que seus serviços.

Imperceptivelmente se envileceram e se tornaram tão somente mercenários. O gosto pelo dinheiro fê-los sentir que eram pobres. O desprezo por sua condição sutilmente destruiu as virtudes que resultavam dela e os suíços tornaram-se homens de 5 soldos, como os franceses o são por 4. Uma outra causa mais oculta corrompeu essa vigorosa nação. Sua vida isolada e simples os tornou tão independentes quanto robustos e cada um não conhecia outro senhor que não a si mesmo; porém, todos tendo o mesmo interesse e possuindo os mesmos gostos, uniram-se com facilidade para querer e fazer as mesmas coisas. A uniformidade de sua vida assumiu lugar de lei. Mas, quando a convivência com os outros povos os fez amar aquilo que deveriam temer e admirar aquilo que deveriam desprezar, a ambição de seus homens mais eminentes alterou suas máximas: sentiram que para melhor dominar o povo era preciso lhe dar gostos mais dependentes. Disso deriva a introdução do comércio, da indústria e do luxo, que, vinculando os particulares à autoridade pública por seus ofícios e por suas necessidades, fê-los depender daqueles que governam muito mais do que dependeriam em seu estado primitivo.[19]

---

19 Para Rousseau, os suíços são caracterizados por uma temperança e industriosidade. Sobre a disposição para o trabalho e para uma reflexão sobre a introdução do luxo na Suíça, cf. *Carta a d'Alembert sobre os espetáculos teatrais*.

A pobreza foi sentida na Suíça apenas quando o dinheiro começou a circular ali. Ele introduziu a mesma desigualdade tanto nos recursos quanto nas fortunas; tornou-se um grande meio para as aquisições, e os que nada tinham foram privados dele. Os estabelecimentos de comércio e de manufaturas se multiplicaram. As artes tiraram multidões das mãos da agricultura. Ao dividirem-se desigualmente, os homens multiplicaram-se, espalharam-se nos países mais favoravelmente situados e onde os recursos eram ainda mais acessíveis. Uns desertaram sua pátria, outros tornaram-se inúteis a ela ao consumirem sem nada produzir. Uma multidão de crianças tornou-se um fardo. O povoamento diminui perceptivelmente e, enquanto nas cidades observava-se uma multiplicação populacional, a cultura das terras se tornou mais negligenciada e as necessidades da vida mais onerosas, tornando os víveres estrangeiros mais necessários, o que colocou o país em uma grande dependência de seus vizinhos. A vida ociosa introduziu a corrupção e multiplicou os pensionários dos poderosos; o amor pela pátria apagou-se em todos os corações, dando lugar somente ao amor pelo dinheiro. Tendo sido sufocados todos os sentimentos necessários à alma, não mais se viu nem firmeza na conduta nem vigor nas resoluções. Outrora, a Suíça pobre ditava ordens à França; agora, a Suíça rica treme diante da sobrancelha franzida de um ministro francês.

Eis grandes lições para o povo corso. Vejamos de que maneira deve aproveitá-las. O povo corso conserva um grande número de suas virtudes primitivas que facilitarão bastante nossa constituição. Na servidão, também contraiu muitos vícios[20] que deve

---

20 No manuscrito, Rousseau havia riscado um trecho no qual a Córsega oferece um exemplo prático de sua teoria sobre o nascimento, ascensão

remediar. Dentre estes vícios, alguns desaparecerão por si próprios com a causa que os fez nascer, enquanto outros necessitarão de uma causa que desenraize a paixão que os produziu.[21]

Situo na primeira classe de vícios o temperamento indomável e feroz atribuído a eles. Acusam-nos de serem insubmissos: como é possível sabê-lo, uma vez que nunca foram governados de modo justo? Ao incitá-los constantemente uns contra os outros, é previsível que essa incitação frequentemente se voltará contra aqueles que a produziram.

Na segunda classe, situo a tendência ao roubo e ao homicídio, o que os tornou odiosos. A fonte desses dois vícios é a

---

e declínio dos corpos políticos. Conforme depreende-se do *Contrato social*, os corpos políticos inevitavelmente tendem à degeneração, e o máximo que podem fazer é retardar o momento de declínio. No trecho suprimido, lemos o seguinte: "Há em todos os Estados um progresso, um desenvolvimento natural e necessário desde seu nascimento até sua destruição. Para tornar sua duração tão longa e tão bela quanto possível, é melhor marcar o primeiro termo antes, e não depois, deste ponto de vigor. Não se deve desejar que a Córsega seja de uma só vez aquilo que ela pode ser; é melhor que ela vá alcançando esse ponto e que se dirija até ele do que nele chegar no mesmo instante e não ter o que fazer senão declinar. O definhamento no qual se encontra fará de seu estado de vigor um estado muito fraco, ao passo que, predispondo-a para chegar até aquele estado, essa condição será, na sequência, um estado muito bom". A analogia com o corpo humano é explícita e, nesses termos, é possível localizar a fonte dessa recomendação no modelo médico de Hipócrates, segundo o qual as mudanças no corpo precisam ser lentas para que haja boa saúde: "toda mudança brusca que se afasta da justa medida [...] é nociva", cf. Hipócrates, *Du régime des maladies aiguës*, p.56. Sobre o conceito de história e declínio em Rousseau, cf. Souza, *Ilustração e história*.

21 O vocabulário médico e os modelos retirados da medicina desempenham um importante papel na teoria política e moral de Rousseau. A este respeito, cf. Kawauche, *Educação e filosofia no Emílio de Rousseau*.

preguiça e a impunidade.²² Isso é claro em relação ao primeiro e fácil de provar quanto ao segundo, pois o ódio entre as famílias, bem como os projetos de vingança que eles continuamente se dedicavam a realizar, nascem dos encontros ociosos e adquirem consistência através de sombrias meditações, sendo tão mais facilmente executados quanto maior era a certeza da impunidade.

Quem não seria tomado de horror contra um governo bárbaro que, para ver esses infortunados se degolarem uns aos outros, não poupasse nenhum esforço para estimulá-los a isso? O homicídio não era punido. Ora, mas o que digo?! Ele era recompensado. O preço do sangue era uma das receitas da república. Era necessário que os infelizes corsos, para evitar uma destruição total, comprassem, por meio de um tributo, a permissão para andarem desarmados.²³

Os genoveses se vangloriam por terem favorecido a agricultura na ilha, e os corsos parecem concordar com isso. Eu não

---

22 Para Rousseau, a preguiça é uma paixão ou um estado natural. Contudo, uma vez que o trabalho se torna necessário e vira uma "dívida social", o ócio ou o nada fazer tornam-se uma patologia de tipo social.

23 A descrição das receitas fiscais e dos tributos sobre a população foi feita por Buttafoco e consta no *Exame histórico e justificativo da revolução da ilha da Córsega contra a República de Gênova*, documento enviado para Rousseau. Uma das receitas de Gênova vinha da venda de permissões de porte de arma para os corsos. Com o aumento da criminalidade, o porte foi proibido em 1715 e em seguida sobreveio uma taxa sobre toda a população – daí a taxa de "permissão para andarem desarmados" aludida acima. Além disso, Buttafoco escreve que "existia uma imposição de 4 soldos por família que foi chamada de *prevento degl'omicidi*. [...] Um homem queria se desfazer de um inimigo incômodo? Uma maior ou menor soma lhe asseguraria a impunidade. A graça lhe era concedida antes mesmo que ele cometesse o crime" (Buttafoco, Examen..., in: *Projets de Constitution pour la Corse*, p.83).

concordaria nesse mesmo sentido: o mau êxito prova que eles devem ter adotado maus meios. De acordo com essa orientação, a República de Gênova não tinha por finalidade nem multiplicar os habitantes da ilha, pois favorecia abertamente os assassinatos, nem fazer os habitantes viverem no desafogo, pois os arruinava pelas exações, e tampouco facilitar a coleta das talhas,[24] pois sobrecarregava com impostos a venda e o transporte dos gêneros e proibia sua exportação. A finalidade era, ao contrário, tornar mais onerosas essas talhas que Gênova não ousava aumentar; manter continuamente os corsos descreditados ao, por assim dizer, vinculá-los à sua gleba, ao desviá-los do comércio, das artes, de todas as profissões lucrativas, ao impedi-los de se educar, de se instruir, de se enriquecer. Através dos monopólios de seus oficiais, buscava obter todos os víveres por um preço vil. Gênova tomava todas as medidas para drenar o dinheiro da ilha, para torná-lo necessário nesta e, todavia, para impedi-lo de ali entrar novamente. A tirania não seria capaz de empregar uma manobra mais refinada: ao parecer favorecer o cultivo, acabava por esmagar a nação. Queria reduzi-la a uma porção de camponeses vivendo na mais deplorável miséria.

Qual foi o resultado disso? Desencorajados, os corsos abandonavam um trabalho que não suscitava nenhuma esperança. Preferiam nada fazer a se fatigarem por um prejuízo certo. A vida laboriosa e simples deu lugar à preguiça, à desocupação, a todas as espécies de vícios. O roubo lhes dava o dinheiro do qual tinham necessidade para pagar sua talha, dinheiro que não conseguiam com seus víveres. Deixavam seus campos para trabalhar nas grandes estradas.

---

24 A *taille* era um imposto do Antigo Regime que incidia diretamente sobre os indivíduos (*taille personelle*) ou sobre a terra (*taille réelle*).

Que os corsos, reconduzidos a uma vida laboriosa, percam o hábito de vaguear pela ilha como bandidos, que suas ocupações iguais e simples os mantenham concentrados em sua família, deixando poucos interesses para serem discutidos entre si! Que seu trabalho forneça facilmente um sustento, para si mesmos e para suas famílias![25] Que aqueles que possuam todas as coisas necessárias à vida não sejam também obrigados a ter dinheiro em espécie, seja para pagar os impostos e outras imposições, seja para saciar as necessidades extravagantes e o luxo que, sem contribuir para o bem-estar daquele que o ostenta, apenas desperta o desejo e o ódio do outro!

Vê-se facilmente como o sistema ao qual demos preferência traz essas vantagens, mas isso não basta. Trata-se de fazer com que o povo adote a prática desse sistema, de fazê-lo amar a ocupação que desejamos lhe dar, de nela assentar seus prazeres, seus desejos, seus gostos; de fazer dela, de forma geral, a felicidade da vida, e de nisso limitar os projetos da ambição.

Não vejo meios mais eficazes e seguros para se alcançar isso do que esses dois: um, o de vincular, por assim dizer, os homens à terra, derivando dela suas distinções e seus direitos; o outro, o de reforçar esse vínculo pelo laço de família, tornando-o necessário à condição dos pais.

Considerei que nessa perspectiva, que assenta a lei fundamental sobre as distinções que derivam da natureza da coisa, seja possível dividir a nação corsa inteira em três classes, cuja desigualdade, sempre pessoal, poderia ser satisfatoriamente um

---

25 Assim como no *Emílio*, o trabalho é visto como dívida social, como meio de manutenção da independência e como remédio.

substituto da desigualdade de estirpe ou de habitação resultante do sistema feudal municipal que estamos abolindo.

A primeira classe será a dos cidadãos.

A segunda, a dos patriotas.

A terceira, a dos aspirantes.

Mais adiante será dito por quais títulos alguém poderá se inscrever em cada classe e quais privilégios gozará em cada uma delas.

Essa distinção por classes não deve ser feita por um censo ou recenseamento no momento da instituição, mas ser estabelecida progressivamente por si mesma, com o simples passar do tempo. O primeiro ato do estabelecimento projetado deve ser um juramento solene prestado por todos os corsos com 20 anos ou mais, e todos aqueles que prestarem esse juramento devem ser indistintamente registrados como cidadãos. É muito justo que todos esses valentes homens que libertaram sua nação com o preço de seu sangue tenham acesso a todas essas vantagens e desfrutem, em primeiro lugar, da liberdade que conquistaram para ela.

Mas a partir do dia em que a união é formada e o juramento é solenemente prestado, todos aqueles que, nascidos na ilha, não tiverem atingido a idade, permanecerão na classe dos aspirantes até o momento em que, sob as seguintes condições, poderão ascender às duas outras classes.

Todo aspirante casado segundo a lei e que tiver quaisquer bens em seu nome, independentemente do dote de sua mulher, será registrado na classe dos patriotas.

Todo patriota casado ou viúvo que tiver dois filhos vivos, uma habitação própria e uma propriedade fundiária suficiente para sua subsistência, será registrado na classe dos cidadãos.

Esse primeiro passo, suficiente para colocar as terras em crédito, não é o bastante para inseri-los no cultivo se a necessidade de dinheiro, que fez a pobreza da ilha sob o governo genovês, não for suprimida. É preciso estabelecer como máxima segura que, por toda parte onde o dinheiro é de primeira necessidade, a nação se desprende da agricultura para dedicar-se a profissões mais lucrativas; a condição do cultivador torna-se então ou um objeto de comércio e uma espécie de manufatura para os grandes fazendeiros ou o último recurso da miséria para a multidão de camponeses. Os que se enriquecem pelo comércio e pela indústria, quando já ganharam dinheiro suficiente, investem-no em propriedades fundiárias nas quais outros realizam o trabalho de cultivo para eles. Toda a nação se encontra assim dividida entre ricos desocupados que possuem terras e infelizes camponeses que não possuem com o que viver ao cultivá-las.

Quanto mais o dinheiro for necessário aos particulares, mais o será ao governo. Segue-se disso que, quanto mais o comércio floresce, mais altas são as taxas, e para pagar essas taxas de nada serve que o camponês cultive sua terra se não vender seu produto. Ainda que possua trigo, vinho, azeite, o dinheiro é-lhe absolutamente necessário, é preciso que ele carregue para lá e para cá seus víveres nas cidades, que se torne um pequeno comerciante, um pequeno vendedor, um pequeno velhaco. Seus filhos, criados na corretagem, tornam-se devassos, afeiçoam-se às cidades, perdem o gosto por sua condição e, ao invés de seguirem a atividade de seu pai, tornam-se marinheiros ou soldados. Tão logo o campo se despovoe e a cidade regurgite de vadios, pouco a pouco o pão falta, a miséria pública aumenta com a opulência dos particulares e, em concerto, uma e outra conduzem a todos os vícios que causam, enfim, a ruína de uma nação.

Considero, com total certeza, que todo sistema de comércio é destrutivo da agricultura, e disso não isento nem mesmo o comércio de víveres que são o produto da agricultura. Para que ela possa se sustentar nesse sistema, seria necessário que o lucro pudesse ser partilhado igualmente entre o comerciante e o cultivador. E isso é impossível, pois o negócio de um sendo livre e o do outro forçado, o primeiro sempre ditará ordens ao segundo – relação que, rompendo o equilíbrio, não pode estabelecer uma condição sólida e permanente.

Não se deve imaginar que a ilha será mais rica quando tiver muito dinheiro. Isso é verdade comparativamente a outros povos e em suas relações externas, mas em si mesma uma nação não é nem mais rica e nem mais pobre por ter mais ou menos dinheiro, ou, o que quer dizer a mesma coisa, porque a quantidade de dinheiro nela circula com mais ou menos atividade. Não somente o dinheiro é um signo, mas é um signo relativo que apenas tem efeito verdadeiro pela desigualdade de sua distribuição.[26] Pois, supondo que na Ilha da Córsega cada um dos particulares tivesse apenas dez escudos ou que tivesse 100 mil escudos, o respectivo estado de todos é, nesses dois casos, absolutamente o mesmo: não são entre si nem mais ricos, nem mais pobres, e a única diferença é que a segunda suposição torna o negócio mais difícil. Se a Córsega tivesse necessidade de estrangeiros, teria necessidade de dinheiro; mas, podendo ser autossuficiente, não tem necessidade deles; e como o dinheiro é útil apenas como signo da desigualdade, quanto menos dele circular na ilha, mais abundância[27] real ali reinará.

---

26 Para uma reflexão sobre o dinheiro e a moeda como signos de convenção, cf. *Emílio ou Da educação*, livro III.

27 O conceito de *abondance* vinha sendo formulado por Rousseau desde pelo menos a primeira metade de 1750, e é uma das noções pensadas em contraposição ao sistema moderno no qual a sociedade de comércio

É preciso ver se é possível fazer sem dinheiro o que se faz com dinheiro, e, supondo que se possa fazê-lo sem, ambos os meios devem ser comparados relativamente ao nosso objetivo.

É provado pelos fatos que a Ilha da Córsega, mesmo no estado de pousio e de esgotamento no qual se encontra, é suficiente para a subsistência de seus habitantes, pois durante os trinta e seis anos de guerra ao longo dos quais manejaram mais as armas do que a charrua, não entrou na ilha, no entanto, sequer um único carregamento de gêneros e víveres de nenhuma espécie para uso de seus habitantes. Para além dos víveres para colocá-los e mantê-los em um estado florescente, a Córsega possui todo o necessário, sem precisar emprestar nada do exterior. Possui lãs para seus estofos, cânhamo e linho para suas tecelagens, cordas e couros para seus sapatos; madeiras de construção para a marinha, ferro para as forjas, cobre para utensílios e pequenas moedas. Possui sal para seu uso e o terá muito mais ao restabelecer as salinas de Alleria, que os genoveses mantinham com tanto esforço e custo em um estado de destruição, e que, a despeito deles, ainda forneciam sal. Mesmo se quisessem, os corsos não poderiam realizar comércio externo através das trocas, a não ser que comprassem apenas superfluidades. Assim, o dinheiro, mesmo em tal caso, não lhes seria necessário pelo comércio, pois é a única mercadoria que teriam que buscar. Segue-se disso que, nessas relações de nação para nação, a Córsega não tem nenhuma necessidade de dinheiro.

---

ganha preeminência. A *abundância* possui, para Rousseau, uma acepção precisa: trata-se de uma condição na qual as produções e os víveres se encontrem disponíveis na proporção do trabalho realizado por cada indivíduo. Sobre o termo, conferir o fragmento "O luxo, o comércio e as artes".

Internamente, a ilha é bem grande e cortada por montanhas. Seus vultuosos e numerosos rios são pouco navegáveis. Suas partes não se comunicam naturalmente entre si, mas a diferença de suas produções as mantém em uma dependência mútua pela necessidade de que possuem umas das outras. A província de Cabo da Córsega, que quase nada produz senão vinho, tem necessidade de cereais e azeites que a Balagna lhe fornece. Corte, localizada nas partes altas, fornece os mesmos grãos e carece de tudo o mais. Bonifácio, ao pé dos rochedos e na outra extremidade da ilha, tem necessidade de tudo e nada oferece. O projeto de uma população igualmente distribuída[28] exige, portanto, uma circulação de gêneros, uma transferência fácil de uma jurisdição à outra e, consequentemente, um comércio interno.

Sobre isso, digo duas coisas. Uma, que com o auxílio do governo esse comércio pode ser feito em grande parte pelas trocas. A outra, que com esse mesmo auxílio, e por uma consequência natural de nosso estabelecimento, esse comércio e essas trocas devem diminuir dia após dia e se reduzir, enfim, a pouca coisa.

Sabemos que, no esgotamento em que os genoveses haviam deixado a Córsega, o dinheiro, sempre saindo e nunca entrando, tornou-se finalmente raro a tal ponto que em alguns cantões da ilha a moeda não era mais conhecida e nesses lugares as vendas e compras eram feitas apenas por troca.

Em seus memorandos, os corsos citaram esse fato entre seus lamentos. Estavam com a razão, pois sendo o dinheiro necessário

---

28 "Povoai igualmente o território, estendei por toda parte os mesmos direitos, levai por toda parte a abundância e a vida — é assim que o Estado tornar-se-á, de uma só vez, o mais forte e o mais bem governado possível" (Rousseau, Do contrato social, III, 13, p.599).

para pagar os impostos, essas pobres pessoas, que não tinham nem mais nenhum centavo dele, endividadas e com suas casas penhoradas, viam-se despojadas de seus utensílios mais necessários, de seus móveis, de suas roupas velhas, de seus andrajos, os quais precisavam transportar de um lugar a outro e cuja venda não lhes rendia a décima parte de seu preço, de sorte que, faltando-lhes dinheiro, pagavam os tributos dez vezes mais.

Mas como no nosso sistema ninguém será forçado a pagar o imposto em espécie, a falta de dinheiro, não sendo absolutamente um signo de miséria, em nada contribuirá para aumentá-la.[29] As trocas poderão então ser feitas *in natura* e sem valores intermediários, e poder-se-á viver na abundância sem jamais manusear um soldo.

Vejo que nos governos genoveses, que de mil maneiras proibiam e prejudicavam a transação comercial de víveres de uma província a outra, as comunas faziam armazéns de cereais, de vinhos, de azeites, para esperar o momento favorável e permitido para a negociação, e esses armazéns serviam de pretexto aos oficiais genoveses para mil monopólios odiosos. Não sendo a ideia desses armazéns uma novidade, será mais fácil implementá-la e ela oferecerá para as trocas um meio cômodo e simples tanto para o público quanto para os particulares, sem o risco dos inconvenientes que os tornavam onerosos ao povo.

Mesmo sem recorrer aos armazéns ou entrepostos reais, em cada paróquia ou sede administrativa poderia ser estabelecido

---

[29] Rousseau desenvolve uma teoria da função fiscal do Estado, enfatizando a diferença existente entre diversos impostos, no texto "Economia (moral e política)", verbete publicado em 1755 para o quinto volume da *Enciclopédia*.

um registro público de partidas dobradas, onde, de um lado, os particulares inscreveriam, em cada ano, a espécie e a quantidade de gêneros que possuem em excesso e, de outro, aqueles que lhes faltam. Do balanço e comparação desses registros feitos de província em província, poder-se-ia de tal modo regular o preço dos gêneros e a medida das transações comerciais que cada freguesia realizaria o consumo de seu supérfluo e a aquisição de seu necessário, sem que houvesse falta ou excedente na quantidade e quase tão como comodamente quanto se sua colheita fosse sob medida para suas necessidades.

Essas operações podem ser realizadas com a maior justeza e sem moeda real, seja por via das trocas ou com o auxílio de uma simples moeda ideal que serviria de termo de comparação, tal como, por exemplo, as pistolas[30] na França, seja tomando como moeda algum bem real passível de enumeração, como assim eram o gado entre os gregos ou as ovelhas entre os romanos, e que é fixada em seu valor médio. Afinal, neste último caso um boi pode valer mais ou menos um boi e uma ovelha mais ou menos uma ovelha, diferença que torna a moeda ideal preferível, pois ela é sempre exata, sendo tomada somente como número abstrato.

Enquanto se mantiverem assim, as transações comerciais se manterão em equilíbrio, e as trocas, regulando-se unicamente pela abundância ou raridade relativas dos gêneros e sobre a maior ou menor facilidade dos transportes, permanecerão sempre e por toda parte compensadas. Assim, todas as produções da ilha, igualmente distribuídas, ajustar-se-ão por si mesmas ao nível da população. Acrescento que a administração

---

30 As pistolas eram moedas de ouro estrangeiras, ou seja, que não eram cunhadas na França.

pública poderá, sem inconvenientes, presidir essas transações comerciais e essas trocas, mantendo seu balanço, regulando sua medida, fazendo sua distribuição. Pois enquanto elas se realizarem *in natura*, os oficiais públicos não poderão abusar delas, e não terão sequer a tentação de fazê-lo, ao passo que a conversão dos gêneros em dinheiro abre a porta a todas as exações, a todos os monopólios, a todas as velhacarias comuns que as pessoas nesses cargos demonstram em semelhantes casos.

Devemos esperar muitas dificuldades no começo, mas essas dificuldades são inevitáveis em todo estabelecimento que se inicia e que contraria um uso estabelecido. Acrescento que, uma vez estabelecida, essa gestão adquirirá a cada ano uma nova facilidade, não somente pela prática e pela experiência, mas pela diminuição progressiva das transações que devem necessariamente resultar disso, até que elas por si mesmas se reduzam à menor quantidade possível, o que é o objetivo final ao qual se deve almejar.

É preciso que todos vivam e que ninguém se enriqueça. Esse é o princípio fundamental da prosperidade da nação, e a política que proponho, por sua parte, dirige-se a essa finalidade o tão diretamente quanto possível.

Com os gêneros supérfluos não constituindo um objeto de comércio e não sendo vendidos por dinheiro, serão cultivados apenas na proporção da necessidade existente pelos bens essenciais, e quem quer que possa imediatamente adquirir para si os bens que tenha necessidade, não terá o interesse de tê-los em excesso.

Tão logo as produções da terra não sejam mais mercadoria, seu cultivo se ajustará pouco a pouco em cada província, e mesmo em cada herdade, de acordo com a necessidade geral da província e a necessidade específica do cultivador. Cada um se esforçará preferencialmente em ter *in natura* e por seu próprio cultivo todas as coisas que lhe são necessárias do que as obter através das trocas, que, por mais facilitadas que possam ser, sempre serão menos seguras e menos cômodas.

É uma vantagem incontestável dar a cada terreno aquilo que ele pode produzir mais adequadamente. Através dessa disposição, um país produz mais e com mais facilidade do que qualquer outro. Mas essa consideração, o quão importante seja, é apenas secundária. É melhor que a terra produza um pouco menos e que os habitantes sejam melhor ordenados. Entre todos esses movimentos de transações comerciais e trocas, é impossível que os vícios destrutivos não se insinuem em uma nação. A falta de certas conveniências na escolha do terreno pode ser compensada pelo trabalho, e é melhor fazer um mau emprego dos campos do que os homens. De resto, todo cultivador pode e deve fazer essa escolha em suas terras, e cada paróquia ou comunidade em seus bens comunais, como será dito mais adiante.

Sinto que recearão que essa economia produza um efeito contrário ao que espero obter dela: que no lugar de estimular o cultivo, desencoraje-o; que os colonos, não possuindo nenhum débito com seus víveres, negligenciem seus trabalhos; que se limitem à subsistência sem buscar a abundância; e que, contentes em colher para si o estritamente necessário, além disso deixarão sua terra em pousio. Isso parecerá até mesmo fundado na experiência do governo genovês, sob o qual a proibição de exportar os gêneros para fora da ilha havia exatamente produzido esse efeito.

Mas é preciso considerar que sob essa administração, o dinheiro, sendo de primeira necessidade, formava o objeto imediato do trabalho; que, por conseguinte, todo trabalho que não poderia produzi-lo era necessariamente negligenciado. O cultivador, esmagado pelo desprezo, pelas vexações, pelas misérias, via sua condição como o ápice da infelicidade; vendo que com isso não poderia atender suas necessidades, buscava uma outra condição ou caía no desencorajamento. Ao invés disso, em nosso plano todas as perspectivas da instituição tendem a tornar esse estado feliz em sua mediania e respeitável em sua simplicidade. Fornecendo todas as necessidades da vida, pagando todos os tributos públicos sem vendas e sem transações comerciais, oferecendo todos os meios para ser benquisto, não se imaginará uma condição melhor ou mais nobre. Aqueles que ocupassem essa posição, não enxergando nada acima de si, obteriam a glória, e, trilhando um caminho em direção aos cargos maiores, irão exercer suas funções assim como os primeiros romanos o faziam. Não podendo sair dessa condição, desejará se destacar nela, desejará realizá-la melhor do que os outros, fazer as maiores colheitas, fornecer ao Estado um contingente mais robusto, merecer o sufrágio do povo nas eleições. Numerosas famílias bem nutridas e bem vestidas honrarão os chefes, e com a abundância real constituindo o único objeto de luxo, cada um desejará se distinguir por esse luxo. Enquanto o coração humano permanecer o que é, semelhantes disposições não produzirão a preguiça.

O que os magistrados particulares e os pais de famílias devem fazer em cada jurisdição, em cada freguesia, em cada domínio, para não ter necessidade dos outros, o governo geral da ilha deve fazê-lo para não ter necessidades dos povos vizinhos.

Um registro exato das mercadorias que entram na ilha durante um determinado número de anos oferecerá um quadro seguro e fiel daquelas mercadorias que ela não pode dispensar, pois na situação atual não há lugar para o luxo e o supérfluo. Com observações atenciosas tanto sobre o que a ilha produz quanto sobre aquilo que pode produzir, evidenciar-se-á que o necessário advindo do exterior se reduz a pouquíssima coisa, e que isso se confirma perfeitamente pelos fatos, pois nos anos 1735 e 36, quando a ilha, bloqueada pela marinha genovesa, não tinha nenhuma comunicação com a terra firme, não somente nenhum comestível faltou ali, mas nenhumas necessidades de qualquer espécie que seja lhe foram insuportáveis. As necessidades mais sentidas foram as munições de guerra, os couros, os algodões para os pavios – e esse último ainda poderia ser suprido pelo junco de certas canas.

Desse pequeno número de importações necessárias, é preciso cortar ainda tudo o que a ilha não fornece atualmente, mas que pode fornecer se for mais bem cultivada e vivificada pela indústria. Quanto mais se deve afastar com cuidado das artes ociosas, as artes de distração e de molícia, mais se deve favorecer aquelas que são úteis à agricultura e vantajosas para a vida humana. Não precisamos nem de escultores, nem de ourives, mas precisamos de carpinteiros e de ferreiros, precisamos de tecelões, de bons operários em lã, e não de bordadores, tampouco de tiradores de ouro.

Começaremos por assegurar as matérias primas mais necessárias, a saber, a madeira, o ferro, a lã, o couro, o cânhamo e o linho. A ilha abundava em madeira, seja para construção, seja para aquecimento, mas não se deve confiar nessa abundância e relegar a utilização e o corte das florestas somente à discrição dos proprietários. À medida que a população da ilha aumentar e os desmatamentos se multiplicarem, os bosques sofrerão um dano célere que não poderá ser reparado senão muito lentamente. A esse respeito, é possível tirar lições de prudência do país onde vivo. A Suíça outrora era tão abundantemente coberta de bosques que isso chegava até mesmo a ser incômodo. Contudo, seja pela multiplicação da pastagem, seja pelo estabelecimento de manufaturas, foram cortados sem medida e sem regra. Atualmente, essas florestas imensas mostram apenas rochedos quase nus. Felizmente, advertidos pelo exemplo da França, os suíços viram o perigo e decidiram, na medida de seu alcance, solucionar o problema. Resta ver se suas precauções não são demasiadamente tardias, pois se malgrado essas precauções seus bosques diminuírem diariamente, fica claro que, no final das contas, deverão ser devastados.

A Córsega, precavendo-se com bastante antecedência, não deverá temer o mesmo perigo. É necessário estabelecer de antemão uma polícia rigorosa sobre as florestas e regulamentar os cortes de tal forma que a reprodução seja igual ao consumo. Não será necessário fazer como na França, onde os senhores das águas e florestas, possuindo direito sobre o corte das árvores, têm interesse de destruir tudo, tarefa que desempenham tão bem quanto podem. É preciso prever o futuro de longe: ainda que no instante presente não seja adequado estabelecer uma marinha, chegará o tempo em que esse estabelecimento deverá ocorrer e, então, sentiremos a vantagem de não ter entregado às marinhas estrangeiras as belas florestas que estão próximas do mar. Deve-se explorar ou vender os bosques velhos que não podem mais ser aproveitados, mas é preciso deixar em pé todos aqueles que conservam suas forças: eles terão seu uso no tempo propício.

Afirma-se que uma mina de cobre foi encontrada na ilha; isso é bom, mas as minas de ferro são ainda mais valiosas. Seguramente elas existem na ilha. A situação das montanhas, a natureza do terreno, as águas termais que encontramos na província do Cabo Corso e outros lugares, tudo me faz crer que encontraremos muitas dessas minas se as procurarmos bem e se nessas buscas empregarmos pessoas versadas. Supondo-se isso, não será permitida a exploração indiscriminada, mas serão escolhidas as instalações mais favoráveis, mais próximas dos bosques e dos rios para que forjas sejam estabelecidas, e onde se poderão abrir as estradas mais apropriadas para o transporte.

As mesmas atenções serão dadas para as manufaturas de toda espécie, cada qual nas coisas que lhes dizem respeito, a fim de facilitar o tanto quanto possível o trabalho e a distribuição. No entanto, deve-se evitar que tais estabelecimentos sejam fixados nos quarteirões mais povoados e mais férteis da ilha. Ao contrário, sendo tudo igual, para tanto devem ser escolhidos os terrenos mais áridos e que, caso não fossem povoados pela indústria, permaneceriam desertos. Isso trará algumas dificuldades a mais para as provisões necessárias, mas as vantagens que serão encontradas e os inconvenientes que serão evitados devem superar infinitamente qualquer preocupação desse tipo.

Inicialmente seguiremos nosso grande e primeiro princípio, que não é somente o de ampliar e multiplicar a população, mas de torná-la igual, o tanto quanto possível, por toda a ilha.[31] Afinal, se os lugares estéreis não fossem povoados pela indústria, eles permaneceriam desertos, e isso representaria grande perda para o potencial engrandecimento da nação.

---

31 A questão demográfica, sobretudo a reflexão sobre as causas do aumento ou decrescimento da população, é uma das principais questões a animar o debate econômico-político no século XVIII. Rousseau considera o aumento da população como o "signo de um bom governo". Cf. *Contrato social*, II, 10 e III, 9.

Se semelhantes estabelecimentos fossem instalados nos lugares férteis, a abundância dos víveres e do lucro do trabalho, necessariamente maior nas artes do que na agricultura, desviariam os agricultores ou suas famílias dos cuidados campestres e, despovoando imperceptivelmente o campo, forçariam novos colonos a serem atraídos de longe para cultivá-la. Dessa maneira, sobrecarregando de habitantes alguns pontos do território, despovoaríamos outros, e assim, rompendo o equilíbrio, iríamos diretamente contra o espírito de nossa instituição.

O transporte de gêneros, tornando-os mais caros nas fábricas, diminuirá o ganho dos operários, deixando sua condição mais próxima à do cultivador, fazendo com que o equilíbrio entre eles seja mais bem mantido. No entanto, esse equilíbrio não pode ser tal que o benefício penda sempre para o lado da indústria, seja porque o dinheiro que se encontra no Estado é ali manejado em maior abundância, seja pelos meios da fortuna através dos quais o poder e a desigualdade desempenham seus papéis, seja pela maior força observada em homens congregados que os ambiciosos sabem reunir para seu proveito. Portanto, é importante que para sua subsistência essa parte muito favorecida permaneça sob a dependência do resto da nação. Em caso de divisões intestinas, é da natureza de nossa instituição que seja o colono a ditar ordens ao operário.

Com precauções, é possível com segurança favorecer o estabelecimento das artes úteis na ilha, e duvido que esses estabelecimentos, caso sejam bem conduzidos, não sejam capazes de prover todo o necessário, e isso sem que seja necessário trazer nada do exterior a não ser algumas bagatelas pelas quais se permitirá uma exportação proporcional, sempre cuidadosamente balanceada pela administração.

Até aqui demonstrei como o povo corso pode subsistir em tranquilidade e independência com pouquíssimas transações comerciais; como, com esse pouco que lhe será necessário, a maior parte pode tranquilamente se realizar sem as trocas; e como é possível reduzir a quase nada as necessidades de importações fora da Ilha. Vê-se dessa forma que se o uso do dinheiro e da moeda não pode ser absolutamente abolido dos negócios particulares, pode pelo menos ser reduzido a tão pouca coisa que dificilmente dele nascerão abusos; vê-se ainda que, por essa via, não será possível amealhar fortunas, e que, caso algumas venham a se acumular, serão praticamente inúteis e oferecerão poucas vantagens aos seus possuidores.

Mas e quanto às finanças públicas? Como as governaremos? Quais receitas designaremos à administração? Serão estabelecidas gratuitamente ou regularemos sua manutenção? Eis o que doravante precisamos considerar.

* * *

Os sistemas de finanças são invenções modernas. A palavra finança não era conhecida dos antigos, assim como não o eram as palavras talha ou capitação. A palavra *vectigal* era tomada em um outro sentido, como será dito mais adiante. O soberano impunha tributos sobre os povos conquistados ou vencidos, nunca sobre seus súditos imediatos, sobretudo nas repúblicas. Longe de sobrecarregar o povo de Atenas com impostos, o governo, ao contrário, pagava-o; e Roma, para quem as guerras deviam tanto custar, frequentemente distribuía cereais, e até mesmo terras, ao povo. No entanto, o Estado subsistia, sustentava grandes exércitos sobre o mar e sobre a terra, realizavam obras públicas consideráveis e tantas grandes despesas quanto proporcionalmente fazem os Estado modernos. Como faziam isso?

É necessário distinguir nos Estados duas épocas: seu início e seu crescimento. No início de um Estado, não haveria outra receita senão o domínio público, e esse domínio era considerável. Rômulo fez deste um terço de todas as terras. Designou o segundo terço para a manutenção dos padres e das coisas sagradas, e somente o terceiro terço foi partilhado entre os cidadãos. Era pouco, mas esse pouco era gratuito. Poderia alguém duvidar que o agricultor francês de bom grado reduzisse a um terço aquilo que cultiva, sob a condição de ter esse terço gratuitamente, isento de toda talha, de todo censo, de todo dízimo e de não pagar nenhuma espécie de imposto?

Assim, a receita pública absolutamente não era arrecadada em dinheiro, mas em gêneros e outras produções. A despesa tinha a mesma natureza que a receita. Não se pagava nem os magistrados nem as tropas: recebiam alimentos e vestimentas e, nas necessidades prementes, os encargos extraordinários do povo eram pagos em corveias, não em dinheiro. Esses soberbos trabalhos públicos quase nada custavam ao Estado: eram a obra dessas temíveis legiões que trabalhavam da mesma forma como combatiam, e que eram compostas não por canalhas, mas por cidadãos.

Quando os romanos começaram a crescer e a se tornar conquistadores, auferiam a manutenção de suas tropas dos povos conquistados; quando o pagamento era devido, o tributo era devido pelos súditos, nunca pelos romanos. Nos perigos prementes, o Senado se cotizava, fazia empréstimos que pagava fielmente e, durante todo o período da República, não me consta que o povo romano jamais tenha pagado impostos pecuniários, seja por cabeça, seja sobre as terras.

Corsos, eis um belo modelo! Não ficais admirados que houvesse mais virtude entre os romanos do que em qualquer outro lugar: entre eles, o dinheiro era menos necessário. O Estado possuía receitas pequenas e fazia grandes coisas. Seu tesouro se encontrava nos braços dos cidadãos. Eu poderia dizer que, pela situação da Córsega e pela forma de seu governo, não haveria nenhuma administração no mundo que fosse menos dispendiosa. Isso porque, sendo uma ilha e uma república, ela não terá necessidade alguma de tropas regulares, e pelo fato de todos os chefes de Estado encontrarem-se em condição de igualdade, não poderão tirar nada da massa comum que não regresse muito rapidamente à mesma.

Mas não considero o nervo da força pública desse modo. Ao contrário, quero que se gaste muito para o serviço do Estado. Para ser mais preciso, apenas ponho em xeque a escolha pelas espécies. Considero as finanças como a gordura do corpo político que, obstruindo certas redes musculares, sobrecarrega o corpo com uma corpulência inútil e o torna mais pesado do que forte.[32] Quero nutrir o Estado com um alimento mais salutar, que una a si mesmo com sua substância, que se transforme em fibras, em músculos, sem obstruir os vasos, que dê vigor, e não obesidade aos membros, e que fortaleça o corpo sem o tornar pesado.

---

32 O uso da analogia do corpo político com o corpo humano é também visto em "Economia (moral e política)". Neste texto, Rousseau dá funções ligeiramente diferentes às finanças públicas, que ali são descritas nos seguintes termos: "as finanças públicas são o sangue que uma sábia *economia*, cumprindo as funções do coração, faz que distribua alimento e vida por todo o corpo." Rousseau, Economia (moral e política), p.110. Para um estudo sobre as relações entre as reflexões sobre os modelos e analogias orgânicas e as teorias sociais elaboradas na modernidade, cf. Pimenta, *A trama da natureza*.

Textos de intervenção política

Longe de querer que o Estado seja pobre, quero, ao contrário, que possua tudo, e que cada um somente tenha sua parte no bem comum proporcionalmente aos serviços que presta. A aquisição de todos os bens dos egípcios, feita para o rei através de José,[33] teria sido boa se não tivesse sido muito ou muito pouca. Mas, sem entrar nessas especulações que me distanciam de meu objeto, basta deixar claro aqui que meu pensamento não é o de destruir absolutamente a propriedade particular, pois isso é impossível, mas de restringi-la aos limites mais estreitos, de fornecer uma medida a ela, uma regra, um freio que a contenha, que a dirija, que a subjugue e que a mantenha sempre subordinada ao bem público. Quero, em poucas palavras, que a propriedade do Estado seja tão grande e forte — e a dos cidadãos tão pequena e fraca — quanto possível.[34] Eis porque evito colocar as coisas em uma condição tal que o possuidor individual seja excessivamente um senhor, como no caso da moeda e do dinheiro, facilmente ocultáveis da inspeção pública.

O estabelecimento de um domínio público não é, admito-o, uma coisa tão fácil a ser feita atualmente na Córsega, já partilhada entre seus habitantes, quanto o foi na Roma nascente, antes que seu território conquistado pertencesse a alguém.

---

33 *Gênesis*, 47. Findados os sete anos de fome (*Gênesis*, 41), José adota como política agrária a compra de terras dos egípcios para o Faraó (*Gênesis*, 47, 20).

34 Uma das condições elementares do pacto é a defesa e a segurança da propriedade. O problema da propriedade em Rousseau pode ser visto em pelo menos três aspectos: a) o *dominium eminens*, isto é, o domínio público e a propriedade comum relativamente ao soberano; b) a relação do Estado com a propriedade de seus súditos; c) o direito de propriedade dos indivíduos. Cf. *Contrato social*, I, 9 e o verbete "Economia (moral e política)".

Entretanto, sei que na ilha ainda resta uma grande quantidade de excelente terra inculta, das quais é muito fácil o governo tirar proveito, seja ao aliená-las por um certo número de anos àqueles que as cultivarão, seja ao retirá-las do pousio pela corveia, cada uma em sua comunidade. Seria preciso ter visitado esses lugares para fazer um julgamento sobre a distribuição possível dessas terras e do proveito que se pode tirar delas, mas absolutamente não duvido que, através de algumas trocas e de alguns acertos simples, não se possa, em cada jurisdição e mesmo em cada freguesia, obter terras comunais que poderiam até mesmo aumentar em poucos anos, segundo a ordem a ser tratada pela lei das sucessões.

Um outro meio ainda mais fácil e que deve fornecer uma receita mais líquida, segura e muito mais considerável, é o de seguir um exemplo que tenho sob meus olhos: o dos cantões protestantes. Durante a Reforma ocorrida nesses cantões, apropriaram-se dos dízimos eclesiásticos, e esses dízimos, com os quais mantinham dignamente seu clero, constituíam a principal receita do Estado. Não digo que os corsos devem mexer nas receitas da Igreja, Deus me livre! Mas creio que o povo não será tão vexado quando o Estado lhe pedir o tanto quanto pede do clero, já devidamente provido com rendimentos em fundos de terra. A base de cálculo de tal imposto será estabelecida sem esforço, sem embaraços e quase sem custos, pois bastará dobrar o dízimo eclesiástico e recolher metade dele.

Apresento uma terceira espécie de receita, a mais segura e a melhor: que, ao invés de empregarem sua bolsa a serviço da pátria, os próprios homens empreguem seu trabalho, seus braços e seu coração, seja para sua defesa nas milícias, seja para suas comodidades por corveias nos trabalhos públicos.

Que a palavra corveia não amedronte os republicanos! Sei que é uma abominação na França. Mas e na Suíça? As estradas ali são feitas pelas corveias, e ninguém reclama disso. A aparente comodidade do pagamento apenas seduz os espíritos superficiais, e é uma máxima certa que quanto menos intermediários há entre a necessidade e o serviço, menos oneroso o serviço deve ser.

Sem ousar desenvolver por completo meu pensamento, sem tomar as corveias e todos os trabalhos pessoais dos cidadãos como um bem absoluto, admitiria, se assim quiserem, que seria melhor fazer tudo isso em pagamentos caso os meios de pagar não introduzissem uma infinidade de abusos incomensuráveis e males ainda maiores, mais ilimitados do que aqueles que podem resultar desse constrangimento, sobretudo quando a pessoa que impõe esse constrangimento pertence à mesma condição daqueles ao qual este é imposto.

Ademais, para que a contribuição seja repartida com igualdade, é justo que aquele que não possui nenhuma terra, não podendo pagar o dízimo a partir de seu produto, pague-o com o trabalho de seus braços. Assim, as corveias devem recair especialmente sobre a ordem dos aspirantes. Mas os cidadãos e os patriotas devem conduzi-los ao trabalho e oferecer-lhes o exemplo. Que tudo aquilo que se faz pelo bem público seja sempre honroso! Que o próprio magistrado, ocupado com outras tarefas, mostre que esses trabalhos não se encontram abaixo dele, como o faziam os cônsules romanos que, para dar exemplo às suas tropas, eram os primeiros a colocar as mãos nos trabalhos do acampamento!

Quanto às multas e confiscos, que na república consistem em uma quarta espécie de receita, espero que, através de nosso presente estabelecimento, eles sejam quase nulos, e, assim, não os levarei em conta.

Sendo todas essas receitas públicas compostas antes *in natura* do que em moedas, elas parecem embaraçosas em sua cobrança, armazenamento e utilização. Isso é em parte verdadeiro, mas aqui não se trata da administração mais fácil, e sim da mais saudável – e é melhor que ofereça mais embaraços e produza menos abusos. O melhor sistema econômico para a Córsega e para uma república seguramente não é o melhor para uma monarquia e para um grande Estado. O que proponho não seria bem-sucedido nem na França, nem na Inglaterra, nem mesmo poderia ser instituído nesses países. Porém, ele obtém grande êxito na Suíça, onde se estabeleceu há séculos e é o único sistema que ela pode suportar.

Em cada jurisdição, as receitas podem ser arrendadas: são feitas *in natura* ou em dinheiro, à escolha dos contribuintes. O pagamento dos magistrados e oficiais também se faz em sua maior parte em trigo, vinho, forragens, madeira. Dessa maneira, a cobrança não é nem um embaraço ao público nem onerosa aos particulares, mas o inconveniente que vejo nisso é que há homens cujo ofício é o de lucrar sobre o príncipe e de vexar os súditos.

É extremamente importante que na república nenhum financista de profissão seja admitido, menos por causa de seus ganhos desonestos do que por conta de seus princípios e exemplos. Estes, sempre muito prontos para se difundirem pela nação, destroem todos os bons sentimentos por meio da apreciação da abundância ilícita e seus benefícios, cobrindo de desprezo e de opróbio a ação desinteressada, a simplicidade, os costumes e todas as virtudes.

Evitemos aumentar o tesouro pecuniário às custas do tesouro moral; é este último que verdadeiramente nos coloca em posse dos homens e de toda sua potência, ao passo que o primeiro apenas obtém a aparência dos favores, sem conseguir comprar a vontade.[35] É melhor que a administração do fisco seja como aquela de um pai de família e que perca alguma coisa em vez de ganhar muito e ser como a de um usurário.[36]

Deixemos então a receita à gestão,[37] mesmo que se aufira muito menos. Evitemos ainda em fazer dessa gestão um ofício, pois isso representaria o mesmo inconveniente do arrendamento. O que torna um sistema de finanças pernicioso é a profissão de financista. A nenhum custo se pode admitir que publicanos sejam necessários ao Estado. Ao invés de fazer das receitas da gestão e das receitas públicas um ofício, é preciso, ao contrário, fazer delas a prova do mérito e da integridade dos jovens cidadãos. É preciso que essa gestão seja, por assim dizer, o noviciado dos empregos públicos e o primeiro passo para se chegar às magistraturas. O que me sugeriu essa ideia foi a comparação da administração do Hôtel-Dieu de Paris,[38] cujas depredações e roubos são conhecidos por todos, com a administração do Hôtel-Dieu de Lyon, que oferece um exemplo de ordem e de ação desinteressada que, talvez, não haja igual no mundo. De onde

---

35 No capítulo IX das *Considerações do governo da Polônia*, Rousseau organiza essa distinção em outros termos: de um lado, o *objeto econômico* e, de outro, o *objeto político e moral*.

36 Esses termos comparativos devem ser vistos *cum grano salis*, pois Rousseau inicia o verbete "Economia" exatamente distinguindo a administração pública (também chamada de *economia política* ou *economia geral*), relativa ao Estado, da administração doméstica, para a qual remete justamente ao verbete "Père de famille". As reflexões de Rousseau sobre a economia doméstica encontram-se sobretudo em *Julie ou A nova Heloísa*.

37 Sobre a diferença entre a *Ferme* e a *Régie*, cf. nota do tradutor nas *Considerações sobre o governo da Polônia*, cap. XI.

38 O mais antigo hospital francês, localizado em Paris.

vem essa diferença? Os lioneses valem mais do que os parisienses? Não. Mas em Lyon esse cargo da administração é um estágio probatório. É preciso primeiro bem exercê-lo para poder se tornar magistrado municipal e preboste dos mercadores,[39] enquanto em Paris os administradores assim o são por ocupação ao longo de toda sua vida. Estes últimos dão um jeito de tirar o melhor proveito possível de um emprego que não é para eles uma provação, mas um ofício, uma recompensa, uma condição que se liga, por assim dizer, a outras condições. Há algumas posições nas quais se admite que as rendas sejam aumentadas pelo direito de roubar os pobres.

E que não se pense que esse trabalho exige mais experiência e esclarecimento do que os jovens possuem: exige apenas uma atividade para a qual eles são singularmente adequados. Além disso, como comumente são menos avaros, menos duros na exação do que os mais velhos, pois de um lado são sensíveis às misérias do pobre e, de outro, fortemente interessados em exercer bem um emprego que lhes serve como provação, conduzem-se precisamente de modo conveniente à coisa.

O tesoureiro de cada paróquia prestará suas contas à sua freguesia; o de cada freguesia prestará à sua jurisdição; e o de cada jurisdição o prestará ao tribunal de contas, que será composto

---

39 Segundo o *Dictionnaire de l'Académie Française* (1762), o *prévôt* é, de forma geral, alguém encarregado de cuidar, dirigir ou ter autoridade sobre alguma coisa. De forma mais específica, o *preboste* poderia tanto ser um juiz que atuava nas cidades quanto chefe de alguma jurisdição. Ainda mais especificamente, o *prévôt des marchands* é definido da seguinte maneira: "chama-se assim, em Paris, Lyon e algumas cidades, aquele que é o chefe da prefeitura, com uma espécie de autoridade sobre a burguesia".

por um determinado número de conselheiros do Estado e presidido pelo Doge. Dessa maneira, em grande parte o tesouro público consistirá em gêneros e outras produções, repartidas em pequenos armazéns espalhados por todo o reino, e outra parte em dinheiro, depositado na caixa geral após debitadas as pequenas despesas a serem feitas *in loco*.

Como os particulares sempre terão a liberdade de pagar seu contingente em dinheiro ou em gêneros, por taxas a serem estabelecidas anualmente em cada jurisdição, o governo, uma vez tendo calculado a melhor proporção a ser encontrada entre essas duas espécies de contribuição, estará apto, tão logo essa proporção se altere, a perceber imediatamente essa alteração, descobrir sua causa e remediá-la.

Aqui está a chave de nosso governo político, a única parte que requer arte, cálculo e meditação. É por esse motivo que a Câmara de Contas, que em todos outros lugares é somente um tribunal muito inferior, assumirá aqui a centralidade nos negócios, dará um ímpeto à administração como um todo e será composta pelas melhores cabeças do Estado.

Quando os recebimentos em gêneros ultrapassarem sua meta e os feitos em dinheiro estiverem abaixo dela, isso será um sinal de que a agricultura e a população caminham bem, mas de que a indústria útil é negligenciada. Convirá reanimá-la um pouco, evitando que os particulares, tornando-se muito isolados, muito independentes, muito selvagens, não se afeiçoem o bastante ao governo.

Mas essa carência de proporção, signo infalível da prosperidade, sempre será pouco temível e fácil de ser remediada. Não ocorrerá o mesmo com a carência oposta, que tão logo seja sentida já produz grandes consequências e não pode tão cedo ser corrigida. Afinal, quando os contribuintes fornecem mais dinheiro do que gêneros, isso será uma marca segura de que há muita exportação no exterior; que o comércio se torna muito fácil; que as artes lucrativas se espalham pela ilha à custa da agricultura e, consequentemente, que a simplicidade e todas as virtudes ligadas a ela começam a degenerar. Os abusos que produzem essa alteração indicam os remédios que é preciso lhe oferecer, mas esses remédios requerem uma grande sabedoria na maneira de administrá-los, pois, nesse caso, é mais fácil prevenir o mal do que o destruir.

Se somente fizerem incidir impostos sobre os objetos de luxo, se fecharem seus portos ao comércio estrangeiro, se suprimirem as manufaturas, se impedirem a circulação das espécies, apenas estarão jogando o povo na preguiça, na miséria, no desencorajamento, fazendo desaparecer o dinheiro sem multiplicar os gêneros e removendo a fonte da fortuna sem restabelecer a fonte do trabalho. Além disso, mexer no preço das moedas é uma operação ruim em uma república. Primeiramente, porque com isso é o público que rouba a si mesmo, o que não tem sentido algum. Em segundo lugar, porque há entre a quantidade de signos e de coisas uma proporção que regula sempre do mesmo modo seus respetivos valores, e que, quando o príncipe quer mudar os signos, muda apenas os nomes, pois com isso o valor das coisas muda necessariamente na mesma proporção. Entre os reis as coisas são diferentes, e quando o príncipe aumenta as moedas, retira disso a real vantagem de roubar de seus credores. Contudo, por pouco que tal operação se repita, essa vantagem é compensada e desaparece pela perda do crédito público.[40]

---

40 Para Rousseau, conferir valor aos metais é realizar uma "convenção tácita" que depende de diversas circunstâncias para se estabelecer, e

Que sejam então estabelecidas leis suntuárias, mas as tornai sempre mais severas para os estratos mais importantes do Estado e mais flexíveis para os inferiores. Fazei com que a vaidade em ser simples seja suscitada e com que um rico não possa conquistar sua honra a partir de seu dinheiro. Não se trata aqui de especulações impraticáveis: é assim que os venezianos concedem somente aos nobres o direito de vestir o grosseiro e pesado manto negro de Pádua, para que os melhores cidadãos se sintam honrados ao receber a mesma permissão.

Quando há simplicidade nos costumes, as leis agrárias são necessárias, pois então o rico, não podendo colocar sua riqueza em outra coisa, acumula suas posses. Porém, nem as leis agrárias, nem quaisquer outras leis jamais podem ter efeito retroativo, e nenhuma terra adquirida legitimamente pode ser confiscada, seja qual for a quantia que se tenha delas, em virtude de uma lei posterior que proíba tê-las em tamanha quantidade.

Nenhuma lei pode despojar um particular de seu bem ou de qualquer porção deste.[41] A lei somente pode impedir de adquiri-los

---

toda intervenção do príncipe é, nesse sentido, inútil. Assim, como lemos no fragmento *O luxo, o comércio e as artes*, "quando o príncipe sobe o preço das moedas é uma fraude pela qual engana seus credores e, quando o abaixa, é uma outra fraude pela qual engana seus devedores" (Rousseau, Le luxe, le commerce et les arts, p.520). Contra essa concepção típica do mercantilismo – que alterava o valor nominal ou de face, ou mudava a quantidade de ouro e prata nas moedas –, Rousseau esboça meios para determinar o valor da moeda que não se escore no arbítrio do governante (ou, ao menos, que seu caráter fiduciário não se concentre inteiramente no voluntarismo do príncipe), mas antes na quantidade de espécies em circulação.

41 Uma vez estabelecida a sociedade civil e realizado o pacto, a propriedade e a segurança dos bens são, para Rousseau, de suma importância. No verbete "Economia", afirma-se que a "propriedade é o mais sagrado

ainda mais. Então, caso infrinja a lei, merecerá o castigo e o excesso adquirido de forma ilegítima pode e deve ser confiscado. Os romanos sentiram a necessidade de leis agrárias quando já não era mais tempo de estabelecê-las, e ignorando a distinção que acabo de fazer, finalmente destruíram a república por um meio que deveria tê-la conservado: os Gracos[42] quiseram retirar as terras dos patrícios enquanto deveriam tê-los impedido de adquiri-las. É bem verdade que, em seguida, esses mesmos patrícios adquiriram ainda mais terras, malgrado a lei; mas quando ela foi decretada, o mal já estava arraigado, e não havia mais tempo de remediá-lo.

O medo e a esperança são os dois instrumentos com os quais se governa os homens. Porém, ao invés de empregar um e outro indistintamente, eles devem ser utilizados segundo sua natureza. O medo não estimula, mas refreia, e sua utilização nas leis penais não é para conduzir à realização do bem, mas para impedir que o mal seja praticado. Não constatamos nem mesmo que o medo da miséria transforme os vagabundos em trabalhadores. Assim, para estimular entre os homens uma verdadeira emulação ao trabalho, este não deve ser mostrado a eles como um meio para se evitar a fome, mas como um meio para se atingir o

---

de todos os direitos dos cidadãos" (Rousseau, Economia (moral e política), p.126). No *Contrato social*, I, 6, lemos que a associação tem como finalidade defender e proteger "com toda a força comum, a pessoa e os bens de cada associado" (Rousseau, Do contrato social, p.518).

42 Referência aos irmãos Tibério Semprônio Graco e Caio Semprônio Graco, ambos políticos romanos do século II a.C. Tibério havia proposto a *Lex Sempronia Agraria*, que confiscava terras que excedessem um determinado limite estabelecido em lei. Após a morte do irmão, Caio também se dedicou a realizar uma reforma agrária.

bem-estar.[43] Assim, assentemos essa regra geral: ninguém deve ser castigado por ter abstido de fazer algo, mas por tê-lo feito.

Para despertar a atividade de uma nação é preciso apresentar-lhe grandes desejos, grandes esperanças, grandes motivos positivos para agir. Examinando bem, os grandes móbeis que fazem os homens agirem se reduzem a dois: a voluptuosidade e a vaidade. Além disso, se suprimirdes da primeira tudo aquilo que pertence à segunda, vereis que, em última análise, quase tudo se reduz somente à vaidade. É fácil ver que todos os voluptuosos que ostentam são apenas vaidosos. Sua pretensa voluptuosidade é apenas ostentação: ela consiste mais em exibi-la ou vangloriá-la do que em experimentá-la. O verdadeiro prazer é simples e tranquilo, ama o silêncio e o recolhimento; aquele que o experimenta entrega-se plenamente, não perde seu tempo dizendo "tenho prazer". Ora, a vaidade é fruto da opinião: dela nasce e dela se alimenta. Donde se segue que os árbitros da opinião de um povo são os árbitros de suas ações. O povo busca as coisas na proporção do preço que é atribuído a elas; mostrar-lhe o que deve estimar é dizer-lhe o que deve fazer.

O termo vaidade não é bem escolhido, pois consiste apenas em um dos ramos do amor-próprio.[44] É preciso que eu me

---

43 A noção de *trabalho*, tratada em praticamente todos os escritos de Rousseau, desempenha uma função positiva nas emulações e um papel crucial no surgimento da sociedade, da propriedade, das línguas, dentre outros. Cf. Vargas, *Trabalho e ócio*: um estudo sobre a antropologia de Rousseau.

44 O *amor-próprio* é uma paixão derivada da razão, em geral ligada à estima de si e às outras paixões como o orgulho e a vaidade. É diferente do *amor de si*, que diz respeito ao cuidado com a própria conservação. Para uma genealogia do amor-próprio e sua relação com o amor de si, cf. *Discurso sobre a origem da desigualdade* e o início do livro IV de *Emílio ou Da educação*.

explique. A opinião que coloca um preço alto nos objetos frívolos produz a vaidade; mas a que recai sobre objetos importantes e belos por si mesmos produz o orgulho. Pode-se, então, tornar um povo orgulhoso ou vaidoso segundo a escolha dos objetos para os quais se orienta seus julgamentos.

O orgulho é mais natural que a vaidade, pois consiste em estimar-se por bens verdadeiramente estimáveis, enquanto a vaidade, dando um preço àquilo que não tem preço algum, é a obra de preconceitos que tardam a nascer. É preciso tempo para fascinar os olhos de uma nação. Como não há nada realmente mais belo do que a independência e a potência, todo povo que se forma é, de início, orgulhoso. Mas nunca um povo novo foi vaidoso, pois a vaidade, por sua natureza, é individual; ela não pode ser o instrumento de algo tão grandioso quanto a formação do corpo de uma nação.

Dois estados contrários jogam os homens no entorpecimento da preguiça. Um é a paz da alma, que faz com que estejamos satisfeitos com aquilo que possuímos, e o outro é uma cobiça insaciável, que faz com que sintamos a impossibilidade da satisfação. Aquele que vive sem desejos e aquele que sabe não poder obter aquilo que deseja permanecem ambos na inação. Para agir, é necessário aspirar a algo e nutrir a esperança de consegui-lo. Todo governo que quiser infundir a atividade entre um povo deve ter o cuidado de colocar ao seu alcance objetos capazes de atraí-lo. Fazei com que o trabalho ofereça aos cidadãos grandes benefícios, não somente segundo vossa estima, mas segundo a deles, e infalivelmente ireis torná-los laboriosos.[45]

---

45 Nessa página do manuscrito, Rousseau escreve a seguinte nota: "É então que será preciso empregar o excedente na indústria e nas artes, a fim de atrair do exterior aquilo que falta a um povo tão numeroso

Entre esses benefícios, além de as riquezas não serem sempre os maiores atrativos, elas poderão ser ainda menos atraentes do que outras coisas, uma vez que não servem de meio para atingirmos aquelas que nos são mais tentadoras.

A via mais geral e mais segura que se pode empregar para satisfazer seus desejos, sejam eles quais forem, é o poder. Assim, a despeito de qual seja a paixão que condicione a inclinação de um homem ou de um povo, possuí-la de modo intenso implica em aspirar intensamente ao poder, quer como fim, em se tratando de orgulho ou vaidade, quer como meio, no caso de vingança ou volúpia.

A grande arte do governo consiste, portanto, na economia bem compreendida do poder civil, não somente para manter a si mesmo, mas para difundir por todo o Estado a atividade, a vida, para tonar o povo ativo e laborioso.

O poder civil se exerce de duas maneiras: uma legítima, pela autoridade, e a outra abusiva, pelas riquezas.[46] Em todo lugar onde as riquezas dominam, o poder e a autoridade normalmente são separados, pois como os meios para adquirir a riqueza e os meios para chegar à autoridade são diferentes, raramente são empregados pelas mesmas pessoas. Então, o poder aparente fica na mão de magistrados e o poder real fica na mão dos ricos. Em um

---

para sua subsistência. Assim, pouco a pouco nascerão os vícios inseparáveis desses estabelecimentos e que, corrompendo gradualmente a nação em seus gostos e em seus princípios, enfim alterarão e destruirão o governo. Esse mal é inevitável, sendo necessário que todas as coisas humanas acabem. É belo que, após uma longa e vigorosa existência, um Estado acabe pelo excesso de sua população".

46 As relações entre *governo*, *poder* e *riqueza* são explicadas nos trechos finais do *Discurso sobre a desigualdade*. A questão também é relacionada com a crítica da representação feita no *Contrato social*, III, 15.

tal governo, tudo caminha ao bel-prazer das paixões dos homens e nada tende para a finalidade da instituição.

Ocorre, então, que o objeto da cobiça se divide. Uns aspiram à autoridade para vender o uso dela aos ricos e, por esse meio, tornarem-se eles próprio enriquecidos. Já outros, o maior número, dirigem-se diretamente às riquezas, com as quais estão certos de algum dia possuir o poder, comprando seja a autoridade, seja aqueles indivíduos às quais ela é confiada.

Presuma-se que, em um Estado assim constituído, as honras e a autoridade sejam, por um lado, hereditárias, e que, por outro, os meios para adquirir as riquezas estejam apenas ao alcance de um pequeno número de pessoas e dependem do crédito, do favor, dos amigos. É então impossível que, enquanto alguns aventureiros se dirigem à fortuna e a partir disso gradualmente se alcem aos cargos, um desencorajamento universal deixe de tomar conta da maior parte da nação e a jogue na languidez.

Fragmentos do manuscrito

Assim, geralmente em toda nação rica o governo é fraco. Também dou esse nome ao governo que age apenas com fraqueza e, o que é a mesma coisa, ao que precisa recorrer a meios violentos para se manter.

Não há melhor maneira para esclarecer meu pensamento do que através dos exemplos de Cartago e Roma. A primeira massacrava, crucificava seus generais, seus magistrados, seus membros, e era somente um governo fraco sempre amedrontado e abalado por tudo. A segunda não tirava a vida de ninguém, tampouco confiscava bens; o criminoso acusado podia retirar-se pacificamente e o processo se encerrava por ali. O vigor desse admirável governo não necessitava de crueldade: o maior dos infortúnios era deixar de ser um de seus membros.

Os povos serão laboriosos quando o trabalho for honrado, e cabe sempre ao governo alçá-lo a essa condição. Que a consideração e a autoridade estejam ao alcance dos cidadãos e eles se esforçarão para consegui-las. Porém, caso as enxerguem muito distantes de si, não darão passo algum. O que os joga no desencorajamento não é o tamanho do trabalho, mas sua inutilidade.

Perguntar-me-ão se os talentos necessários para governar são adquiridos ao se cultivar o campo. Responderei que sim, em um governo simples e correto tal como o nosso. Os grandes talentos são o suplemento do zelo patriótico, são necessários para conduzir um povo que não ama seu país e não honra seus chefes. Mas façais com que o povo se afeiçoe à coisa pública, buscai virtudes e deixai vossos talentos: eles causariam mais dano do que benefício. O melhor móbil de um governo é o amor pela pátria, e esse amor é cultivado com os campos. O bom senso basta para conduzir um estado bem constituído, e o bom senso se constrói tanto no coração quanto na cabeça. Os homens que as paixões não cegam sempre agem bem.

Os homens: são naturalmente preguiçosos, mas o ardor pelo trabalho é o primeiro fruto de uma sociedade bem regrada, e quando um povo recai na preguiça e no desencorajamento, é sempre pelo abuso dessa própria sociedade que não concede ao trabalho o preço que se deve esperar dele.

Em todo lugar onde o dinheiro reina, a pessoa para quem o povo, a fim de manter sua liberdade, entrega o dinheiro, é sempre o instrumento de sua escravidão; e o que hoje o povo paga voluntariamente, amanhã lhe será cobrado à força.

Toda criança nascida na ilha será cidadã e membro da República quando atingir a idade estabelecida nos estatutos, e ninguém poderá sê-lo a não ser dessa maneira.

Assim, o direito de cidade não poderá ser concedido a nenhum estrangeiro, salvo uma só vez a cada cinquenta anos, para uma pessoa somente, caso ela assim se apresente e seja julgada digna disso, ou o mais digno entre aquelas que se apresentem. Sua recepção ocasionará uma festa geral na ilha inteira.

Todo corso que tiver 40 anos completos e não for casado ou nunca tiver sido, será vitaliciamente excluído do direito de cidade.

Todo particular que, mudando de domicílio, passar de uma freguesia à outra, perderá seu direito de cidade por três anos e, no término desse período, será inscrito na nova freguesia mediante o pagamento de uma taxa, sem o qual continuará excluído do direito de cidade até que a tenha pagado.

Serão excluídos da última regulamentação todos aqueles que ocuparem algum cargo público. A eles deverão ser concedidos todos os direitos de cidade na freguesia onde se encontram, enquanto ali exercerem seus deveres.

Os corsos eram submissos aos genoveses. São conhecidos os tipos de tratamento que os forçaram a se revoltar há aproximadamente quarenta anos. Desde aquela época, mantiveram-se independentes. Entretanto, os jornalistas sempre os chamam de rebeldes, e não se sabe por quantos séculos continuarão chamando-os assim. A geração atual não viu a servidão: é difícil conceber como um homem nascido livre, e que se assim se mantenha, seja considerado um rebelde, enquanto um feliz usurpador seja, ao cabo de dois ou três anos, considerado um monarca sagrado, um rei legítimo. Assim, a prescrição somente opera em favor da Tirania: ela jamais é admitida em favor da liberdade. Esse sentimento é tão razoável em si mesmo quanto honroso para seus partidários. Felizmente, as palavras não são as coisas.

Redimidos à custa de seu sangue, os corsos, rebeldes ou não, são livres e dignos de sê-lo, a despeito dos genoveses e dos jornalistas.

Em cada freguesia será mantido um registro de todas as terras que cada particular possui.

Ninguém poderá possuir terras fora de sua freguesia.

Ninguém poderá possuir mais de [...] terras.

Aquele que tiver essa quantidade poderá, através de trocas, adquirir quantidades semelhantes, mas não maiores, mesmo de terras não tão boas; e todas as doações, todas as heranças que puderem lhe serem feitas em terras serão nulas.

Por terdes governado um povo livre de modo justo durante três anos, este vos confiará por mais três anos a mesma administração.

Nenhum jovem poderá fazer um testamento, e todos os seus bens passarão para a comunidade.

Corsos, fazei silêncio, falarei em nome de todos. Que se afastem aqueles que não consentirem, e que levantem a mão aqueles que consentirem.

É preciso que esse ato seja precedido por uma proclamação geral, impondo que todos voltem ao local de seu domicílio em um tempo a ser determinado, sob pena de perderem seu direito de nascença e de naturalidade.

I

A nação corsa inteira se reunirá por um juramento solene em um só corpo político, do qual tanto os corpos que devem compô-la quanto os indivíduos serão, a partir de então, seus membros.

II

Esse ato de união será celebrado no mesmo dia em toda a ilha, e todos os corsos deverão presenciá-lo o tanto quanto possível, cada um em sua cidade, povoado ou paróquia, onde será mais devidamente instruído.

III

Formulação do juramento pronunciado sob o céu e com a mão sob a Bíblia:

"Em nome de Deus todo poderoso e sobre os santos Evangelhos, por um juramento sagrado e irrevogável eu me uno de corpo, de bens, de vontade e com todo meu poder à nação corsa, para a ela pertencer em integral propriedade, eu e tudo o que depende de mim. Juro viver e morrer por ela, cumprir todas as suas leis e obedecer a seus chefes e magistrados legítimos em tudo o que for conforme às leis. Assim, Deus me auxilie nessa vida e tenha misericórdia de minha alma. Viva para sempre a liberdade, a justiça e a República dos Corsos. Amém".

E todos, com a mão direita levantada, responderão: "Amém".

Em cada paróquia haverá um registro exato de todos os que tiverem assistido essa solenidade. Seu nome, o nome de seu pai, sua idade e seu domicílio serão ali marcados.

Quanto àqueles que, por impedimentos justificáveis, não puderam assistir a esta solenidade, ser-lhes-á determinado outros dias para prestarem o mesmo juramento e para se inscreverem no prazo máximo de três meses após o juramento solene. Passado esse termo, todos aqueles que tiverem negligenciado esse dever serão privados de seu direito e permanecerão na classe dos estrangeiros ou aspirantes, sobre a qual se falará mais adiante.

Um país encontra-se em sua maior força independente quando ali a terra produz o tanto quanto pode, isto é, quando tem tantos cultivadores quanto deseja ter.

Para cada filho além de cinco que tiver, ser-lhe-á concedido um *patrimônio* sobre a comuna.

Os pais que tiverem filhos ausentes somente poderão contabilizá-los após o retorno destes; e aqueles que passarem um ano inteiro fora da ilha não mais poderão ser contabilizados, nem mesmo após seu retorno.

Iremos afastá-los da superstição ao mantê-los extremamente ocupados com seus deveres de cidadãos; ao inserirmos a pompa nas festas nacionais; ao lhes subtrairmos bastante do tempo das cerimônias eclesiásticas, dedicando-o às cerimônias civis; e isso pode ser feito com um pouco de habilidade sem aborrecer o clero, ao fazê-lo de modo que este sempre tenha alguma participação, mas que ela seja tão pequena a ponto da atenção não se concentrar durante muito tempo nele.

De todas as maneiras de viver, a que mais vincula os homens ao seu país é a vida rústica.

Os Guardiães das Leis poderão convocar os estados gerais todas as vezes que quiserem, e, a partir do dia da convenção até a véspera da assembleia, a autoridade do grande Potestade e do Conselho do Estado será suspensa.

A pessoa do Guardião das Leis será sagrada e inviolável e não haverá na ilha pessoa com o poder de detê-los.

Cada freguesia terá o direito de dispensar os seus e de substitui-los por outros todas as vezes que assim lhe aprouver. Mas, se não forem expressamente dispensados, serão vitalícios.

Uma vez que os Estados tenham sido extraordinariamente convocados pelo Senado, não poderão se dissolver sem que o Senado ou o grande Potestade sejam cassados.

Todas as leis que dizem respeito às sucessões devem tender a conduzir as coisas para a igualdade, de modo que cada um possua alguma coisa e ninguém possua em excesso.

Todo corso que deixar sua freguesia para ir morar em outra perderá seu direito de cidade durante três anos. No final desse período, sobre sua requisição e com base em uma proclamação, se nada o descreditar, ele será inscrito nos registros da nova freguesia e na mesma ordem em que se encontrava inscrito na outra: cidadão, caso fosse cidadão; patriota, caso fosse patriota; e aspirante, caso fosse somente aspirante.

E era necessário que os corsos pagassem um tributo para obter a permissão de andarem desarmados.

Na ilha não haverá nenhuma carruagem. Os eclesiásticos e as mulheres poderão utilizar carroças. Mas os laicos, seja a qual estrato pertencerem, somente poderão viajar a pé ou a cavalo, a não ser que estejam estropiados ou gravemente enfermos.

Ninguém será admitido ao julgamento em coisas que concernem seu interesse. Mas o juramento [...]

Ninguém poderá ser encarcerado por dívida, e mesmo nas apreensões passíveis de serem realizadas na casa de um devedor, ser-lhe-á deixada, além das roupas para se cobrir, sua charrua, seu gado, sua cama e seus móveis mais indispensáveis.

Todo jovem que se casar antes da idade de 20 anos completos, ou somente após a idade de 30 anos completos, ou que esposar uma jovem tendo menos de 15 anos completos, ou uma pessoa, mulher ou viúva, cuja idade difere da sua em mais de vinte anos, permanecerá excluído da ordem dos cidadãos, a menos que venha a ingressar nela por recompensa pública, pelos serviços prestados ao Estado.

Tendo em vista a desigual distribuição das produções da ilha, não se deve fechar as comunicações. Em certos assuntos, é preciso considerar os preconceitos do povo e sua visão acanhada. Vendo que não lhes é permitido ir para sua vizinhança procurar entre seus compatriotas os gêneros que lhes faltam, acusarão nossas leis serem caprichosas e severas, se amotinarão contra elas ou as odiarão em segredo.

Se pudéssemos dispensar o dinheiro e obter todas as vantagens que o dinheiro dá, usufruiríamos bem melhor dessas vantagens do que com as riquezas, porque as teríamos apartado dos vícios que as envenenam e que o dinheiro traz consigo.

Ninguém deve ser, por ofício, magistrado ou soldado. Todos devem estar prontos para desempenhar indistintamente as funções que a pátria lhes impõe. Não deve haver ofício permanente na ilha senão o de cidadão, e este ofício deve, por si só, compreender todos os outros.

Enquanto o dinheiro for útil aos corsos, eles o amarão; e, enquanto o amarem, a república abrigará em seu seio emissários e traidores que influenciarão sobre as deliberações e manterão, por assim dizer, o Estado sob a caução de seus antigos senhores.

No instante seguinte em que a liberdade é recobrada, não se deve contar com um entusiasmo intenso, mas sempre de curta duração. O heroísmo popular é um momento de arrebatamento seguido pelo langor e pelo relaxamento. É preciso fundar a liberdade de um povo sobre sua maneira de ser, e não sobre suas paixões. Afinal, as paixões são passageiras e mudam de objeto, mas o efeito de uma boa constituição se prolonga o tanto quanto ela, e nenhum povo poderia permanecer livre senão enquanto usufruir bem de sua liberdade.

Que se lembrem bem que quaisquer tipos de privilégios são benéficos aos particulares que os obtêm e um fardo para a nação que os concede.

Essa é a contradição ridícula onde recaem todos os governos violentos: desejando manter os povos em uma condição de fraqueza, querem, no entanto, através dele se alçar a uma condição de força.

A nação não será ilustre, mas será feliz. Não se falará dela. Será pouco considerada no exterior, mas em seu seio terá a abundância, a paz e a liberdade.

Todo pleiteante que tiver rejeitado a arbitragem dos anciões, ou que após tê-la aceitado recuse-se a cumprir seu julgamento, caso perca seu processo na justiça comum será estigmatizado e tornado incapaz de, durante cinco anos, exercer qualquer cargo público.

Toda filha de cidadão que esposar um corso, seja de qual classe for, receberá um dote da freguesia do marido. Esse dote será sempre uma propriedade de terra e bastará, caso seja aspirante, para fazê-lo ascender à classe dos patriotas.

De todos os governos, o Democrático é sempre o menos dispendioso, porque o luxo público encontra-se apenas na abundância dos homens e porque onde o povo é o senhor do poder ele não necessita de nenhum símbolo magnificente.

Afinal, que dois ou mais Estados estejam submetidos ao mesmo príncipe, isso nada tem de contrário ao direito e à razão. Mas que um Estado esteja sujeito a um outro Estado, isso parece incompatível com a natureza do corpo político.

Ainda que eu saiba que a nação corsa tenha preconceitos contrários aos meus princípios, minha intenção não é absolutamente empregar a arte de persuadir para fazer com que ela os adote. Pelo contrário, quero expressar aos corsos minhas considerações e minhas razões com tal simplicidade que não haja nada nelas que possa seduzi-los; porque é muito possível que eu me engane, e me causaria muito desgosto que adotassem minha impressão em seu próprio prejuízo.

De onde surgiram as dissensões, as querelas, as guerras civis que afligem a Córsega durante tantos anos e a forçaram, enfim, a recorrer aos pisanos e depois aos genoveses? Não foi tudo isso obra de sua nobreza? Afinal, não foi ela que reduziu o povo ao desespero e o forçou a preferir uma escravidão tranquila aos males que sofria sob tantos tiranos? Após ter se livrado do jugo, quer o povo ingressar novamente na condição a que foi forçado a se submeter?

Não pregarei a moral para eles, não exigirei que possuam virtudes, mas os colocarei em tal situação que terão virtudes sem conhecer a palavra, e serão bons e justos sem conhecer profundamente o que é justiça e bondade.

Não sei como isso é feito, mas sei muito bem que as operações nas quais mais se recorre a registros e livros de conta são aquelas em que mais se praticam velhacarias.

Tais eram esses jovens romanos que começavam por serem questores ou tesoureiros dos exércitos antes de comandá-los. Tais financistas não eram homens vis, sequer lhes passava pela cabeça que fosse possível ganhar algo em cima do dinheiro público, e caixas militares poderiam sem risco passar pelas mãos dos Catões.[1]

No lugar de [reprimir] o luxo através das leis suntuárias, é melhor preveni-lo por meio de uma administração que o torne impossível.

Estou persuadido de que, procurando bem, serão encontradas minas de ferro na ilha. Seria melhor que ali fossem encontradas minas de ferro do que de ouro.

E mesmo quando em dúvida, é melhor começar pelo estado que naturalmente conduz ao outro e a partir do qual sempre será possível ir para este outro, caso haja a esperança de ali encontrar-se em melhor situação, do que começar pelo estado no qual não mais é possível retornar ao primeiro, e que só tem diante de si a destruição e a ruína.

Le prerrogative che goderanno le sudette famiglie.[2]

---

[1] Referência à rigorosa moralidade republicana de Marco Pórcio Catão Uticense (95-46 a.C.).
[2] "As prerrogativas que as famílias abaixo gozarão".

Esse ponto é destrutivo do espírito da República, que exige que o militar seja extremamente subordinado ao magistrado e se veja somente como o ministro dos ministros da lei. É extremamente importante que a posição de militar não seja uma condição em si mesma, mas um acidente da condição de cidadão. Se a nobreza tivesse prerrogativas, distinções nas tropas, muito em breve os oficiais militares considerariam estar acima dos oficiais civis; os chefes da República seriam vistos como meros oficiais de justiça, e o Estado, governado militarmente, rapidamente cairia no despotismo.

Um meio excelente para aprender a relacionar tudo à lei é o de ver um homem, que tanto foi respeitado enquanto ocupava um cargo público, regressar à condição privada; e para ele próprio é uma grande lição que, para manter o direito dos particulares, tenha a certeza de que um dia será contabilizado como mais um dentre eles.

Por exemplo: como a província de Cabo Corso pode produzir somente vinho, é preciso impedir que este seja cultivado em demasia no resto da ilha, sem o que essa parte não já não poderia fabricar o seu próprio vinho.

Pois a propriedade particular sendo tão fraca e tão dependente, o governo precisa apenas de pouca força e, por assim dizer, guia os povos com o movimento de um dedo.

Onde estão os príncipes que se certificam de reunir teólogos, a fim de consultar se aquilo que desejam fazer é legítimo?

Prefácio

Nutro um profundo respeito pela República de Gênova; nutro-o por cada soberano em particular, embora por vezes diga a todos eles duras verdades. E queiram os céus que, para benefícios deles próprios, as pessoas ousassem dizê-las a eles com mais frequência, e que por vezes eles se dignassem a escutá-las.

Prestai atenção, eu vos peço, que não apresento aqui as corveias, tampouco nenhuma espécie de trabalho forçado, como bens absolutos. Seria melhor que tudo isso se realizasse livremente e mediante pagamento, caso os meios de pagar não introduzissem uma infinidade de abusos imensuráveis e males ainda maiores, mais ilimitados do que aqueles que podem resultar dessa coação, sobretudo quando aqueles que o impõe pertencem à mesma condição daqueles que estão sujeitos à imposição.

Pois quando houver apenas uma espécie de renda, a saber, os frutos da terra, também haverá apenas uma espécie de bem, a saber, a própria terra.

Pois o verdadeiro espírito da propriedade pública é que a propriedade particular seja muito forte por linha reta e muito fraca ou nula nas colaterais.

E aumentar a taxa para colocar os víveres em crédito e a moeda em descrédito.

Os corsos quase ainda se encontram no estado natural e sadio, mas é preciso muita arte para mantê-los ali, porque seus preconceitos os distanciam dele. Possuem precisamente o que lhes convém, mas querem aquilo que não é bom para si. Seus sentimentos são justos, são seus falsos esclarecimentos que os enganam. Observam o falso brilho das nações vizinhas e chamejam para ser como elas, porque não conhecem a miséria destas e não enxergam que são infinitamente melhores.

Impedir a exportação dos víveres é cortar pela raiz as grandes possessões.

Nobre povo, não pretendo vos dar leis artificiais e sistemáticas inventadas por homens, mas vos reconduzir unicamente segundo as leis da natureza e da ordem que regem os corações e não tiranizam as vontades.

Considerações sobre o governo da Polônia e sua reforma projetada

I. *Estado da questão*

A descrição do governo da Polônia feita pelo conde Wielhorski, bem como as reflexões a ela acrescentadas, são peças instrutivas para quem pretenda formar um plano regular para a reforma desse governo. Não conheço ninguém em melhores condições de traçar esse plano do que ele próprio, que, aos conhecimentos gerais que esse trabalho exige, adiciona aqueles relativos ao local e aos detalhes particulares, conhecimentos impossíveis de serem oferecidos por escrito, e, no entanto, muito necessários de serem compreendidos, a fim de que se possa adequar uma instituição ao povo ao qual se destina. Se não se conhece a fundo a nação para qual se trabalha, a obra a ser feita em seu proveito, por mais excelente que possa ser em si mesma, sempre pecará pela aplicação, sobretudo quando se tratar de uma nação já inteiramente instituída, cujos gostos, costumes, preconceitos e vícios são demasiadamente enraizados para poderem ser facilmente suplantados por novas sementes. Uma boa instituição para a Polônia somente pode ser obra dos poloneses ou de alguém que haja estudado minuciosamente *in loco* a nação polonesa e aquelas que a circunvizinham. Um estrangeiro pode somente dar perspectivas gerais para esclarecer, e não para guiar, o instituidor. Mesmo com todo o vigor de minha cabeça, eu não teria podido apreender o conjunto dessas grandes relações. Atualmente, quando mal me resta a faculdade de ligar ideias, devo limitar-me, a fim de obedecer ao conde Wielhorski e de dar provas do meu zelo por sua pátria, a prestar-lhe contas das impressões surgidas com a leitura de seu trabalho e das reflexões derivadas a partir dela.

Lendo a história do governo da Polônia, custa compreender como um Estado tão bizarramente constituído pôde perdurar durante tanto tempo. Um grande corpo formado por um grande número de membros mortos e um pequeno número de membros desunidos, cujos movimentos são quase independentes uns dos outros, e que, longe de terem uma finalidade comum, destroem-se mutuamente; que muito se agita para nada fazer; que não pode opor nenhuma resistência contra quem queira enfraquecê-lo; que se dissolve cinco ou seis vezes a cada século; que cai em paralisia a cada esforço que pretenda realizar, a cada necessidade que queira satisfazer e que, malgrado tudo isso, vive e se conserva com vigor. Eis, assim me parece, um dos mais singulares espetáculos capazes de impressionar um ser pensante. Vejo todos os Estados da Europa correrem em direção à sua ruína. Monarquias, repúblicas, todas essas nações tão magnificamente instituídas, todos esses belos governos tão sabiamente ponderados, caídos na decrepitude, são ameaçados por uma morte próxima.[1] E a Polônia, essa região despovoada, devastada, oprimida,

---

[1] Rousseau utiliza aqui o vocabulário médico e compara, em termos relativos às fases da vida, o corpo político com o corpo humano: nascimento, infância, juventude, amadurecimento, envelhecimento e morte. Cf. *Contrato social*, III, 11. Para uma análise sobre a incorporação do

aberta a seus agressores, no cume das suas infelicidades e de sua anarquia, mostra ainda todo o ardor da juventude – e ousa pedir por um governo e leis, como se tivesse acabado de nascer. Encontra-se sob grilhões e discute os meios para se manter livre! Sente em si mesma uma força que a tirania não pode subjugar. Creio ver Roma sitiada reger tranquilamente as terras sobre as quais seu inimigo acabou de assentar seu acampamento. Bravos poloneses, tomai cuidado: tomai cuidado que, desejando alçar-vos a uma situação demasiadamente boa, não pioreis a vossa. Ao considerardes o que desejais adquirir, não esqueçais o que podeis perder. Corrijais, se puderes, os abusos de vossa constituição, mas não desprezais o que vos fez ser o que és.

Amais a liberdade e sois digno dela. Protegeste-a contra um agressor poderoso e ardiloso que, fingindo vos presentear com laços de amizade, vos agrilhoou com as algemas da servidão. Agora, temerosa dos problemas de vossa pátria, suspirais em busca da tranquilidade. Creio que isso pode ser facilmente obtido; contudo, conservá-la com a liberdade, eis o que me parece difícil. É no seio dessa anarquia odiosa para vós que são formadas essas almas patrióticas, as quais vos protegeram do jugo. Elas dormiam em um repouso letárgico; a tempestade as acordou. Após terem quebrado os grilhões que lhes haviam destinado, sentem o peso da fadiga. Elas gostariam de aliar a paz do despotismo com os deleites da liberdade. Receio que desejam coisas contraditórias. O repouso e a liberdade me parecem incompatíveis: é preciso escolher.

---

vocabulário hipocrático pelo pensamento político de Rousseau, cf. Souza, Ocasião propícia, ocasião nefasta: tempo, história e ação política em Rousseau.

Não digo que as coisas devam ser deixadas no estado em que se encontram, mas que somente se pode interferir nelas com uma extrema circunspecção. Nesse momento, os abusos impressionam mais do que as vantagens. Receio que, chegado o tempo em que essas vantagens poderão ser mais bem sentidas, infelizmente isso acontecerá quando já as tiverem perdido.

Ainda que seja fácil, se assim se quiser, fazer leis melhores, é impossível fazê-las de tal modo que as paixões dos homens não abusem delas, assim como abusaram das primeiras leis. Prever e sopesar todos esses abusos futuros é, talvez, uma coisa impossível ao mais perfeito homem de Estado. Alçar a lei para acima do homem é um problema na política que é comparável ao da quadratura do círculo em geometria.[2] Resolvei bem esse problema e o governo fundado sobre essa solução será bom e livre de abuso. Mas, até lá, estejais seguros de que ali onde credes fazer com que essas leis reinem, serão os homens que reinarão.

Somente haverá uma constituição sólida e boa onde a lei reinar sobre os corações dos cidadãos. Enquanto a força legislativa não chegar a esse ponto, as leis serão sempre eludidas. Mas como tocar os corações? É isso que nossos instituidores, que somente enxergam a força e as punições, ignoram completamente, e é algo que as recompensas materiais talvez não

---

2 A comparação do problema da política com o da *quadratura do círculo* é também utilizada por Rousseau em 1767, após uma célebre troca de correspondências com o fisiocrata Mirabeau. A utilização do vocabulário da matemática e da geometria para explicar a política também está presente em outras obras de Rousseau, como no *Contrato social*. Cf. Nascimento, A aporia da quadratura do círculo: polos de oscilação no pensamento político de Rousseau.

alcançariam com mais êxito.³ Até mesmo a justiça mais íntegra não conduziria a isso, porque a justiça é, assim como a saúde, um bem do qual se goza sem sentir, que não inspira nenhum entusiasmo e cujo valor somente é apreciado após tê-la perdido.

Portanto, por quais caminhos comover os corações e fazer com que a pátria e suas leis sejam amadas? Ousaria eu dizê-lo? Por jogos infantis, por instituições ociosas aos olhos dos homens superficiais, mas que formam hábitos apreciáveis e vínculos invencíveis. Se aqui divago, ao menos o faço por completo, pois confesso que enxergo minha loucura exibindo-se com todos os traços da razão.

---

3 No fragmento político *Das leis*, Rousseau escreve que "um autor moderno que sabe instruir pelas coisas que diz e pelas coisas que faz pensar, nos ensina que *tudo o que a lei propõe como recompensa torna-se um efeito*" e, mais adiante, que "as leis que incessantemente falam em punir e nunca de recompensar são mais adequadas para conter os celerados do que para formar homens honestos" (Rousseau, Des lois, p.495). O autor moderno ao qual Rousseau se refere é Montesquieu.

II. *Espírito das antigas instituições*

Quando lemos a história antiga, acreditamos ser transportados para um outro universo e estarmos entre outros seres. O que os franceses, ingleses e russos têm em comum com os romanos e os gregos? Quase nada a não ser o semblante. As vigorosas almas destes últimos parecem aos outros exageros da história. Como os primeiros, que se sentem tão pequenos, pensariam que homens tão grandes tenham existido? No entanto, existiram, e eram humanos como nós: o que nos impede de sermos homens como eles? Nossos preconceitos, nossa vil filosofia e as paixões do interesse mesquinho, concentrados com o egoísmo em todos os corações por instituições ineptas que o gênio nunca foi capaz de impor.

Vejo as nações modernas: nelas enxergo fazedores de leis e nenhum legislador. Entre os antigos, vejo três legisladores principais que merecem uma atenção particular: Moisés, Licurgo e Numa.[1] Os três dedicaram seus maiores cuidados a objetos que, para os nossos doutores, pareceriam dignos de riso. Os três

---

[1] Sobre a história dos legisladores, a fonte de Rousseau é invariavelmente *Vidas paralelas*, de Plutarco.

tiveram sucessos que, se não fossem tão bem comprovados, seriam julgados como impossíveis.

O primeiro concebeu e executou o admirável empreendimento de instituir um corpo de nação a partir de um enxame[2] de infelizes fugitivos, sem arte, sem armas, sem talentos, sem virtudes, sem coragem, e que, não tendo para si sequer uma polegada de terra, constituía um bando estrangeiro sobre a face da terra. Moisés ousou tornar esse bando errante e servil em um corpo político, um povo livre, e, enquanto esse bando errava nos desertos sem ter uma pedra sobre a qual poderia repousar sua cabeça, Moisés lhe dava essa instituição duradoura, à prova do tempo, da fortuna e dos conquistadores, que 5 mil anos não puderam destruir e tampouco alterar, e que ainda hoje subsiste com toda sua força, mesmo que o corpo da nação não mais subsista.

Para impedir que seu povo se misturasse com povos estrangeiros, deu-lhe costumes e usos inaliáveis com os das outras nações. Sobrecarregou-o de ritos, de cerimônias características;

---

2 Rousseau se refere aqui à distinção hobbesiana entre povo (*populus*) e multidão (*multitudo*), que no *Contrato social* encontra sua fórmula equivalente na distinção entre *associação* e *agregação*. Cf. *Contrato social*, I, 5. Cf. Hobbes, *Do cidadão*, cap. VI. Sobre a noção de *corpo*, optou-se por traduzir literalmente a expressão tal como ela se encontra no texto para designar *corpo do exército*, *corpo dos deputados*, *corpo de advogados*, uma vez que Rousseau não concebe o termo somente como um "conjunto" ou um "agregado", mas sim como um *misto* que possui uma vontade particular dentro do Estado. Cf. *Contrato social*, II, 3 e III, 2. Em suma, Rousseau recebe a noção de uma tradição que perpassa as corporações medievais, Bossuet, Hobbes, modificando-a e dando a ela uma conotação específica que levava em conta o estado atual da questão das ciências de seu tempo, em especial a química. Sobre o assunto, cf. Kantorowicz, *Os dois corpos do rei*; Bernardi, *Un corps composé de voix*; Kuntz, *Fundamentos da teoria política de Rousseau*.

incomodou-o de mil maneiras para mantê-lo incessantemente alerta e torná-lo sempre estranho entre os outros homens; e todos os laços de fraternidade que ele estabeleceu entre os membros de sua república constituíam o mesmo número de barreiras que os mantinham separados de seus vizinhos e os impediam de se misturar com estes. Foi por meio disso que essa singular nação, tão frequentemente subjugada, tão frequentemente dispersada e aparentemente destruída, embora sempre idólatra de sua regra, não obstante se conservou, até os nossos tempos, esparsa entre os outros e sem se confundir com eles, e foi por meio disso que seus costumes, suas leis, seus ritos, subsistiram e durarão tanto quanto o mundo durar, malgrado o ódio e a perseguição do resto do gênero humano.

Licurgo realizou a tarefa de instituir um povo já degradado pela servidão e pelos vícios decorrentes dela. Impôs-lhe um jugo de ferro tal como nenhum outro povo jamais suportou. Contudo, fez com que o povo se afeiçoasse a isso, fez com que se identificasse com o jugo, por assim dizer, ao fazê-lo ocupar-se permanentemente dele. Mostrou-lhe incessantemente a pátria nas suas leis, nos seus jogos, na sua casa, nos seus amores, nos seus festins. Não lhe deixou um instante de sossego para estar só, consigo mesmo, e desse contínuo constrangimento, enobrecido pelo seu objeto, nasceu nele esse ardente amor pela pátria que foi sempre o mais forte ou, antes de tudo, a única paixão dos espartanos, e que fez deles seres para além da humanidade. Esparta era somente uma cidade, é verdade; mas essa cidade, unicamente pela força de sua instituição, deu a lei para a Grécia inteira, tornou-se sua capital e fez tremer o império persa. Esparta era a sede a partir da qual sua legislação propagava seus efeitos em todo seu entorno.

Os que viram em Numa somente um instituidor de ritos e de cerimônias religiosas fizeram um mau julgamento sobre esse grande homem. Numa foi o verdadeiro fundador de Roma. Se Rômulo tivesse somente reunido salteadores que um revés poderia dispersar, sua obra imperfeita não teria podido resistir ao tempo. Foi Numa que a tornou sólida e durável ao unir esses salteadores em um corpo indissolúvel;[3] ao transformá-los em cidadãos, não tanto pelas leis, das quais sua rústica pobreza não tinha ainda nenhuma necessidade, mas por instituições moderadas que os ligavam uns aos outros e que ligavam todos ao seu solo; ao tornar, enfim, sua cidade sagrada por ritos aparentemente frívolos e supersticiosos, com sua força e seu efeito percebidos por poucas pessoas, e no entanto, tendo sido os primeiros fundamentos lançados por Rômulo, o feroz Rômulo.

O mesmo espírito guiou os antigos legisladores em suas instituições. Todos buscaram laços que ligassem os cidadãos à pátria e uns aos outros, e os encontraram nos usos particulares, nas cerimônias religiosas que, por sua natureza, eram sempre exclusivas e nacionais (vede o fim do *Contrato social*[4]); nos jogos que mantinham os cidadãos extremamente unidos, nos exercícios que aumentavam seu vigor, sua força, seu orgulho e a estima de si mesmos; nos espetáculos que, lembrando-lhes a história

---

[3] Rousseau, autor das *Instituições químicas* e frequentador dos cursos de Hilaire Rouelle (1718-1779), alça o paradigma químico ao estatuto de modelo basilar para a formação de sua teoria política. Termos como *dissolução, agregação, ligação* são retirados do vocabulário químico da época e representam uma forma muito específica de conceber o pacto, cuja reflexão mais bem acabada pode ser vista no *Contrato social*. Os estudos de Bruno Bernardi são, nesse sentido, referência obrigatória.

[4] O capítulo "Da religião civil", em *Contrato social*, IV, 8.

de seus ancestrais, suas infelicidades, suas virtudes, suas vitórias, despertavam o interesse em seus corações, inflamavam-nos com uma viva emulação e os afeiçoavam fortemente a essa pátria que os ocupava permanentemente. São as poesias de Homero recitadas aos gregos solenemente reunidos, não em suas tribunas, palanques ou com o dinheiro na mão, mas ao ar livre e com a nação inteira;[5] são as tragédias de Ésquilo, de Sófocles e de Eurípides, frequentemente representadas diante deles; são os prêmios com os quais, diante das aclamações da Grécia inteira, coroavam-se os vencedores em seus jogos, que, inflamando continuamente com emulação e glória, levaram sua coragem e suas virtudes a esse grau de energia do qual ninguém atualmente nos oferece uma ideia e o qual os modernos sequer podem conceber. Se estes últimos possuem leis, é unicamente para lhes ensinar a obedecer bem aos seus senhores, para não furtar bolsos alheios e para dar muito dinheiro para os larápios públicos.[6] Se possuem usos, é para saber entreter a ociosidade das mulheres galantes e desfilar sua própria ociosidade com graça. Se reúnem-se, fazem-no nos templos, para um culto que nada possui de nacional, que nada lembra a pátria e que quase se torna derrisório. Aglomeram-se em salas bem fechadas, nas quais pagam para entrar a fim de ver teatros efeminados, dissolutos, onde apenas se sabe falar de amor, para verem histriões declamarem e prostitutas fazerem trejeitos, e para ali tomarem lições de corrupção,

---

5 Ou seja, a nação inteira reunida. Mas optamos pela literalidade da frase, uma vez que a noção de *corpo* carrega consigo significados oriundos sobretudo dos paradigmas mecânicos e fisiológicos. Sobre o assunto, ver nota 2 deste capítulo, sobre a distinção hobbesiana entre *populus* e *multitudo*.
6 Rousseau refere-se aos coletores de impostos.

as únicas que, entre todas as que ali fingem ser dadas,[7] tiram proveito. Reúnem-se nas festas, onde o povo, sempre desprezado, sempre tem pouca influência, e onde a desaprovação e a aprovação pública nada produzem; reúnem-se nas barafundas licenciosas, para ali fazerem ligações secretas, para buscar prazeres que separam, isolam ainda mais os homens e que afrouxam ao máximo o coração. São esses os estimulantes para o patriotismo? Deve-se ficar admirado que maneiras de vida tão dessemelhantes produzam efeitos tão diferentes, e que os modernos não mais encontrem em si esse vigor da alma que inspirava os antigos em tudo? Perdoai-me essas digressões, que se devem a um resquício de chama que reacendestes. Retorno com prazer a um povo, dentre todos os que existem hoje, que é o que se distancia menos daqueles sobre o qual acabo de falar.

---

[7] A crítica de Rousseau ao teatro moderno (especialmente o francês) e aos maus exemplos políticos, morais e econômicos que ele pode produzir encontram-se concentradas na *Carta a d'Alembert*. Cf. Fortes, *Paradoxo do espetáculo*. Ver também Prado Jr., Gênese e estrutura dos espetáculos, in: *A retórica de Rousseau e outros ensaios*; Vargas, O tempo, dentro e fora dos espetáculos: trabalho e ócio na *Carta a d'Alembert*.

III. *Aplicação*

A Polônia é um grande Estado cercado por Estados ainda mais consideráveis e que, por seu despotismo e por sua disciplina militar, possuem uma grande força ofensiva. A Polônia, ao contrário, fraca por sua anarquia, está, malgrado o valor polonês, exposta a todos os insultos. Não possui praças-fortes para impedir suas incursões. Seu despovoamento a coloca quase absolutamente fora da condição de se defender. Nenhuma ordem econômica, poucas ou nenhumas tropas, nenhuma disciplina militar, nenhuma ordem, nenhuma subordinação. Sempre dividida internamente, sempre ameaçada exteriormente, ela não possui por si própria nenhuma consistência, e depende do capricho de seus vizinhos. Não vejo, no atual estado das coisas, senão um só meio de lhe dar essa consistência que lhe falta: o de difundir em toda a nação, por assim dizer, a alma dos confederados,[1] o de estabelecer de tal modo a república nos corações dos poloneses que ela ali subsista malgrado todos os esforços

---

[1] Rousseau refere-se à Confederação de Bar, formada em 1768 e liderada por Joseph Pulaski e outros patriotas poloneses que buscavam livrar-se da ingerência da Rússia no país. Os confederados insurgiam-se contra o jugo estrangeiro e contra Estanislau II, monarca suscetível aos interesses do

de seus opressores. Aí reside, assim me parece, o único asilo que a força não pode nem atingir nem destruir. Quanto a isso, uma prova para nunca ser esquecida acaba de ser vista. A Polônia encontrava-se sob os grilhões dos russos, mas os poloneses permaneceram livres. Grande exemplo que vos mostra como podeis enfrentar o poder e a ambição de vossos vizinhos. Se não podeis impedir que vos engulam, ao menos assegureis que não consigam vos digerir. Não importa o que seja feito, antes de se ter dado à Polônia tudo aquilo que lhe falta para estar em condições de resistir aos seus inimigos, ela já terá sido esmagada cem vezes. A virtude de seus cidadãos, seu zelo patriótico, a forma singular que as instituições nacionais podem dar às suas almas, eis o único baluarte sempre pronto para defendê-la e o qual nenhum exército seria capaz de violentar. Se fizerdes de modo que um polonês jamais possa se tornar um russo, afirmo que a Rússia não subjugará a Polônia.

São as instituições nacionais que formam o gênio, o caráter, os gostos e os costumes de um povo, que fazem com que ele seja ele e não um outro, que lhe inspiram esse ardente amor pela pátria fundado sobre hábitos impossíveis de serem desenraizados, que lhe fazem morrer de tédio entre outros povos em meio aos deleites dos quais é privado em seu próprio país. Lembrai-vos daquele espartano, farto das voluptuosidades da corte do grande rei, que fora repreendido por sentir falta da sopa negra. "Ah", diz ele suspirando ao sátrapa, "conheço seus prazeres, mas você não conhece os nossos".[2]

---

governo russo. A guerra civil mergulhou o país em um período instável que se seguiu até 1772, resultando na Primeira Partição da Polônia.

2 A *melas zomos*, ou sopa negra, era um prato típico de Esparta: trata-se de um guisado de porco feito com sangue e vinagre. A anedota já havia sido utilizada no *Discurso sobre a desigualdade*. Rousseau se refere a

Atualmente não há mais franceses, alemães, espanhóis, nem mesmo ingleses, digam o que disserem: há somente europeus. Todos possuem os mesmos gostos, as mesmas paixões, os mesmos costumes, pois nenhum recebeu uma forma nacional por uma instituição particular. Todos se encontrando nas mesmas circunstâncias, farão as mesmas coisas; todos se dirão desinteressados e serão patifes; todos falarão do bem público e pensarão somente em si mesmos; todos vangloriarão a mediocridade e desejarão ser Cresos.[3] Têm ambição somente pelo luxo, não têm outra paixão senão pelo ouro. Seguros de terem consigo tudo o que os seduz, todos se venderão para o primeiro que quiser pagá-los. O que lhes importa qual senhor obedecem, de qual Estado seguem a lei? Desde que encontrem dinheiro para roubar e mulheres para corromper, estarão em casa em qualquer lugar que seja.

Dai uma outra inclinação às paixões dos poloneses e dareis às suas almas uma fisionomia nacional que os distinguirá de outros povos, que os impedirá de se fundir, de se comprazer e de se aliar com aqueles outros; um vigor que substituirá o jogo abusivo dos vãos preceitos, que lhes fará realizar por gosto e por paixão aquilo que nunca é suficientemente bem feito quando realizado apenas por dever ou por interesse. É sobre tais almas

---

Brásidas, estratego e orador espartano, cuja resposta teria sido dada a Hidarnes, general persa. Na realidade, trata-se do episódio de expiação protagonizado por Espertias e Bulis: após terem matado os enviados de Dario, os espartanos buscavam aplacar a ira dos deuses; Espertias e Bulis se colocaram à disposição para o autossacrifício, encaminhando-se para a corte de Xerxes. Cf. Heródoto, *Histórias*, VII, 134-135.

3 Cresos (c. 596-546 a.C.) foi rei da Lídia. Segundo Heródoto, em suas *Histórias* (I, 30), Cresos pretendia ser, por sua riqueza, o homem mais feliz do mundo.

que uma legislação bem apropriada prevalecerá. Obedecerão às leis e não as eludirão, porque elas lhes convirão e terão o assentimento interno de sua vontade.[4] Amando a pátria, irão servi-la por zelo e de todo o coração. Com apenas este sentimento, a legislação, ainda que fosse ruim, faria bons cidadãos; e sempre são somente bons cidadãos que constituem a força e a prosperidade[5] do Estado.

Mais adiante explicarei o regime de administração que, quase sem tocar no aspecto fundamental de vossas leis, parece-me

---

4 O trecho assenta-se em reflexões desenvolvidas por Rousseau no *Contrato social* e nas *Cartas escritas da montanha*. Primeiro, porque a legislação é o lugar de expressão da vontade geral, isto é, trata-se de uma lei que o povo dá a si mesmo e que tem como objetivo a realização do interesse comum. Segundo, porque a teoria da obrigação política de Rousseau se funda na ideia de consentimento. Nas *Cartas escritas da montanha*, Rousseau expõe o cerne de sua teoria política: "que fundamento é mais seguro para a obrigação entre os homens do que compromisso livre daquele que se obriga? Pode-se discutir qualquer outro princípio, mas não esse" (Rousseau, *Cartas escritas da montanha*, p.319). Tendo todos os indivíduos nascido livres, não podem ser subjugados, nem mesmo à lei, sem o seu consentimento. Cf. *Contrato social*, II, 6 e IV, 2.

5 A noção de "prosperidade" tem lugar central tanto no escrito da Córsega quanto no da Polônia. Para Rousseau, a prosperidade de um Estado não diz respeito à quantidade de dinheiro que circula dentro de um território (noção sobretudo mercantilista), mas sim a uma condição tripla: quando a riqueza é gerada pelo trabalho dos cidadãos; quando o corpo político consegue produzir todos os alimentos e gêneros necessários para sua subsistência; quando há independência tanto do corpo político quanto dos indivíduos que o compõem. Nesse sentido, a "abundância" é definida como o estado em que "todas as coisas necessárias à vida se encontram reunidas no país em tal quantidade que cada um pode, com seu trabalho, obter facilmente tudo o que lhe é necessário para sua manutenção" (Rousseau, *Le luxe, le commerce et les arts*, p.523-24).

adequado a conduzir o patriotismo[6] e as virtudes que lhes são inseparáveis ao mais alto grau de intensidade que possam ter. Mas, quer adoteis ou não esse regime, começais sempre por dar aos poloneses uma alta opinião sobre si mesmos e sua pátria: tendo em vista a maneira pela qual acabam de se revelar, essa opinião não será falsa. É preciso aproveitar a circunstância do momento presente para elevar as almas ao mesmo tom das almas antigas. É certo que a Confederação de Bar salvou a pátria que expirava. É preciso gravar essa grande época em caracteres sagrados em todos os corações poloneses. Gostaria que fosse erigido um monumento em sua memória, que nele fossem inscritos os nomes de todos os confederados, mesmo daqueles que possam ter traído a causa comum num momento subsequente. Uma ação tão grandiosa deve apagar os erros de uma vida inteira. Gostaria que fosse instituída uma solenidade periódica para, a cada dez anos, celebrá-la, não com uma pompa brilhante e frívola, mas simples, orgulhosa e republicana; que fosse feito com dignidade, mas sem exaltação, o elogio desses virtuosos cidadãos que tiveram a honra de padecer pela pátria nos grilhões do inimigo; que até mesmo se concedesse às suas famílias algum privilégio honorífico que, aos olhos do público, sempre recordasse essa bela lembrança. Não gostaria, contudo, que nessas solenidades fossem permitidas qualquer invectiva

---

6 Rousseau não emprega o termo "patriotismo" do modo como o compreendemos atualmente (palavra que, na história contemporânea, não raro se ligou a correntes culturais e políticas autoritárias), mas o utiliza tendo em vista o legado republicano por ele recebido, incorporado e modificado: o amor pela pátria é também o amor pela coisa pública, pelas leis que o povo dá a si mesmo, bem como a fraternidade para com os concidadãos, respeitadas as diferenças entre estes.

contra os russos, que sequer fossem mencionados. Isso seria honrá-los demais. Esse silêncio, a recordação da sua barbárie e o elogio daqueles que resistiram aos russos dirão tudo o que precisa ser dito sobre eles: deveis desprezá-los em demasia para odiá-los.

Gostaria que pelas honrarias, pelas recompensas públicas, fosse dado brilho à todas as virtudes patrióticas, que sem cessar os cidadãos fossem ocupados com a pátria, que ela fosse sua maior preocupação, que ela incessantemente fosse exibida diante de seus olhos. Confesso que dessa maneira eles teriam menos meios e menos tempo para se enriquecer, mas também teriam menos desejo e necessidade disso: seus corações aprenderiam a conhecer uma outra felicidade para além da fortuna, e eis a arte de enobrecer as almas e de fazer delas um instrumento mais poderoso que o ouro.

A exposição sucinta dos costumes poloneses, a mim transmitida de bom grado pelo senhor Wielhorski, não basta para me colocar a par de seus usos civis e domésticos. Mas uma grande nação que jamais se misturou muito com seus vizinhos deve ter usos que lhe sejam adequados, e que talvez se degenerariam diariamente pela tendência, na Europa, de incorporar os gostos e os costumes dos franceses. É preciso manter, restabelecer esses antigos usos e introduzir usos convenientes, adequados aos poloneses. Esses usos, fossem eles indiferentes, fossem até mesmo ruins sob certos aspectos, desde que não o sejam em sua essência, terão sempre a vantagem de afeiçoar os poloneses ao seu país e de lhes dar uma repugnância natural de se misturar com o estrangeiro. Considero ser uma felicidade que tenham uma indumentária característica. Conservai com cuidado essa vantagem; fazeis exatamente o contrário do que fez esse czar[7] tão vangloriado. Que nem o rei, nem os senadores e nem algum homem público utilizem outra vestimenta que não a da nação, e que nenhum polonês ouse aparecer na corte vestido de francês.

Muitos jogos públicos onde a boa pátria mãe se compraz em ver seus filhos jogar.[8] Que se ocupe deles frequentemente, a fim de que eles se ocupem sempre dela. É preciso abolir, mesmo na corte, por causa do exemplo, os divertimentos comuns das cortes, o jogo, os teatros, comédias, ópera; tudo o que afemina os homens, tudo o que os distrai, os isola, os faz esquecer da sua pátria e do seu dever; tudo o que os faz confortáveis por toda parte desde que estejam se divertindo. É preciso inventar jogos, festas, solenidades que sejam tão próprias a essa corte e que não sejam encontradas em nenhum outro lugar. É preciso que na Polônia as pessoas se divirtam mais do que em outros países, mas não da mesma maneira. Em poucas palavras, é preciso inverter um execrável provérbio e fazer com que todo polonês diga do fundo de seu coração: *Ubi patria, ibi bene.*[9]

---

7 Pedro I. Quanto aos que "vangloriam" o czar, Rousseau provavelmente se refere a Voltaire e seu *Dicionário filosófico*, no qual se encontra o verbete "Pedro, o Grande e Jean-Jacques Rousseau" (Voltaire, Dictionnaire philosophique, p.218). Conferir também *Contrato social*, II, 8.

8 Na *Carta a d'Alembert*, realizando uma crítica ao teatro parisiense, Rousseau recomenda que nas festas populares o povo participe como um ator dos espetáculos, cujo cenário seria o próprio espaço público. Essa concepção sobre o espetáculo, de certo modo aqui recomendada aos poloneses, acaba também por influenciar muitos dos idealizadores das *festas revolucionárias* durante a Revolução Francesa. A esse respeito, cf. Ozouf, *La fête révolutionnaire, 1789-1799*.

9 Rousseau inverte a expressão latina "ubi bene, ibi patria", isto é, "onde se está bem, aí é a pátria". A expressão original é encontrada nas *Discussões tusculanas*, de Cícero: "patria est, ubicumque est bene" ["A pátria

Se possível, que não haja nada de exclusivo para os grandes e para os ricos. Muitos espetáculos ao ar livre, onde os estratos sociais sejam distinguidos com cuidado, mas onde o povo inteiro participe igualmente, como entre os antigos, e onde, em certas ocasiões, a jovem nobreza faça demonstração de força e de destreza. Não foi pouca a contribuição das touradas para que certo vigor fosse mantido na nação espanhola. Os circos onde outrora a juventude polonesa se exercitava deveriam ser cuidadosamente restabelecidos e transformados em teatros de honra e de emulação. Nada seria mais fácil do que neles substituir os antigos combates por exercícios menos cruéis, onde, entretanto, a força e a destreza se destacariam, e onde os vitoriosos teriam tanto honrarias quanto recompensas. A equitação, por exemplo, é um exercício muito conveniente aos poloneses e muito propício ao brilho do espetáculo.

Os heróis de Homero se distinguiam todos por sua força e sua destreza, e por meio delas exibiam aos olhares do povo que eram feitos para comandá-lo. Os torneios dos paladinos formavam não somente homens valentes e corajosos, mas ávidos por honra e glória, feitos para todas as virtudes. O uso das armas de fogo, tornando essas faculdades do corpo menos úteis à guerra, fê-las cair em descrédito. Resulta disso que, além das qualidades do espírito, que frequentemente são equívocas, modificadas, das quais há mil maneiras de induzir ao erro e sobre as quais o povo é um mau juiz, um homem, com a vantagem de seu nascimento, não tem nada em si que o distinga de um outro homem, que justifique a fortuna ou que exiba em sua pessoa um

---

está onde quer que se esteja bem"]. Cícero, *Discussões tusculanas*, liv.V, XXXVII, 108, p.485.

direito natural à superioridade; e quanto mais negligenciamos esses sinais exteriores, mais aqueles que nos governam se efeminam e se corrompem impunemente. No entanto, é importante, e mais do que se pensa, que aqueles que devem um dia comandar os outros se mostrem desde sua juventude superiores a eles em todos os aspectos, ou ao menos que se esforcem para isso. Ademais, é bom que o povo se encontre frequentemente com seus chefes em ocasiões agradáveis, que os conheça, que se acostume a vê-los, que partilhe com eles seus prazeres. Desde que a subordinação seja sempre mantida e que não se confundam, este é o meio para que o povo se afeiçoe aos chefes e para que una o apego e o respeito por eles. Enfim, o gosto dos exercícios corporais afasta uma ociosidade perigosa, prazeres efeminados e o luxo do espírito. É sobretudo por causa da alma que é preciso exercitar o corpo,[10] e eis o que nossos sabichões estão longe de considerar.

Que não se negligencie algum tipo de decoração pública. Que ela seja nobre, imponente, e que a magnificência esteja mais nos homens do que nas coisas. Seria difícil saber até que ponto o coração do povo acompanha seus olhos e o quanto a majestade do cerimonial lhe impressiona. Isso concede à autoridade um ar de ordem e de regra que inspira a confiança e que descarta as ideias de capricho e extravagância ligadas à de poder arbitrário. É preciso somente evitar, na pompa das solenidades, o ouropel, as lantejoulas e as decorações de luxo que são utilizadas

---

10 Os benefícios do exercício do corpo, seja para afastá-lo da ociosidade quanto para manter a mente em bom funcionamento, são explorados sobretudo em *Emílio*. Ali, as capacidades cognitivas são estreitamente ligadas ao cuidado do corpo.

na corte. As festas de um povo livre devem sempre respirar a decência e a gravidade, e nelas deve-se apresentar à sua admiração somente objetos dignos de sua estima. Em seus triunfos, os romanos ostentavam um luxo enorme, mas se tratava do luxo dos vencidos: quanto mais ele brilhava, menos seduzia. Seu próprio esplendor era uma grande lição para os romanos. Os reis cativos eram algemados com correntes de ouro e pedras preciosas. Eis o luxo esclarecido. Frequentemente chega-se ao mesmo fim por dois caminhos opostos. As duas bolas de lã colocadas na Câmara dos Pares[11] da Inglaterra diante do assento do Chanceler constituem, a meu ver, uma decoração tocante e sublime. Dois feixes de trigo, igualmente colocados no Senado da Polônia, não deixariam de produzir, na minha opinião, um efeito menos belo.

A imensa distância das fortunas que separa os senhores da pequena nobreza é um grande obstáculo às reformas necessárias para fazer do amor pela pátria a paixão dominante. Enquanto o luxo reinar entre os grandes, a cupidez reinará em todos os corações. O objeto da admiração pública sempre será o objeto dos desejos particulares, e se for preciso ser rico para brilhar, a paixão dominante sempre será a de ser rico. Esse é um grande meio de corrupção que é preciso enfraquecer o tanto quanto possível. Se outros objetos atraentes, se marcas de estrato social distinguissem os homens bem posicionados, aqueles que fossem somente ricos seriam privados deles, e os desejos secretos naturalmente seguiriam o caminho que conduz a essas distinções honoríficas, isto é, o do mérito e o da virtude, caso somente por meio deles fosse possível ser bem-sucedido. Frequentemente

---

11 A Câmara dos Lordes.

os cônsules de Roma eram muito pobres, mas tinham litores; a pompa desses litores foi cobiçada pelo povo, e os plebeus se alçaram ao Consulado.

Suprimir totalmente o luxo onde reina a desigualdade me parece, admito-o, um empreendimento muito difícil.[12] Mas não haveria algum meio de mudar os objetos desse luxo e tornar seu exemplo menos pernicioso? Por exemplo, outrora a empobrecida nobreza na Polônia se apegava aos grandes que, por sua vez, ofereciam educação e subsistência ao seu séquito. Eis um luxo verdadeiramente grande e nobre, do qual percebo perfeitamente o inconveniente, mas que ao menos, longe de envilecer as almas, eleva-as, infunde-lhes sentimentos, motivações, e que esteve livre de abusos entre os romanos durante o período de duração da República. Li que o duque d'Épernon, encontrando um dia o duque de Sully, queria arranjar briga. Contudo, tendo somente 600 homens em seu séquito, não ousou atacar Sully, que tinha 800.[13] Duvido que um luxo dessa espécie deixe muito espaço para penduricalhos; pelo menos, o exemplo disso não seduzirá os pobres. Levai os grandes da Polônia a terem somente esta espécie de luxo, e disso talvez resultem divisões, partidos,

---

12 A crítica ao luxo, realizada por Rousseau desde o início da década de 1750 com o *Discurso sobre as ciências e as artes*, passando pelo verbete "Economia" (1755) e pelo *Emílio* (1762), liga-se diretamente à crítica da desigualdade e da economia política que ele elabora contra autores modernos como Bernard de Mandeville, Jean-François Melon ou David Hume.

13 Jean-Louis de Nogaret de La Valette (1554-1642), duque d'Épernon, foi um militar e estadista francês, partidário dos católicos e homem de confiança do Henrique III, rei da Polônia (1573-1575) e da França (1574-1589). Maximilien de Béthune (1559-1641), duque de Sully, militar, calvinista e conselheiro de Henrique IV.

querelas, mas eles não corromperão a nação. Além deste luxo, toleremos o luxo militar, o das armas, dos cavalos, mas que todo adorno efeminado seja desprezado, e, se não pudermos fazer as mulheres renunciarem a ele, que ao menos sejam ensinadas a desaprová-lo e a desdenhá-lo nos homens.

De resto, não é através das leis suntuárias que se chega ao objetivo de extirpar o luxo.[14] É preciso arrancá-lo do fundo do coração, implantando neste gostos mais sadios e mais nobres. Proibir as coisas que não se deve fazer é um expediente inepto e inútil se não se começar por fazer com que elas sejam odiadas e desprezadas, e a desaprovação da lei nunca é tão eficaz como quando oferece apoio ao juízo que desaprova. Qualquer um que se predisponha a instituir um povo deve saber dominar as opiniões e governar as paixões dos homens através delas.[15] Isso é verdadeiro sobretudo a respeito do objeto sobre o qual estou tratando. As leis suntuárias exasperam o desejo pelo constrangimento ao invés de extingui-lo pelo castigo. A simplicidade dos costumes e dos adereços é menos o fruto da lei do que o da educação.

---

14 De fato, no verbete "Economia", Rousseau já afirmava que, assim como a mudança dos costumes se trata de um meio mais eficaz para enfraquecer o luxo, um bom sistema tributário gera mais benefícios ao povo do que as leis suntuárias.

15 No último capítulo do livro II do *Contrato social*, Rousseau concede à opinião um lugar especial na ordenação do corpo político. A opinião, com os costumes, forma uma "quarta espécie" de lei, "parte da qual o grande Legislador se ocupa em segredo" (Rousseau, Do contrato social, II, 12, p.559). Cf. Nascimento, *Opinião pública e revolução*.

IV. Educação

Eis aqui o tópico importante.¹ É a educação que deve dar às almas a força nacional, bem como dirigir de tal modo suas opiniões e seus gostos que as façam ser patriotas por inclinação, por paixão, por necessidade. Uma criança, ao abrir os olhos, deve ver a pátria e até o dia de sua morte não deve ver mais nada além dela. Todo verdadeiro republicano sugava junto com o leite de sua mãe o amor pela sua pátria, isto é, o amor pelas leis e pela liberdade. Esse amor integra sua existência completa: ele vê somente a pátria e vive somente por ela. Tão logo esteja só, ele é nada; tão logo não tenha mais pátria, deixa de existir e, se não está morto, encontra-se em uma situação ainda pior.

---

1 A educação assume um lugar central no pensamento de Rousseau. A perspectiva sobre a educação nas *Considerações sobre o governo da Polônia* aproxima-se muito mais do verbete "Economia" que do *Emílio*, uma vez que este último tem como objetivo formar a capacidade de julgar do indivíduo, e não do cidadão. Longe de serem contraditórias, do ponto de vista da formação do sistema rousseauniano ambas as perspectivas são complementares: é preciso que tanto o povo quanto o indivíduo tenham a possibilidade de esclarecer seus interesses por meio de uma faculdade do juízo bem ordenada. Cf. o prefácio e o posfácio do volume *Emílio ou Da educação* (São Paulo: Editora Unesp, 2022).

A educação nacional cabe apenas aos homens livres; somente eles possuem uma existência comum e são verdadeiramente ligados pela lei. Um francês, um inglês, um espanhol, um italiano, um russo, são todos mais ou menos o mesmo homem: ele sai do colégio já moldado para a licenciosidade, isto é, para a servidão. Aos 20 anos, um polonês não deve ser um outro homem: deve ser um polonês. Quero que, aprendendo a ler, leia coisas de seu país; que aos 10 anos conheça todas as produções de sua terra; aos 12, todas as províncias, estradas, cidades; aos 15, que saiba toda sua história; aos 16, todas suas leis, e que não tenha havido em toda a Polônia uma bela ação nem um homem ilustre dos quais não carregue plenamente na memória e no coração, e sobre os quais não possa explicar imediatamente. Pode-se julgar a partir disso que não são os estudos comuns, dirigidos por estrangeiros e padres, que desejo que as crianças sigam. A lei deve regular a matéria, a ordem e a forma de seus estudos. Devem ter apenas poloneses como professores, todos casados, se possível, todos diferenciados por seus costumes, por sua probidade, por seu bom senso, por seu esclarecimento, e todos destinados, quando no final de um certo número de anos tiverem bem realizado seu trabalho, não para cargos mais importantes e mais honrosos, pois isso é impossível, mas para aqueles menos árduos e mais fulgurantes. Evitai sobretudo fazer da condição de pedagogo um ofício. Todo homem público na Polônia não deve ter outra condição permanente senão a de cidadão. Todos os cargos que ele ocupa, sobretudo aqueles que são importantes como este, devem ser considerados apenas como pontos de provação e de gradação para alçar-se a lugares mais elevados após tê-los merecido. Exorto os poloneses a prestarem atenção a esta máxima, a qual insistirei com frequência, pois considero que ela seja a chave de um grande móbil do Estado.[2] Ver-se-á mais adiante como é possível, na minha opinião, torná-la praticável, sem exceção.

Não gosto dessas distinções dos colégios e das academias que fazem com que a nobreza rica e a nobreza pobre sejam educadas de forma diferente e em separado. Sendo todos iguais pela constituição do Estado, todos devem ser educados da mesma forma, e se não for possível estabelecer de imediato uma educação pública, é preciso ao menos que ela tenha um preço que os pobres possam pagar. Não seria possível criar em cada colégio um certo número de vagas puramente gratuitas, isto é, à custa do Estado, e que na França chamamos de bolsas? Essas vagas, oferecidas aos filhos dos pobres fidalgos que tiverem bem merecido a pátria, não como uma esmola, mas como uma recompensa pelos bons serviços prestados pelos pais, tornar-se-iam títulos honoríficos, e poderiam produzir uma dupla vantagem que não seria negligenciável. Para tanto, seria preciso que a nomeação não fosse arbitrária, mas que se fizesse por uma espécie de julgamento sobre o qual falarei mais adiante. Aqueles que preenchessem essas vagas seriam chamados de filhos do Estado, e distinguidos por alguma marca honrosa que daria precedência sobre as outras crianças de sua idade, sem exceptuar as dos grandes.

Em todos os colégios é preciso estabelecer, para as crianças, um ginásio ou um lugar para os exercícios corporais. Esse ponto tão negligenciado é, assim o creio, a parte mais importante da

---

2 O termo *ressort*, que possui diversas traduções a depender do contexto, aproxima-se aqui do mesmo célebre sentido que lhe dá Montesquieu em *Do espírito das leis*: trata-se de um *móbil*, de um *impulso*, de uma *mola*, de um *elã* ou de uma *força motriz* que, operando como causa eficiente das ações humanas, caracteriza a forma de cada Estado e sua constituição.

educação, não somente por formar temperamentos robustos e sadios, mas especialmente por causa do objetivo moral, que é negligenciado ou preenchido somente por uma porção de preceitos pedantes e fúteis que são outro tanto de palavras vazias. Nunca direi suficientemente que a boa educação deve ser negativa. Se impedirdes os vícios de nascer, tereis feito o bastante pela virtude.³ O meio para fazê-lo é extremamente facilitado pela boa educação pública. Trata-se sempre de manter as crianças em alerta, não por estudos tediosos dos quais nada entendem e pelos quais tomam ódio unicamente pelo fato de serem forçadas a permanecerem paradas, mas através de exercícios que lhes comprazam, satisfazendo a necessidade de se movimentarem que seu corpo possui à medida que crescem, e cuja satisfação não se limitará, para elas, a isso.

Não se deve absolutamente permitir que elas brinquem separadamente de acordo com sua fantasia, mas que brinquem todas juntas e em público, de maneira que haja sempre uma finalidade comum a qual todas aspiram e que estimule a concorrência e a emulação. Os pais que preferirem a educação doméstica, e que assim criarão seus filhos sob sua supervisão, devem, no entanto,

---

3 A educação negativa é um preceito fundamental do *Emílio*, que, tendo em vista o delicado equilíbrio entre forças, faculdades e necessidades em cada uma das fases da vida, busca seguir a "ordem da natureza". Cf. Kawauche, *Educação e filosofia no* Emílio *de Rousseau*. Em *Rousseau juiz de Jean-Jacques*, lemos que o tratado de educação de Rousseau se dedicou "a mostrar como se introduzem em nossa alma as paixões nocivas, a mostrar que a boa educação deve sempre ser puramente negativa, que deve consistir não em curar os vícios do coração humano, já que vícios não existem ali naturalmente, mas em impedi-los de nascer e em manter exatamente fechadas as portas pelas quais eles se introduzem" (Rousseau, *Rousseau juiz de Jean-Jacques*, p.83).

enviá-los para esses exercícios. Sua instrução pode ser doméstica e particular, mas seus jogos devem sempre ser públicos e comuns a todos. Afinal, não se trata aqui somente de ocupá-los, de lhes formar uma constituição robusta, de torná-los ágeis e esbeltos, mas de acostumá-los desde cedo para a regra, para a igualdade, para a fraternidade, para as competições, para viver sob os olhares de seus concidadãos e para desejar a aprovação pública. Para tanto, os prêmios e as recompensas dos vencedores não devem ser distribuídos arbitrariamente pelos professores de exercícios nem pelos diretores de colégio, mas por aclamação e pelo julgamento dos espectadores; e pode-se contar que esses julgamentos serão sempre justos, sobretudo se houver o cuidado de tornar esses jogos atraentes para o público, organizando-os com um pouco de pompa e de forma a constituírem um espetáculo. Então, pode-se presumir que todas as pessoas honestas e todos os bons patriotas farão a si mesmos um dever e um prazer ao assisti-los.

Em Berna, há um exercício singular para os jovens patrícios que saem do colégio. É o que chamamos de *Estado exterior*. Trata-se de uma cópia, em pequena escala, de tudo aquilo que compõe o governo da República: um Senado, magistrados, oficiais, hussardos, oradores, causas, julgamentos, solenidades.[4] O Estado exterior tem até mesmo um pequeno governo e algumas receitas, e essa instituição, autorizada e protegida pelo soberano, é o viveiro dos homens de Estado, que um dia dirigirão os negócios

---

4 O *État extérieur* é uma espécie de jogo como os tribunais simulados, mas aplicado a todos os cargos do Estado, nos quais cada pessoa assume um papel. Os magistrados acima referidos são os *avoyers*, que, na Suíça, são chefes de cidades ou cantões.

públicos ocupando os mesmos cargos que antes exerciam apenas de brincadeira.

Seja qual for a forma dada à educação pública, sobre a qual não pretendo aqui entrar em detalhes, convém estabelecer um Colégio de Magistrados de primeira categoria, encarregado de sua suprema administração e que nomeie, revogue e mude ao seu bel-prazer tanto os reitores e diretores de colégio, que serão eles próprios, como já o disse, candidatos para as altas magistraturas, quanto os professores de exercícios, com os quais se terá o cuidado de estimular tanto o zelo quanto a vigilância através de cargos mais elevados que lhes serão abertos ou fechados segundo a maneira pela qual cumpriram seus cargos atuais. Como a esperança, a glória e o destino da república dependem desses estabelecimentos, confesso atribuir a eles tamanha importância que muito me surpreende que em nenhum outro lugar se tenha pensado em lhes conferir. Aflijo-me pela humanidade por essas tantas ideias que, embora sejam muito praticáveis e me pareçam boas e úteis, se encontram sempre tão distantes de tudo aquilo que se faz.

De resto, limito-me aqui apenas a fazer indicações, mas isso é suficiente para aqueles aos quais me dirijo. Essas ideias mal desenvolvidas permitem vislumbrar caminhos desconhecidos dos modernos, pelos quais os antigos conduziam os homens para aquele vigor da alma, aquele zelo patriótico, aquela estima pelas qualidades verdadeiramente pessoais e sem relação com aquilo que é estranho ao homem, que entre nós não encontram exemplo, mas cujos levedos nos corações de todos os homens apenas aguardam para fermentar ao serem postos em ação por instituições convenientes. Ao conduzir a educação, os usos, as práticas consuetudinárias, os costumes dos poloneses de acordo com esse espírito, ireis desenvolver neles esse levedo que ainda não azedou por máximas corrompidas, por instituições desgastadas, por uma filosofia egoísta que predica aquilo que mata. A nação datará seu segundo nascimento a partir da crise terrível da qual emerge e, vendo o que fizeram seus membros ainda indisciplinados, esperará bastante e obterá ainda mais de uma instituição bem ponderada; ela prezará, respeitará as leis que adularão seu nobre orgulho, que a tornarão e que a manterão feliz e livre. Arrancando de seu seio as paixões que eludem as leis, nele nutrirá as paixões que fazem amá-las. Enfim, renovando-se, por assim dizer, a si mesma, retomará nessa nova época todo o vigor de uma nação nascente. Porém, sem essas precauções, nada esperem de vossas leis. Por mais sábias ou previdentes que possam ser, serão eludidas e inúteis, e tereis corrigido alguns abusos que vos ferem para introduzir outros que não tereis previsto. Eis as preliminares que considerei serem indispensáveis. Agora, voltemos nossos olhares para a constituição.

V. Vício radical

Evitemos, se possível, precipitarmo-nos desde nossos primeiros passos sobre projetos quiméricos. Qual empreendimento, senhores, ocupai-vos no momento? O de reformar o governo da Polônia, isto é, o de dar à constituição de um grande reino a consistência e o vigor de uma pequena república. Antes de trabalhar para a execução desse projeto, seria necessário inicialmente verificar a possibilidade de que seja exitoso. Tamanho das nações, extensão dos Estados! Eis a primeira e principal fonte de infelicidades do gênero humano, e sobretudo das inúmeras calamidades que minam e destroem os povos policiados. Quase todos os pequenos Estados, sejam repúblicas ou monarquias, prosperam unicamente pelo fato de serem pequenos, porque seus cidadãos se conhecem e se entreolham, porque os líderes podem eles próprios observar o mal que é feito e o bem que devem fazer, e porque suas ordens são executadas sob seus olhos. Todos os grandes povos esmagados por suas próprias massas ou gemem como vós, na anarquia, ou sob opressores subalternos, cujos reis são obrigados a impor sobre eles por uma inevitável distinção hierárquica. Somente Deus pode governar o mundo, e seriam necessárias faculdades sobre-humanas para governar grandes nações.[1] É surpreendente, é prodigioso que a vasta extensão da Polônia já não tenha por cem vezes operado a conversão do governo em despotismo, degenerado as almas dos poloneses e corrompido a massa da nação. Trata-se de um exemplo único na história que após séculos um Estado como este tenha somente chegado ao estágio da anarquia. A lentidão desse progresso deve-se a vantagens que são inseparáveis dos inconvenientes dos quais quereis vos desembaraçar. Ah! Nunca seria repetir demais: pensai bem antes de mexer em vossas leis, sobretudo naquelas que vos fizeram ser o que sois. A primeira reforma da qual teríeis necessidade é a relativa à vossa extensão. Vossas vastas províncias nunca comportarão a severa administração das pequenas repúblicas. Começai por estreitar vossas fronteiras se quiserdes reformar vosso governo. Talvez vossos vizinhos considerem fazer-vos esse favor. Isso sem dúvidas seria um grande mal para as partes desmembradas, mas seria um grande bem para o corpo da nação.

Se essas reduções não ocorrerem, vejo somente um único meio que talvez possa supri-las e, o que é afortunado, esse meio já se encontra no espírito de vossa instituição. Que a separação das duas Polônias seja tão bem demarcada quanto a da Lituânia: tenhais três Estados reunidos em um.[2] Gostaria, se fosse pos-

---

[1] Embora Rousseau refira-se aqui ao governo sob a perspectiva de sua extensão territorial, e não sobre o tempo necessário para colher os frutos do trabalho de legislação, a frase ecoa o capítulo sobre o legislador do *Contrato social*: "seriam necessários deuses para dar leis aos homens", escreve em II, 7.

[2] A "grande Polônia", a "pequena Polônia" e a Lituânia.

sível, que tivésseis tantos quantos palatinados possuís.[3] Formai em cada um o mesmo tanto de administrações particulares. Aperfeiçoai a forma das Dietinas, ampliai a autoridade delas sobre os respectivos Palatinados, mas traçai cuidadosamente os limites e fazei com que nada entre elas cause a ruptura do vínculo da legislação comum e da subordinação ao corpo da república. Em poucas palavras, dedicai-vos a ampliar e a aperfeiçoar o sistema dos governos federativos,[4] o único que reúne as vantagens dos grandes e dos pequenos Estados, e, por isso, o único que pode vos ser conveniente. Se ignorardes esse conselho, duvido que algum dia possais fazer uma boa obra.

---

[3] Os palatinados eram territórios e jurisdições administradas por condes palatinos, indicados pelo monarca. No caso da Polônia, os dirigentes eram nomeados em vida pelo rei. Já as Dietinas eram assembleias ou parlamentos locais nos quais se escolhiam os núncios a serem enviados para as Dietas. Estas últimas são assembleias convocadas periodicamente pelo rei.

[4] As reflexões sobre as vantagens da federação como reunião de pequenos Estados são desenvolvidas em *Do espírito das leis*, de Montesquieu, uma das mais importantes fontes de Rousseau.

VI. Questão das três ordens

Nunca ouço alguém falar sobre governo sem achar que essa pessoa remonta a princípios que me parecem falsos ou equívocos. A República da Polônia, como foi frequentemente dito e repetido, é composta por três ordens: a Ordem Equestre, o Senado e o Rei. Prefereria dizer que a nação polonesa é composta por três ordens: os nobres, que são tudo; os burgueses, que são nada; e os camponeses, que são menos que nada. Se o Senado for considerado como uma ordem dentro do Estado, por que também não seria assim considerada a Câmara dos Núncios,[1] que não é menos notável e não possui menos autoridade? Para além disso, essa divisão, no próprio sentido que se lhe atribui, é evidentemente incompleta. Afinal, seria necessário acrescentar a isso os ministros, que não são nem reis, nem senadores, nem núncios, e que, gozando de completa independência, são, contudo, depositários de todo o poder executivo. Como algum dia me farão compreender que a parte que apenas existe pelo todo constitui, no entanto, em relação ao todo, uma ordem

---

[1] Trata-se de uma câmara de deputados, cujos membros eram nobres eleitos pelas Dietinas.

independente dele? Confesso que o Pariato da Inglaterra, visto que é hereditário, forma uma ordem existente por si mesma. Mas, na Polônia, se a Ordem Equestre for suprimida, não mais haverá Senado, pois ninguém pode ser senador se não for primeiramente um nobre polonês. Da mesma forma, não haverá mais rei, porque é a Ordem Equestre que o nomeia e porque o rei nada pode sem ela. Porém, se o Senado e o rei forem suprimidos, a Ordem Equestre, e junto com ela o Estado e o soberano, permanecem em sua integralidade; e no dia seguinte, se assim lhe aprouver, haverá um Senado e um rei como antes.

No entanto, pelo fato de não ser uma ordem no Estado, não se segue disso que o Senado não sirva para nada; e mesmo quando não possuísse, enquanto corpo, o depósito das leis, seus membros, independentemente da autoridade do corpo, não obstante seriam os depositários do poder legislativo, e impedi-los de votar no Senado em plena Dieta todas as vezes que se trata de fazer ou revogar leis seria o mesmo que retirar deles o direito que possuem de nascença. Porém, nesse caso, não é mais como senadores que eles votam, mas simplesmente como cidadãos. Tão logo o poder legislativo fala, tudo retorna à igualdade; qualquer outra autoridade se cala diante dele;[2] sua voz é a voz de Deus sobre a terra. O próprio rei, que preside a Dieta, nesse momento não tem, assim sustento, o direito de nela votar se não for nobre polonês.

---

2 A preeminência do poder legislativo encontra raízes na formulação dos princípios do direito político elaborados por Rousseau: nestes, a legislação assume o lugar de expressão da vontade geral. Conforme lê-se nas *Cartas escritas da montanha*, a lei "é uma declaração pública e solene da vontade geral, acerca de um objeto de interesse comum" (Rousseau, *Cartas escritas da montanha*, p.320).

Sem dúvida me dirão que aqui produzo provas em excesso e que se os senadores enquanto tais não possuem voto na Dieta, tampouco devem tê-lo enquanto cidadãos, dado que os membros da Ordem Equestre não votam nela por si mesmos, mas somente por meio de seus representantes, dentre os quais não se incluem os senadores. E por que votariam enquanto particulares na Dieta, visto que nenhum outro nobre, a não ser que seja núncio, pode nela votar? Essa objeção me parece sólida frente ao atual estado das coisas. Contudo, quando as mudanças projetadas forem realizadas, ela deixará de existir, pois a partir de então os próprios senadores serão representantes perpétuos da nação, embora somente poderão agir em matéria de legislação com a colaboração de seus colegas.

Portanto, que não se diga que a colaboração do rei, do Senado e da Ordem Equestre é necessária para formar uma lei. Esse direito pertence unicamente à Ordem Equestre, da qual os senadores são membros enquanto núncios, e ali o Senado, considerado enquanto corpo, absolutamente não se imiscui. Tal é ou deve ser a lei do Estado na Polônia: mas a lei da natureza, essa lei santa, imprescindível,[3] que fala ao coração do homem e à sua

---

3 Na obra de Rousseau, a recepção do direito natural, bem como suas rupturas, foi – e ainda é – objeto de longa discussão pela bibliografia crítica. Seja como for, é seguro afirmar que a lei natural assume um significado muito específico no pensamento rousseauniano. Além disso, sua aplicação é, para dizer o mínimo, muito limitada, conforme testemunha o *Contrato social*: "A ordem social é um direito sagrado que serve de base a todos os outros. Mas esse direito não advém da natureza; é, portanto, fundado sobre convenções" (Rousseau, Do contrato social, I, 1, p.506). Além da obra de Bruno Bernardi, cf. Derathé, *Rousseau e a ciência política de seu tempo*; e Ribeiro, Contrato social e direito natural em Jean-Jacques Rousseau. Sobre o caráter "santo" das leis, o lugar da

razão, não permite nem que a autoridade legislativa seja restringida dessa forma nem que as leis obriguem alguém que não as tenha votado pessoalmente, como os núncios, ou ao menos através de seus representantes, como o corpo da nobreza. Essa lei sagrada não é violada impunemente, e o estado de fraqueza ao qual uma nação tão grande se encontra reduzida é obra dessa barbárie feudal que arranca do corpo do Estado sua parte mais numerosa e, por vezes, a mais sã.

Deus não queira que eu acredite ter a necessidade de provar aqui o que um pouco de bom senso e de sensibilidade bastam para fazer com que todo mundo perceba! E de onde a Polônia pretende tirar o poder e as forças que ela de bom grado abafa em seu seio? Nobres poloneses, sede mais, sede homens. Somente então sereis felizes e livres; mas nunca se vangloriem de sê-lo enquanto vossos irmãos estiverem agrilhoados.

Tenho ciência da dificuldade do projeto de libertar vossos povos. Não temo somente o interesse mal esclarecido, o amor-próprio e os preconceitos dos senhores. Vencido esse obstáculo, eu temeria os vícios e a covardia dos servos. A liberdade é um alimento suculento, mas de pesada digestão: é necessário estômagos muito saudáveis para aguentá-lo. Dou risada desses povos aviltados que, deixando-se amotinar por incitadores, ousam falar de liberdade sem nem mesmo ter alguma ideia dela, e, com o coração repleto de todos os vícios dos escravos, imaginam que, para serem livres, basta se amotinarem. Altiva e santa liberdade! Se essas pobres pessoas pudessem te conhecer, se soubessem por qual preço és adquirida e conservada,

---

religião e seu vocabulário na política de Rousseau, cf. Kawauche, *Religião e política em Rousseau*.

se percebessem o quanto tuas leis são mais austeras do que a dureza do jugo dos tiranos, suas almas débeis, escravas das paixões que seria necessário suprimir, temer-te-iam cem vezes mais do que a servidão. Fugiriam de ti com pavor, como um fardo prestes a esmagá-las.

Libertar os povos da Polônia é uma grande e bela operação, mas audaciosa, perigosa, e que não deve ser empreendida levianamente. Entre as precauções a serem tomadas, há uma indispensável e que requer tempo. É, antes de qualquer outra coisa, a de tornar os servos que se deseja libertar dignos da liberdade e capazes de suportá-la. Mais adiante, exporei um dos meios que podem ser empregados para isso. Seria temerário de minha parte garantir o sucesso dessa empreitada, ainda que eu não duvide dele. Se há outro meio melhor, que seja adotado. Mas, seja como for, considerai que vossos servos são homens como vós, que carregam consigo o estofo para se tornarem tudo o que sois: trabalhai desde logo para colocar isso em prática e libertai seus corpos apenas após terdes libertado suas almas. Sem essa preliminar, contai que vossa operação será malsucedida.[4]

---

4 Nesse parágrafo e no anterior, o argumento de Rousseau incorpora um raciocínio presente no *Discurso sobre a servidão voluntária*, de Étienne de la Boétie (1530-1563), já ecoado no *Discurso sobre a desigualdade* e nos parágrafos iniciais do *Contrato social*: para uma mudança qualitativa da liberdade, é preciso também mudar a própria lógica de dominação que é facilmente constatável nas sociedades. Rousseau faz uma afirmação *de facto* no primeiro capítulo do *Contrato social*: "O homem nasceu livre e por toda parte está agrilhoado. Aquele que acredita ser o senhor dos outros não deixa de ser mais escravo do que eles" (Rousseau, Do contrato social, I, I, p.505).

VII. Meios para manter a constituição

A legislação da Polônia foi composta, como todas aquelas da Europa, sucessivamente por trechos e pedaços. À medida que um abuso era observado, fazia-se uma lei para remediá-lo. Desta lei nasciam outros abusos que também precisavam ser corrigidos. Essa maneira de proceder é infindável e conduz ao mais terrível de todos os abusos, o de debilitar todas as leis de tanto multiplicá-las.

O enfraquecimento da legislação foi realizado, na Polônia, de uma maneira bem singular, e talvez única. A saber: ela perdeu sua força sem ter sido subjugada pelo poder executivo. Atualmente o poder legislativo ainda conserva toda sua autoridade; ele encontra-se na inação, mas sem ter nada acima dele. A Dieta é tão soberana quanto o era no momento de seu estabelecimento. Entretanto, está sem força: ninguém a domina, mas ninguém a obedece. Essa condição é notável e merece reflexão.

O que conservou, até o momento, a autoridade legislativa? Foi a presença contínua do legislador. Foi a frequência das Dietas e a frequente renovação dos núncios que mantiveram a República. A Inglaterra, que goza da primeira dessas vantagens, perdeu sua liberdade por ter negligenciado a outra. O mesmo parlamento dura por tanto tempo que a corte, que esgotaria seus recursos para comprá-lo todos os anos, acha um bom negócio comprá-lo pelo período de sete anos, e não deixa de fazê-lo. Primeira lição para vós.

Um segundo meio pelo qual o poder legislativo é conservado na Polônia é, primeiramente, a partilha do poder executivo, que impediu seus depositários de agirem em concerto para oprimi-lo; e, em segundo lugar, a passagem frequente desse mesmo poder executivo por diferentes mãos, o que impediu qualquer sistema consistente de usurpação. Cada rei dava, ao longo de seu reinado, alguns passos em direção ao poder arbitrário. Mas a eleição de seu sucessor forçava este último a se retrair ao invés de prosseguir; e, no começo de cada reinado, os reis eram todos constrangidos, pelo *pacta conventa*,[1] a partir do mesmo ponto. De modo que, malgrado a inclinação habitual ao despotismo, não havia nenhum progresso real.

O mesmo ocorria com ministros e grandes oficiais. Independentes tanto do Senado quanto uns dos outros, possuíam, em seus respectivos departamentos, uma autoridade sem limites. Mas além do fato de que esses cargos se equilibravam mutuamente ao não se perpetuarem nas mesmas famílias, não traziam consigo nenhuma força absoluta, e todo o poder, mesmo usurpado, retornava sempre à sua fonte. Não teria ocorrido o mesmo se o poder executivo inteiro tivesse se concentrado, seja em um só corpo, como o Senado, seja em uma família, por hereditariedade da coroa. Essa família ou esse corpo teriam provavelmente

---

[1] O *pacta conventa* era um acordo feito entre a nobreza e o rei eleito, no qual eram estipulados os compromissos do novo monarca. Feito pela Dieta, estabelecia condições para o exercício do poder real.

oprimido, cedo ou tarde, o poder legislativo, e através disso colocado os poloneses sob o jugo que todas as nações carregam e do qual somente eles estão isentos – afinal, já não conto mais a Suécia. Segunda lição.

Eis aí a vantagem. Não há dúvida de que ela é grande, mas aqui está o inconveniente, que não é menor. O poder executivo partilhado entre muitos indivíduos carece de harmonia entre suas partes, e causa uma desavença incompatível com a boa ordem. Sob todos os aspectos, cada depositário de uma parte desse poder se situa, em virtude dessa parte, acima dos magistrados e das leis. Na verdade, ele reconhece a autoridade da Dieta, mas reconhece apenas ela, e quando a Dieta é dissolvida, não reconhece absolutamente mais nada; ele despreza os tribunais e desafia seus julgamentos. São todos pequenos déspotas que, sem precisamente usurpar a autoridade soberana, não deixam de oprimir um a um os cidadãos, e dão o funesto e muito seguido exemplo de violar sem escrúpulo e sem medo os direitos e a liberdade dos particulares.

Creio que essa é a primeira e principal causa da anarquia que reina no Estado. Para suprimir essa causa, vejo somente um meio. Não é o de munir os tribunais particulares da força pública contra esses pequenos tiranos, pois essa força ora mal administrada, ora superada por uma força superior, poderia incitar perturbações e desordens capazes de ir gradualmente até às guerras civis. Trata-se, contudo, de munir com toda a força executiva um corpo respeitável e permanente, tal como o Senado, capaz, por sua consistência e por sua autoridade, de conter em seu dever os magnatas tentados a se desviarem deles. Esse meio me parece eficaz, e certamente o seria, mas o perigo não deixa de ser terrível e muito difícil de evitar. Pois, como pode ser observado no *Contrato social*, todo corpo depositário do poder executivo tende fortemente e continuamente a subjugar o poder legislativo, e, cedo ou tarde, chega a consegui-lo.[2]

Para afastar esse inconveniente, propõem-vos de repartir o Senado em diversos conselhos ou departamentos, cada qual presidido pelo ministro encarregado desse departamento. Esse ministro, assim como os membros de cada Conselho, mudaria ao fim de um período fixado, e revezaria com os ministros dos outros departamentos. Essa ideia pode ser boa; era a ideia do Abade de Saint-Pierre, e ele a desenvolveu a contento em sua *Polisinódia*.[3] O poder executivo assim dividido e temporário será ainda mais subordinado ao legislativo, e as diversas partes da administração serão mais aprofundadas e mais bem tratadas separadamente. Não contai muito, no entanto, com esse meio: se as partes estão sempre separadas, elas carecem de agir em concerto, e logo, contrariando-se mutuamente, utilizarão quase todas suas forças umas contra as outras, até o ponto em que uma dentre elas tenha exercido ascendência e dominado todas as outras. Ou ainda, se concordarem entre si e agirem em concerto,

---

2 *Contrato social*, III, 1 e 18.
3 Charles-Irénée Castel de Saint-Pierre, abade de Saint-Pierre (1658-1743), filósofo e escritor francês, célebre pelo *Projeto para tornar a paz perpétua na Europa* e pela *Polisinódia*, sistema de governo regido por conselhos criado durante a Regência de Luís XV. Crítico do sistema então vigente, Saint-Pierre acaba por ser excluído da Academia Francesa após a publicação da obra. Segundo Rousseau, "quando o abade de Saint-Pierre propôs a multiplicação dos Conselhos do rei da França e a eleição dos membros por escrutínio, não percebeu que propunha alterar a forma de Governo" (Rousseau, Do contrato social, IV, 3, p.620). Em seus *Escritos sobre o abade de Saint-Pierre*, Rousseau dedica especial atenção à Polisinódia.

não constituirão realmente senão um mesmo corpo e não terão senão um mesmo espírito, como as câmaras de um parlamento; e, de todas as maneiras, considero impossível que a independência e o equilíbrio se mantenham tão bem entre elas a ponto de que disso não resulte sempre um centro ou sede da administração onde todas as forças particulares se reunirão sempre para oprimir o soberano. Em quase todas as nossas repúblicas os Conselhos são assim distribuídos em departamentos que eram independentes uns dos outros em sua origem, e que logo deixaram de sê-lo.

A invenção dessa divisão por câmaras ou departamentos é moderna. Os antigos, que sabiam melhor do que nós como conservar a liberdade, absolutamente não conheciam esse expediente. O senado de Roma governava a metade do mundo conhecido e sequer tinha ideia dessas repartições. Esse senado, no entanto, jamais veio a oprimir o poder legislativo, ainda que os senadores fossem vitalícios. Mas as leis tinham censores, o povo tinha tribunos e o senado não elegia os cônsules.

Para que a administração seja forte, boa e cumpra bem a sua finalidade, a integralidade do poder executivo deve estar nas mesmas mãos. Mas não basta que essas mãos mudem: é preciso que ajam, se possível, somente sob a vigilância do legislador, e que seja ele quem as guie. Eis o verdadeiro segredo para que elas não usurpem sua autoridade.

Enquanto os Estados se reunirem e os núncios forem trocados frequentemente, será difícil para o Senado ou para o rei oprimirem ou usurparem a autoridade legislativa. É notável que até aqui os reis não tenham tentado tornar as Dietas mais raras, ainda que não fossem forçados, como os reis da Inglaterra, a reuni-las frequentemente, sob pena de ficarem sem dinheiro.

É preciso ou que as coisas sempre tenham se encontrado em um estado de crise que tenha tornado a autoridade real insuficiente para realizar isso, ou que os reis tenham se assegurado, pelas intrigas que causavam nas Dietinas, de ter sempre a maioria[4] dos núncios à sua disposição, ou porque, graças ao *liberum veto*,[5] estivessem seguros de sempre impedir as deliberações que poderiam lhes desagradar e dissolver as Dietas de acordo com sua vontade. Quando todos esses motivos não mais subsistirem, deve-se esperar que o rei ou o Senado, ou ambos em conjunto, farão grandes esforços para se livrar das Dietas e torná-las o tão raras quanto puderem. Eis o que é especialmente imperioso prevenir e impedir. O meio aqui proposto é o único possível, é simples e não pode deixar de ser eficaz. É muito singular que antes do *Contrato social*, onde eu o proponho,[6] ninguém tenha pensado nele.

Um dos maiores inconvenientes dos grandes Estados, aquele que, dentre todos, torna neles a liberdade mais difícil de ser conservada, é que o poder legislativo não pode mostrar a si mesmo

---

4 No original, *pluralité*, termo utilizado por diversas vezes no *Contrato social* e que tinha o sentido de *maioria*. À época, a palavra *majorité* era empregada em seu sentido jurídico e jurisprudencial, significando "maioridade", como se pode conferir nos verbetes "*Âge*", "*Majorité*" e "*Minorité*" da *Enciclopédia*, e na definição da entrada "*Majorit'é* do *Dictionnaire de l'Académie Française* de 1694. No entanto, embora não dicionarizado, o termo "*majorité*" começava pouco a pouco a ser empregado na linguagem política para se referir à maioria dos votos em um parlamento, conforme se lê no verbete "Parlamento da Inglaterra", escrito por Jaucourt.
5 Pelo *liberum veto* cada núncio ou deputado tinha o poder de encerrar a sessão e, consequentemente, de vetar ou anular todas as proposições aprovadas. Cf. mais adiante o capítulo IX.
6 *Contrato social*, III, 12 e 13.

como tal e só pode agir por deputação. Isso tem o seu mal e o seu bem, mas o mal predomina. O Legislador, enquanto corpo, é impossível de ser corrompido, mas é fácil de ser enganado.[7] Seus representantes são dificilmente enganados, mas facilmente corrompidos, e raramente ocorre que não o sejam. Tendes diante de vós o exemplo do Parlamento da Inglaterra, e, pelo *liberum veto*, o exemplo de vossa própria nação. Ora, pode-se esclarecer aquele que erra, mas como deter aquele que se vende? Sem estar instruído nas questões da Polônia, apostaria tudo no mundo que há mais esclarecimento na Dieta e mais virtude nas Dietinas.

Vejo dois meios para prevenir esse mal terrível da corrupção, que faz do órgão da liberdade o instrumento da servidão.

O primeiro é, como já disse, a frequência das Dietas, que mudando constantemente os representantes torna sua sedução ainda mais custosa e difícil. Sobre esse ponto, vossa constituição é preferível à da Grã-Bretanha, e quando o *liberum veto* for suprimido ou modificado, não vejo nenhuma outra mudança a ser feita nela senão a de acrescentar alguns obstáculos para o regresso dos mesmos núncios a duas Dietas consecutivas, e a de impedir que sejam eleitos muitas vezes. Retornarei a isso após esse capítulo.

---

7 No caso, o legislador "enquanto corpo" é o povo que, reunido, delibera e exprime a vontade geral, enunciada pelas leis. Quanto à "deputação" do poder legislativo, é célebre a crítica que Rousseau faz ao sistema representativo no *Contrato*: "A Soberania não pode ser representada pela mesma razão que não pode ser alienada [...]. Seja como for, no momento em que um Povo se concede Representantes, ele não é mais livre; não é mais" (Rousseau, Do contrato social, III, 15, p.602 e p.604). Sobre o assunto, cf. Fortes, O engano do povo inglês; Nascimento, *A farsa da representação política*.

O segundo meio é fazer com que os representantes sejam sujeitos a seguir exatamente suas instruções e fazer com que prestem uma rigorosa conta aos seus constituintes sobre sua conduta na Dieta. Quanto a isso, posso somente ficar espantado com a negligência, a incúria e, ouso dizê-lo, a estupidez da nação inglesa, que, após ter munido seus deputados com o poder supremo, não interpôs nenhum freio para regulamentar o uso que podem fazer dele durante os sete anos inteiros de duração do seu mandato.

Observo que os poloneses não percebem o bastante a importância de suas Dietinas, nem tudo aquilo que devem a elas, nem tudo o que podem obter delas ao ampliar sua autoridade e ao lhes dar uma forma mais regular. Quanto a mim, estou convencido de que se as Confederações salvaram a pátria, foram as Dietinas que as conservaram, e de que aí se encontra a verdadeira salvaguarda da liberdade.

As instruções dos núncios devem ser preparadas com grande cuidado, tanto a respeito dos artigos anunciados nos universais[8] quanto sobre as outras necessidades atuais do Estado ou da província. Isso deve ser feito por uma comissão presidida, se assim quiserem, pelo Marechal da Dietina, mas, de resto, composta por membros escolhidos pela maioria dos votos; e a nobreza somente pode se dispersar após essas instruções terem sido lidas, discutidas e consentidas em plenária. Além do documento original dessas instruções, entregue aos núncios investidos de seus poderes, uma cópia assinada por eles deve

---

8 Segundo a definição do dicionário Littré, os *universais da Polônia* eram "cartas circulares que o rei da Polônia endereçava às províncias e aos grandes do reino, para a convocação das Dietas".

permanecer nos registros da Dietina. É com base nessas instruções que eles devem, em sua recapacitação, prestar conta de sua conduta junto à Sessão relatorial da Dietina, que deve absolutamente ser reestabelecida, e é sobre essa prestação de contas que eles devem ser ou excluídos de qualquer outra nunciatura subsequente ou declarados novamente admissíveis, quando tiverem seguido suas instruções segundo o contento de seus eleitores. Esse exame é de suma importância. Toda atenção dedicada a ele é pouca, e seus efeitos nunca poderiam ser acentuados com suficiente cuidado. É preciso que a cada palavra que o núncio profira na Dieta, a cada procedimento que realize, enxergue-se de antemão perante os olhos de seus eleitores, e que sinta a influência que seu julgamento terá tanto sobre seus projetos de progresso quanto sobre a estima de seus compatriotas, indispensáveis para sua execução. Pois, afinal, não é para que os núncios expressem ali seus sentimentos particulares, mas para que declarem as vontades da nação, enviadas por meio dos núncios à Dieta.[9] Esse freio é absolutamente necessário para mantê-los em seu dever e para prevenir qualquer corrupção, venha ela de onde vier. O que quer que digam a respeito, não vejo nenhum inconveniente nesse constrangimento, porque a Câmara dos Núncios não tendo ou não devendo ter nenhuma participação nas minúcias da administração, nunca terá de lidar com nenhuma matéria imprevista. Além disso, dado que um núncio nada faça de

---

9 Novamente, Rousseau retoma alguns princípios estabelecidos no *Contrato*: os núncios não podem se sobrepor à vontade geral, pois "[...] os deputados do povo não são nem podem ser seus representantes [da Soberania]; são apenas seus comissários, não podem concluir nada em definitivo" (Rousseau, Do contrato social, III, 15, p.602). Ver nota mais acima sobre a deputação.

contrário à expressa vontade de seus eleitores, não o acusariam quando ele opinasse, como um bom cidadão, sobre uma matéria que não teriam previsto e sobre a qual não teriam nenhuma determinação. Acrescento, enfim, que mesmo que houvesse de fato algum inconveniente ao se manter os núncios assim subordinados às suas instruções, não haveria ainda ponto de comparação diante da vantagem imensa da lei ser somente a expressão real das vontades da nação.

Mas, tomadas essas precauções, também nunca deve haver conflito de jurisdição entre a Dieta e as Dietinas, e quando uma lei tiver sido promulgada pelo plenário da Dieta, não concedo a elas nem mesmo o direito de protesto. Que punam seus núncios, que, se for preciso, mandem até mesmo decapitá-los quando prevaricarem; mas que obedeçam plenamente, sempre, sem exceção, sem protesto, que carreguem, como é justo que assim o façam, o fardo de suas más escolhas, com a possibilidade de fazerem na próxima Dieta, se assim acharem apropriado, representações tão efusivas quanto assim lhes aprouver.

Sendo as Dietas frequentes, possuem menos necessidades de serem longas, e seis semanas de duração me parecem muito suficientes para as necessidades comuns do Estado. Mas é contraditório que a autoridade soberana dê a si mesma entraves, sobretudo quando ela se encontra diretamente nas mãos da nação. Que essa duração das Dietas comuns continue a ser fixada em seis semanas, no momento adequado. No entanto, sempre caberá à assembleia prolongar esse termo através de uma deliberação expressa quando os assuntos públicos assim o exijam. Pois, afinal, se a Dieta, que por sua natureza está acima da lei, diz "quero permanecer", quem lhe dirá "não quero que você permaneça"? Há somente um caso em que uma Dieta que desejasse durar dois anos não poderia fazê-lo: quando seus poderes então acabassem e os de uma outra Dieta começassem com o terceiro ano. A Dieta, que pode tudo, pode incontestavelmente prescrever um intervalo mais longo entre as Dietas: mas essa lei somente poderia visar as Dietas subsequentes, e aquela que a promulga não poderia se beneficiar dela. Os princípios a partir dos quais essas regras se deduzem estão estabelecidos no *Contrato social*.[10]

A respeito das Dietas extraordinárias, a boa ordem exige, na verdade, que sejam raras e convocadas unicamente para necessidades urgentes. Quando o rei as julga como tais, admito que é preciso acreditar nele. Mas essas necessidades poderiam existir sem que ele as reconheça. Seria então forçoso que o Senado faça esse julgamento? Em um Estado livre, é preciso prever tudo o que pode atacar a liberdade. Se as Confederações permanecem, podem em certos casos suprir as Dietas extraordinárias; mas, se abolirdes as Confederações, será necessariamente preciso um regulamento para essas Dietas.

Parece-me impossível que a lei possa fixar razoavelmente a duração das Dietas extraordinárias, porque ela depende em absoluto da natureza dos assuntos que fazem com que seja convocada. Comumente, esses assuntos requerem celeridade. Porém, sendo essa celeridade relativa às matérias a serem tratadas, que não estão na ordem dos assuntos correntes, não se pode estatuir sobre isso antecipadamente, e seria possível se encontrar em uma condição tal que seria importante que a Dieta

---

10 De modo geral, os princípios encontram-se disseminados por todo o *Contrato*, mas a passagem concentra algumas noções dispostas em II, 1 ao 4; III, 15 e IV, 2.

permanecesse reunida até que essa condição tivesse mudado, ou então que o intervalo das Dietas comuns derrubasse os poderes da extraordinária.

Para gerenciar o tempo tão precioso nas Dietas, seria preciso dedicar-se a eliminar dessas assembleias as inúteis discussões que só servem para que o tempo seja perdido. Nelas, sem dúvida é necessário não somente regramento e ordem, mas cerimonial e majestade. Gostaria até mesmo que se concedesse um cuidado particular a esse ponto, e que se percebesse, por exemplo, a barbárie e a horrível indecência de ver a pompa das armas profanar o santuário das leis. Poloneses, sois mais guerreiros do que eram os romanos? Pois nunca, nem mesmo nas maiores perturbações atravessadas pela república deles, a visão de um gládio conspurcou os Comícios ou o Senado. Mas gostaria também que nas Dietas, atendo-se às coisas importantes e necessárias, fosse evitado tudo o que pode ser feito igualmente bem alhures. O Rugi, por exemplo, isto é, o escrutínio da legitimidade dos núncios, é um tempo perdido na Dieta: não que esse exame não seja por si só algo importante, mas porque pode ser tão bem realizado ou até mesmo mais bem feito no próprio lugar em que foram eleitos, onde são mais conhecidos e onde enfrentam seus concorrentes. É no próprio Palatinado, é na Dietina que os deputa, que a validade de sua eleição pode ser mais bem constatada e feita em menos tempo, como praticado em relação aos comissários de Radom e os deputados no Tribunal.[11] Isso feito,

---

11 Radom abrigava um Tribunal de Contas de última instância. O tribunal era composto tanto por senadores indicados pela Dieta quanto por comissários eleitos pelas Dietinas. Já o Tribunal era a corte judiciária suprema, que julgava também casos de cassação e prevaricação.

a Dieta deve admiti-los sem discussão com base no Laudum[12] que eles apresentam, e isso não somente para prevenir os obstáculos que podem retardar a eleição do Marechal, mas sobretudo as intrigas através das quais o Senado ou o rei poderiam perturbar as eleições e chicanar os súditos que lhes seriam desagradáveis. O que acaba de ocorrer em Londres é uma lição para os poloneses. Sei bem que esse tal de Wilkes é apenas um encrenqueiro, mas o exemplo de sua rejeição gera um precedente, e a partir de agora só se aceitarão na Câmara dos Comuns súditos que convêm à corte.[13]

Seria necessário começar por dar mais atenção às escolhas dos membros que possuem votos nas Dietinas. Isso permitiria discernir mais facilmente aqueles que são elegíveis por sua nunciatura. O Livro de Ouro de Veneza[14] é um modelo a ser seguido por causa das facilidades que oferece. Seria cômodo e muito fácil manter em cada Grod[15] um registro exato de todos os nobres que tivessem as condições exigidas para ingressar e

---

12 Trata-se de uma certidão de fé pública na qual se declara que o político foi eleito de forma regular.
13 John Wilkes (1727-1797), jornalista e político inglês. Wilkes foi condenado por publicações consideradas obscenas e fugiu para Paris, sendo decretado como fora da lei. Ainda assim, o político conseguiu ser eleito para a Câmara dos Comuns. Todavia, em fevereiro de 1769, o parlamento rejeita a candidatura de Wilkes, declarando-o inelegível e expulsando-o de seu assento. Curiosamente, embora chame-o de "encrenqueiro", Rousseau de certo modo se compara a Wilkes em suas *Cartas escritas da montanha*, redigidas no período em que Rousseau buscava asilo após a condenação do *Contrato* e do *Emílio*. Cf. *Cartas escritas da montanha*, carta IX, p.418.
14 O *Libro d'Oro della Nobiltà Italiana* era um documento no qual eram listados os nobres da República de Veneza.
15 O Grod era uma espécie de cartório.

votar na Dietina. Seriam inscritos no registro de seu distrito uma vez que atingissem a idade exigida pelas leis e seriam cancelados aqueles que devessem ser excluídos a partir do momento em que entrassem nessa categoria, anotando-se os motivos de sua exclusão. Através desses registros, aos quais seria preciso dar uma boa forma de autenticidade, distinguir-se-ia facilmente tanto os membros legítimos das Dietinas quanto os súditos eleitos para a nunciatura, e a duração das discussões seria fortemente abreviada quanto a esse ponto.

Uma melhor polícia[16] nas Dietas e Dietinas seguramente seria algo muito útil. Contudo, nunca seria demais reforçar, não se pode desejar de uma só vez duas coisas contraditórias. A polícia é boa, mas a liberdade vale mais, e quanto mais atrapalhardes a liberdade com formalidades, mais essas formalidades fornecerão meios para a usurpação. Todos os meios que utilizardes para evitar a licenciosidade na ordem legislativa, ainda que bons em si mesmos, serão, cedo ou tarde, empregados para oprimi-la. As longas e inúteis arengas que fazem com que um tempo tão precioso seja perdido representam um grande mal, mas é um mal muito maior que um bom cidadão não ouse falar quando ele tem coisas úteis a dizer. A partir do momento em que nas Dietas somente algumas bocas se abrirem, e que sejam impedidas de falar livremente, elas apenas dirão aquilo que pode agradar aos poderosos.

---

16 A palavra "polícia", conforme aqui empregada, deriva do termo grego que significa *cidade*. Refere-se, nesse contexto, à arte de governar que, garantindo a observação de boas regras de conduta e de convivência, propicia comodidade e tranquilidade à vida de um povo. Com isso, este torna-se mais polido, lapidado em seus costumes, além de afeito às leis: em outras palavras, torna-se um povo *policiado*. Cf. também a nota do tradutor no início do Plano, no *Projeto de constituição para a Córsega*.

Após as mudanças indispensáveis na nomeação dos cargos e na distribuição dos favores dispensados, provavelmente haverá menos arengas inúteis e menos bajulações dirigidas ao rei sob essa forma. Poder-se-ia, no entanto, para podar um pouco os subterfúgios e os anfiguris,[17] obrigar todo arengador a enunciar no começo de seu discurso a proposição que deseja fazer, e, após ter deduzido suas razões, dar suas conclusões sumárias, como fazem os dignitários do rei nos tribunais. Se isso não abreviasse os discursos, ao menos conteria aqueles que somente querem falar para nada dizer e para consumir o tempo fazendo nada.

Não sei bem qual é a forma estabelecida nas Dietas para sancionar as leis. Sei, contudo, que por razões anteriormente ditas essa forma não deve ser a mesma do Parlamento da Grã-Bretanha; que o Senado da Polônia deve ter a autoridade da administração, não da legislação; que em qualquer assunto legislativo os senadores devem votar somente como membros da Dieta, não como membros do Senado; e que os votos devem ser contados por cabeça igualmente em ambas as câmaras. Talvez o uso do *liberum veto* tenha impedido que essa distinção fosse feita, mas ela será muito necessária quando o *liberum veto* for abolido – ainda mais porque isso será uma imensa vantagem, pelo menos na Câmara dos Núncios, pois não suponho que os senadores, e muito menos os ministros, tenham alguma vez participado desse direito. O *veto* dos núncios poloneses representa o dos Tribunos do povo em Roma. Ora, eles não exerciam esse direito como cidadãos, mas como representantes do povo romano. A perda do *liberum veto* apenas incide, portanto, sobre a Câmara dos Núncios, e o

---

17 Anfiguri é um discurso ininteligível ou descosido, feito para não ser compreendido.

corpo do Senado, uma vez que nada perde, consequentemente apenas ganha com isso.

Digo que é um defeito, pois o Senado, sendo um corpo particular no Estado, tem necessariamente interesses de corpo diferentes dos interesses da nação, e que até mesmo, em certos aspectos, podem ser contrários a estes. Ora, a lei, que é somente a expressão da vontade geral, é verdadeiramente o resultado de todos os interesses particulares combinados e balanceados por sua profusão. Mas os interesses de corpo, constituindo um peso muito considerável, romperiam o equilíbrio e não devem aí entrar coletivamente. Cada indivíduo deve ter seu voto, mas nenhum corpo, seja ele qual for, deve tê-lo. Ora, se o Senado tiver um peso excessivo na Dieta, não somente ele impulsionaria o seu interesse nela, mas também o tornaria preponderante.[18]

---

18 Essa conclusão deriva de uma ideia exposta no *Contrato social*: em um mesmo corpo político podem coexistir diferentes associações – partidos, corporações, bancadas legislativas e até mesmo órgãos do governo, dentre outros – que possuem um interesse diferente, e não raro contrário, ao interesse comum, que se refere ao povo. O problema para Rousseau é que cada uma dessas associações pode expressar apenas seus interesses particulares ou "corporativistas", por assim dizer, eliminando a divergência entre seus membros e, consequentemente, isso faz com que os votos tendam a expressar uma só orientação. Do ponto de vista dos princípios do direito político, a vontade é mais geral (isto é, a que universaliza – para utilizarmos um termo encontrado no *Manuscrito de Genebra* – o interesse comum em um corpo político) quanto maior for o número de votos e de diferenças. "É importante", diz Rousseau, "que não haja sociedade parcial dentro do Estado, e que cada cidadão opine apenas de acordo consigo mesmo" (Rousseau, Do contrato social, II, 3, p.535). Além disso, esse trecho das *Considerações* reforça um ponto importante do *Contrato social*: a vontade geral absolutamente não aniquila os interesses particulares; muito pelo contrário, ela não pode prescindir deles para que possa surgir e ser expressa. Afinal, é somente

Um remédio natural para esse defeito revela-se por si mesmo: trata-se de aumentar o número de núncios. Mas temeria que isso apenas ocasionasse demasiada agitação no Estado e se aproximasse excessivamente do tumulto democrático.[19] Se fosse preciso absolutamente mudar a proporção, no lugar de aumentar o número de núncios eu preferiria diminuir o número de senadores. E, no fundo, não vejo muito o porquê, já havendo um palatino no comando de cada província, seria ainda necessário haver grandes castelões.[20] Mas nunca percamos de vista a importante máxima de nada mudar sem que haja necessidade, nem para subtrair nem para acrescentar.

É melhor, na minha opinião, ter um Conselho menos numeroso e dar mais liberdade àqueles que o compõem do que aumentar seu número e perturbar a liberdade nas deliberações, como sempre se é forçado a fazer quando esse número se torna muito grande. Ao que eu acrescentaria, se for permitido prever o bem assim como se prevê o mal, que é preciso evitar tornar a Dieta tão numerosa quanto ela possa ser, a fim de não se privarem do meio de algum dia admitir novos deputados nela

---

   após a profusão da manifestação dos interesses particulares, e quando contada a "soma das pequenas diferenças" (Ibid.) que resta entre eles, que emerge o interesse comum, objeto da vontade geral.
19 Lendo a passagem em contexto com os parágrafos anteriores, Rousseau parece referir-se a um recurso retórico: a *thorybos* (tumulto) pode ser interpretada como uma gritaria, vozerio ou método de interrupção praticada por retores, políticos ou pela própria população que, nas assembleias e julgamentos da Grécia antiga, incitavam o *dêmos* ao tumulto e exaltavam os ânimos.
20 Os castelões são originalmente a autoridade responsável pela guarda e manutenção de um castelo ou fortaleza. Na Polônia, governavam cidades ou regiões chamadas de castelanias.

sem criar confusão, caso algum dia alcancem o enobrecimento de cidades e a libertação dos servos, como é de se desejar para a força e a felicidade da nação.

Busquemos, pois, um meio de remediar esse defeito de uma outra maneira e com a menor alteração possível.

Todos os senadores são nomeados pelo rei e, consequentemente, são seus protegidos. Ademais, são nomeados vitaliciamente e, por conta disso, formam um corpo independente tanto do rei quanto da Ordem Equestre que, como já disse, tem seu interesse à parte e deve tender à usurpação. E não devem aqui me acusar de contradição, pois admito o Senado como um corpo distinto na República, ainda que não o admita como uma ordem componente da República. Afinal, há muita diferença nisso.[21]

Primeiramente, é preciso privar o rei da nomeação do Senado, não tanto por conta do poder que por meio disso ele conserva sobre os senadores, e que pode não ser grande, mas por causa do poder que ele tem sobre todos aqueles que aspiram a sê-lo, e, através deles, sobre o corpo inteiro da nação. Além do efeito dessa mudança na constituição, disso resultará o inestimável benefício de arrefecer o espírito cortesão entre a nobreza e de substituí-lo pelo espírito patriótico. Não vejo nenhum inconveniente dos senadores serem nomeados pela Dieta, e vejo diversos benefícios muito evidentes para que seja necessário detalhá-los. Essa nomeação pode ser feita de uma só vez na Dieta ou primeiramente nas Dietinas, pela apresentação de um certo número de súditos para cada lugar vago em seus

---

21 A República é, para Rousseau, o corpo político indivisível regido por leis, no qual o interesse público governa. Cf. nota anterior sobre as associações.

respectivos palatinados. A Dieta escolheria ou então elegeria um número reduzido no meio desses eleitos, dentre os quais se poderia ainda deixar ao rei o direito de escolher. Mas, para ir diretamente ao recurso mais simples, por que não deveria cada Palatino ser eleito definitivamente na Dietina de sua província? Que inconveniente emergiu dessa eleição para os palatinos de Polock, de Vitebsk e para o estaroste de Samogícia,[22] e que mal haveria caso o privilégio dessas três províncias se tornasse um direito comum para todos? Não percamos de vista o quão importante é para a Polônia voltar sua constituição para a forma federativa, para afastar-se, o tanto quanto possível, dos males ligados ao tamanho, ou melhor, à extensão do Estado.

Em segundo lugar, se fizerdes com que os senadores não mais sejam vitalícios, fareis com que o interesse de corpo que tende à usurpação seja consideravelmente enfraquecido. Mas essa operação tem suas dificuldades. Primeiramente, porque é duro para homens acostumados a lidar com assuntos públicos verem-se subitamente reduzidos à condição privada sem terem incorrido em demérito. Segundo, porque os assentos dos senadores associam-se aos títulos de palatinos e de castelães e à autoridade local a estes vinculada, e a passagem constante desses títulos e dessa autoridade de um indivíduo para outro resultariam em desordem e descontentamentos. Enfim, essa amovibilidade não poderia se estender aos bispos, e não deve se estender aos

---

[22] Polock e Vitebsk eram divisões administrativas. O estaroste era um fidalgo, oficial do rei, que governava a estarostia, uma espécie de feudo. No caso do estaroste da Samogícia, este tinha um estatuto semelhante ao dos palatinos e possuía um assento no Senado. Nos três cargos, os nomes eram indicados pelo rei, mas passavam por assembleias e pelas Dietinas para serem aprovados.

ministros, cujos assentos, que exigem talentos específicos, nem sempre são fáceis de serem preenchidos. Se somente os bispos forem vitalícios, a autoridade do clérigo, já muito grande, aumentaria consideravelmente, e é importante que essa autoridade seja equilibrada por senadores vitalícios assim como os bispos, que não tenham, como estes, o medo de serem removidos.

Eis o que eu imaginaria para remediar a esses diversos inconvenientes. Gostaria que os assentos dos senadores do primeiro escalão continuassem a ser vitalícios. Isso totalizaria, contando, além dos bispos e dos palatinos, todos os castelões de primeiro escalão, oitenta e nove senadores inamovíveis.

Quanto aos castelões do segundo escalão, gostaria que fossem todos temporários, seja por dois anos, fazendo a cada Dieta uma nova eleição, seja por um tempo maior, se assim se julgar adequado. Sempre, contudo, deixando o assento a cada mandato, exceto se novamente eleitos aqueles que a Dieta desejar que continuem, o que eu somente permitiria um certo número de vezes, conforme o projeto apresentado mais adiante.

Os títulos seriam um obstáculo débil, porque esses títulos, quase não outorgando outra função senão a de ter assento no Senado, poderiam ser extintos sem causar inconveniente, e porque ao invés do título de castelões assentados eles poderiam simplesmente carregar o de senadores deputados. Uma vez que pela reforma o Senado, revestido com o poder executivo, teria um determinado número de seus membros constantemente reunidos, um número proporcional de senadores deputados seria igualmente requerido para participar dessas reuniões alternadamente. Mas não cabe aqui entrar nesses tipos de detalhes.

Através dessa mudança quase imperceptível, esses castelões ou senadores deputados realmente tornar-se-iam assim representantes da Dieta que fariam contrapeso ao corpo do Senado e reforçariam a Ordem Equestre nas assembleias da nação. De modo que os Senadores vitalícios, embora tornados mais poderosos tanto pela abolição do *veto* quanto pela diminuição do poder real e dos ministros, poder que foi parcialmente amalgamado pelo corpo senatorial, não poderiam, no entanto, dominar o espírito desse corpo; e o Senado, assim repartido meio a meio entre membros temporários e vitalícios, seria constituído da melhor maneira possível para estabelecer um poder intermediário entre a Câmara dos Núncios e o rei, tendo simultaneamente solidez suficiente para regulamentar a administração e dependência o bastante para estar submetido às leis. Essa operação me parece boa, pois é simples e, no entanto, de grande efeito.

[Não me detenho aqui na maneira de recolher os votos. Não é difícil regulamentá-la em uma assembleia composta por aproximadamente trezentos membros. Consegue-se fazê-lo em Londres, em um Parlamento muito mais numeroso; em Genebra, onde o Conselho Geral é mais numeroso ainda e onde a desconfiança impera; e mesmo em Veneza, no Grande Conselho composto de cerca de duzentos nobres, onde o vício e a falcatrua reinam. De resto, já discuti essa matéria no *Contrato social*, e quem quiser levar minha impressão em conta, é ali que irá encontrá-la.][23]

---

23 Esse parágrafo, presente no manuscrito, não se encontra em todas as edições e é reproduzido apenas em nota no volume da Pléiade, comentado por Jean Fabre. Apesar de Fabre possuir certa dose de razão ao dizer que o trecho se tornou "caduco" devido às reflexões apresentadas no final desse capítulo das *Considerações*, a passagem oferece tanto uma ilustração sobre a maneira pela qual o filósofo compunha seus textos quanto oferece persistentes exemplos – Inglaterra, Genebra e Veneza – que

Para moderar os abusos do *veto*, propõe-se que os votos do núncio não sejam mais contados por cabeça, mas sim por Palatinados. Essa mudança somente poderia ser adotada após muita reflexão, ainda que tenha suas vantagens e que seja favorável à forma federativa. Os votos recolhidos em massa e coletivamente sempre se dirigem menos diretamente ao interesse comum do que aqueles recolhidos segregativamente, tomados individualmente. Entre os núncios de um Palatinado, frequentemente ocorrerá que um dentre eles, em suas deliberações particulares, terá ascendência sobre os outros e compelirá a maioria a acatar sua opinião, o que não ocorreria se cada voto permanecesse independente. Assim, os corruptores terão menos trabalho a fazer e saberão melhor a quem devem se dirigir. Ademais, é preferível que cada núncio responda por si mesmo à sua Dietina, a fim de que ninguém aponte o outro como desculpa, de que o inocente e o culpado não sejam confundidos e de que a justiça distributiva seja mais bem observada. Muitas razões se apresentam contra essa forma que afrouxaria o laço comum e que a cada Dieta poderia fazer com que o Estado corresse o risco de se dividir. Ao tornar os núncios mais dependentes de suas instruções e de seus constituintes, ganha-se mais ou menos a mesma vantagem, mas sem nenhum inconveniente. Isso supõe, é verdade, que os sufrágios não se realizem por escrutínio, mas que sejam ditos em alto e bom tom, a fim de que a conduta e a opinião de cada núncio na Dieta sejam conhecidas, e que ele responda por elas pessoalmente, em seu próprio nome. Mas sendo

---

reaparecem por diversas vezes (sempre de maneira espinhosa) na obra de Rousseau, sobretudo quando este pensava em termos de representação e votos nas casas parlamentares.

essa matéria dos sufrágios uma daquelas que discuti com mais cuidado no *Contrato social*, é supérfluo repetir-me aqui.[24]

Quanto às eleições, talvez se encontrem alguns embaraços para nomear tantos senadores deputados de uma só vez a cada Dieta e, em geral, nas eleições de um grande número dentre um número ainda maior, como por vezes se repetirá no projeto que tenho a propor. Contudo, ao se recorrer, quanto a esse ponto, ao escrutínio, afastaremos facilmente esse embaraço por meio de cartões impressos e numerados a serem distribuídos aos eleitores na véspera da eleição, e que conteriam os nomes de todos os candidatos que participariam da eleição. No dia seguinte os eleitores fariam uma fila para colocar seus cartões em um cesto, após terem marcado, cada qual no seu papel, aqueles candidatos que elege e aqueles que exclui, segundo a instrução contida no topo do cartão. A contagem de cada um desses cartões seria em seguida feita na presença da assembleia constituída pelo secretário da Dieta, assistido por dois outros secretários *ad actum* nomeados na hora pelo Marechal, escolhidos dentre o número de núncios presentes. Por esse método, a operação tornar-se-ia tão curta e tão simples que, sem discussões e sem ruído, o Senado inteiro seria facilmente preenchido em uma sessão. É verdade que seria necessária uma regra para determinar a lista dos candidatos. Esse ponto, porém, será tratado em seu lugar adequado, e não será esquecido.

Resta falar do rei, que preside a Dieta, e que deve ser, por sua posição, o supremo administrador das leis.

---

24 *Contrato social*, IV, 2 e 4.

VIII. Do rei

É um grande mal que o chefe de uma nação seja o inimigo da liberdade da qual deveria ser o defensor. Esse mal, a meu ver, não é a tal ponto inerente a esse cargo que não possa ser separado dele ou ao menos ser consideravelmente reduzido. Não há tentação sem esperança. Tornai a usurpação impossível para vossos reis e tereis impedido que fantasiem com isso; e eles consagrarão, para bem governá-los e para defendê-los, todos os esforços que atualmente dedicam para subjugá-los. Os instituidores da Polônia, como observou o conde Wielhorski, refletiram bastante sobre privar os reis dos meios de praticarem malefícios, mas não sobre os de corromper, e os favores dispensados, dos quais eles são os concessores, oferecem-lhes esse meio em abundância. A dificuldade encontra-se no fato de que lhes privar dessa concessão pareceria privar-lhes de tudo: no entanto, isso é tudo o que não se deve fazer. Afinal, isso seria equivalente a não ter nenhum, e creio ser impossível para um Estado tão grande como a Polônia prescindir de um, isto é, de um chefe supremo vitalício. Ora, a menos que o chefe de uma nação seja completamente nulo, e, por conseguinte, inútil, é extremamente necessário que ele possa fazer alguma coisa, e por pouco que faça, é absolutamente necessário que aja bem ou aja mal.

Atualmente o Senado inteiro é nomeado pelo rei: isso é excessivo. Se ele não tiver participação nenhuma nessa nomeação, isso não é o bastante. Ainda que o Pariato da Inglaterra seja também nomeado pelo rei, é bem menos dependente, porque esse Pariato, uma vez dado, é hereditário, ao passo que sendo os bispados, palatinados e castelanias, somente vitalícios, com a morte de cada titular eles retornam para a nomeação do rei.

Disse como me parece que essa nomeação deveria ser realizada, a saber, os palatinos e grandes castelães vitaliciamente por suas respectivas Dietinas, e os castelães do segundo escalão por prazo determinado e através da Dieta. A respeito dos bispos, parece-me difícil privar o rei de sua nomeação, a não ser que sejam eleitos por seus capítulos,[1] e creio que podemos deixá-la a seu encargo, com exceção, não obstante, da nomeação do Arcebispo de Gniezno,[2] que pertence naturalmente à Dieta, a não ser que o arcebispado seja separado do Primado, do qual somente a Dieta pode dispor. Quanto aos ministros, sobretudo os grandes generais e grandes tesoureiros, ainda que seu poder, fazendo contraponto ao poder do rei, deva ser diminuído proporcionalmente ao deste, não me parece prudente deixar ao rei o direito de preencher esses cargos com seus protegidos, e gostaria que ao menos ele pudesse apenas escolher dentre um

---

1 O *capítulo* é uma assembleia eclesiástica que delibera sobre questões e assuntos comuns aos clérigos e à comunidade na qual se encontram inseridos.

2 O arcebispo de Gniezno era o primado da Polônia, agindo como *interrex* (aquele que governa nos períodos de interregno entre um rei e outro) e tendo como função coroar os monarcas.

pequeno de súditos apresentados pela Dieta. Admito que, não mais podendo tirar esses cargos após terem sido distribuídos, ele absolutamente não pode mais contar com aqueles que os ocuparam. Mas o poder que esses cargos lhe dão sobre os aspirantes é suficiente, senão para colocá-lo em condições de mudar a cara do governo, ao menos para lhes dar esperança, e é sobretudo essa esperança que a todo custo deve ser-lhe retirada.

Quanto ao Grande Chanceler, a nomeação, assim me parece, deve pertencer à realeza. Os reis são os juízes natos de seus povos. É para essa função, ainda que todos a tenham abandonado, que foram estabelecidos: não podem ser privados dela e, quando não quiserem ocupá-la, a nomeação de seus substitutos faz parte de seu direito, porque cabe sempre a eles responderem por julgamentos feitos em seu nome. A nação pode, é verdade, dar-lhes assessores, e assim deve proceder quando eles próprios não julgarem. Assim, o tribunal da Coroa, onde não é o rei que preside, mas o grande Chanceler, encontra-se sob inspeção da nação, e é com razão que as Dietinas nomeiam seus outros membros. Se o rei julgasse pessoalmente, considero que teria o direito de julgar monocraticamente. Em todo caso, seu interesse seria sempre o de ser justo, e nunca julgamentos iníquos foram um bom caminho para se chegar à usurpação.

A respeito das outras dignidades, tanto da Coroa quanto dos Palatinados, que são apenas títulos honoríficos e dão mais pompa do que crédito, não se pode fazer nada melhor do que as deixar à plena disposição: que ele possa honrar o mérito e adular a vaidade, mas que não possa conferir poder.

A majestade do trono deve ser mantida com esplendor, mas é importante que, de toda despesa necessária para essa finalidade, o mínimo possível seja deixado para o rei. Seria desejável que todos os oficiais do rei fossem mantidos à custa da República, e não do monarca, e que todas as receitas reais fossem reduzidas na mesma relação, a fim de diminuir o tanto quanto possível o manejo do dinheiro pelas mãos do rei.

Propuseram que a Coroa fosse hereditária. Tenham certeza de que no momento em que essa lei for implementada, a Polônia pode para sempre dizer adeus à sua liberdade. Considera-se que, ao se limitar a autoridade real, a liberdade está suficientemente favorecida. Não se vê que, com o passar do tempo, esses limites colocados pelas leis serão transgredidos por usurpações graduais, e que um sistema adotado e seguido sem interrupção por uma família real deve, no longo prazo, sobrepujar uma legislação que por sua natureza tende incessantemente ao afrouxamento. Se o rei não pode corromper os grandes utilizando favores, pode sempre corrompê-los por promessas cujos sucessores são fiadores, e como os planos formados pela família real se perpetuam com ela, ter-se-á muito mais confiança em seus compromissos e contar-se-á muito mais sobre o cumprimento destes, ao passo que a coroa eletiva mostra que os projetos do monarca acabam junto com a sua vida. A Polônia é livre porque cada reinado é precedido por um intervalo onde a nação, reganhando todos os seus direitos e retomando um novo vigor, corta o progresso dos abusos e das usurpações, onde a legislação se reconstitui e retoma seu primeiro impulso. O que se tornarão os *pacta conventa*, a égide da Polônia, quando uma família estabelecida perpetuamente no trono ocupá-lo sem intervalo, deixando à nação, entre a morte do pai e o coroamento do filho, somente uma inútil nesga de liberdade sem efeito, que logo será destruída pela dissimulação do juramento feito por todos os reis em sua consagração, para sempre esquecido por todos no instante seguinte? Vistes a Dinamarca, vedes a Inglaterra e vereis a Suécia.[3] Aproveitai esses exemplos para aprender de uma vez por todas que, sejam quais forem as precauções que possam acumular, hereditariedade no trono e liberdade na nação sempre serão coisas incompatíveis.

Os poloneses sempre tiveram uma inclinação para transmitir a Coroa do pai ao filho ou aos mais próximos pela via hereditária, ainda que sempre pelo direito de eleição. Essa inclinação, caso continuem a segui-la, cedo ou tarde conduzirá ao infortúnio de tornar a coroa hereditária, e não se deve esperar que eles lutem por tanto tempo contra o poder real dessa maneira tal como lutaram os membros do Império Germânico contra o Imperador, porque a Polônia absolutamente não possui em si mesma contrapeso suficiente para manter um rei hereditário na subordinação legal. Malgrado o poder de muitos membros do Império, sem a eleição acidental de Carlos VII as capitulações imperiais já não seriam senão um conjunto de fórmulas inúteis,[4] como eram no começo desse século; e os *pacta conventa*

---

3 O trecho faz menção a Cristiano VII (1749-1808), rei da Dinamarca e Noruega, que sucedeu seu pai, o monarca Frederico V. Sofrendo de distúrbios mentais, Cristiano VII teve um reinado marcado por disputas internas de poder entre seus conselheiros. Quanto à referência da Inglaterra, vide tanto o caso Wilkes mencionado no capítulo VII quanto o reinado de Jorge III (1738-1820), marcado por conflitos. Finalmente, Gustavo III (1746-1792), rei da Suécia, vinha dando sinais de que daria um golpe de Estado, consumado em 1772.

4 As capitulações imperiais são um conjunto de regras que o Imperador da Alemanha deveria jurar obedecer quando de sua eleição ao trono. Rousseau refere-se a Carlos VI (1685-1740). Com a morte de seu irmão José I (1678-1711), Carlos VI assume o trono. Contudo, a falta de descendentes homens e a disputa pelos domínios dos Habsburgos (consubstanciada na Pragmática Sanção de 1713) acabaram

tornar-se-iam mais inúteis ainda no momento em que a família real tiver alcançado o tempo para se consolidar e para colocar todas as outras abaixo dela. Para dizer em poucas palavras minha impressão sobre esse ponto, penso que uma Coroa eletiva com o mais absoluto dos poderes ainda assim seria melhor para a Polônia do que uma Coroa hereditária com um poder quase nulo.

No lugar dessa lei fatal que tornaria a Coroa hereditária, eu proporia uma bem contrária a ela, que, caso fosse admitida, manteria a liberdade da Polônia. Seria ordenar, por uma lei fundamental, que nunca a Coroa passasse do pai para o filho, e que qualquer filho de um rei da Polônia seria para sempre excluído do trono. Digo que proporia essa lei se ela fosse necessária. Mas, ocupado com um projeto que produziria o mesmo efeito sem ela, guardo a explicação desse projeto para um momento adequado, e supondo que por seu efeito os filhos serão excluídos, pelo menos de modo imediato, do trono de seu pai, parece-me que a liberdade bem assegurada não será a única vantagem que resultará dessa exclusão. Disso nascerá uma outra vantagem ainda mais considerável: a de que ao tirar dos reis toda esperança de usurpação e de transmitir aos seus filhos um poder arbitrário, a única via que restará aberta para a sua ambição é a de dedicarem todas suas ações para a glória e para a prosperidade do Estado. É assim que o chefe da nação se tornará não mais um inimigo nato, mas o primeiro dos cidadãos. É assim que fará sua grande ocupação ilustrar seu reinado por estabelecimentos úteis

---

levando o monarca a fazer diversas concessões. Já Carlos VII (1697-1745), casado com a sobrinha de Carlos VI, foi príncipe do Eleitorado da Baviera e posteriormente Imperador do Sacro Império Romano-Germânico, o primeiro em três séculos a interromper, via linha direta à sucessão, a dinastia dos Habsburgo.

que o tornem estimado ao seu povo, respeitável aos seus vizinhos, fazendo com que sua memória seja bendita depois dele; e é assim que, livre dos meios para prejudicar e para seduzir que nunca devem ser deixados a ele, convirá aumentar seu poder em tudo aquilo que pode contribuir para o bem público. Ele terá pouca força imediata e direta para agir por si mesmo, mas terá muita autoridade, de vigilância e de inspeção, para conter cada um em seu dever e dirigir o governo rumo à sua verdadeira finalidade. A presidência da Dieta, do Senado e de todos os corpos; um rigoroso exame da conduta de todas as pessoas que ocupam cargos; um grande cuidado para manter a justiça e a integridade em todos os tribunais, para conservar a ordem e a tranquilidade no interior do Estado e para lhe assegurar uma posição equilibrada externamente; o comando dos exércitos em tempos de guerra e os estabelecimentos úteis em tempos de paz: todos esses são deveres que se ligam particularmente ao seu ofício de rei, e que o ocuparão o bastante caso ele mesmo queira cumpri-los. Pois, uma vez que os detalhes da administração são confiados a ministros designados para isso, deveria ser um crime que o rei da Polônia confiasse qualquer parte de suas funções aos seus favoritos. Que exerça pessoalmente o seu ofício ou que renuncie a ele. Eis um ponto importante sobre o qual a nação nunca deve ficar desatenta.

É preciso que o equilíbrio e a ponderação dos poderes que compõem a legislação e a administração sejam estabelecidos sobre semelhantes princípios. Esses poderes, nas mãos de seus depositários e na melhor proporção possível, devem estar em razão direta ao seu número e inversamente proporcional ao tempo em que permanecem no cargo. As partes componentes da Dieta deverão observar estritamente essa relação. A Câmara dos

Núncios, a mais numerosa, será também a mais poderosa, mas todos seus membros mudarão frequentemente. O Senado, menos numeroso, terá uma participação menor na legislação, mas uma participação maior no poder Executivo, e seus membros, participando da constituição nos dois extremos, serão em parte temporários e em parte vitalícios, como convém a um corpo intermediário. O rei, que preside o todo, continuará a sê-lo vitaliciamente, e seu contínuo grande poder em relação à inspeção será limitado pela Câmara dos Núncios quanto à legislação e pelo Senado quanto à administração. Mas para manter a igualdade, princípio da constituição, nada nela deve ser hereditário, com exceção da nobreza. Se a Coroa fosse hereditária, para conservar o equilíbrio seria necessário que o Pariato ou a Ordem Senatorial também o fosse, como na Inglaterra. Então, rebaixada, a Ordem Equestre perderia seu poder, uma vez que a Câmara dos Núncios não tem, como a Câmara dos Comuns, o poder de todos os anos abrir e fechar o Tesouro Público, e a constituição polonesa seria desmontada da cabeça aos pés.

IX. Causas particulares da anarquia

A Dieta, assim bem proporcionada e bem ponderada em todas as suas partes, será a fonte de uma boa legislação e de um bom governo. Mas, para isso, é preciso que suas ordens sejam respeitadas e seguidas. O desprezo das leis e a anarquia até aqui vivida pela Polônia possuem causas facilmente verificáveis. Destaquei anteriormente a principal delas, e indiquei seu remédio. As outras causas concorrentes são: 1ª o *liberum veto*; 2ª as confederações; 3ª e o abuso, cometido por particulares, do direito que possuem de ter homens armados ao seu dispor.

Esse último abuso é tamanho que, se não iniciarmos pela sua supressão, todas as outras reformas serão inúteis. Enquanto os particulares tiverem o poder de resistir à força executiva, acreditarão ter o direito de fazê-lo; e enquanto travarem entre si pequenas guerras, como seria possível desejar que o Estado fique em paz? Admito que as praças-fortes têm necessidade de guardas. Mas por que seriam necessárias praças que são fortes somente contra os cidadãos e fracas contra o inimigo? Temo que essa reforma enfrente dificuldades. No entanto, considero que não seja impossível superá-las, e por menos razoável que seja um cidadão poderoso, ele consentirá sem pesar em não mais ter homens armados a partir do momento em que nenhum outro tiver.

Planejo falar mais adiante sobre os estabelecimentos militares. Assim, adiarei para aquele capítulo o que teria a dizer aqui.

O *liberum veto* não é um direito vicioso em si mesmo, mas tão logo ultrapasse seu limite torna-se o mais perigoso dos abusos: ele era o fiador da liberdade pública, agora é somente o instrumento da opressão. Para eliminar esse abuso funesto, resta somente destruir imediatamente a sua causa. Mas é característico do coração humano se apegar mais aos privilégios individuais do que às vantagens mais amplas e mais gerais. Somente um patriotismo esclarecido pela experiência pode ensinar a sacrificar, em prol dos bens maiores, um esplêndido direito que se tornou pernicioso por seu abuso, e do qual esse abuso é doravante inseparável. Todos os poloneses devem sentir vivamente os males que esse infeliz direito os fez sofrer. Se amam a ordem e a paz, não possuirão nenhum outro meio para estabelecer entre si nenhuma destas duas enquanto tolerarem que esse direito subsista. Trata-se de um direito bom quando o corpo político se forma ou quando se encontra no auge de sua perfeição, mas absurdo e funesto na medida em que mudanças ainda precisam ser feitas – e é impossível que não haja sempre mudanças a se fazer, sobretudo em um Estado circundado de vizinhos poderosos e ambiciosos.

O *liberum veto* seria menos insensato se incidisse unicamente sobre os pontos fundamentais da constituição. Contudo, que ele seja empregado em todas as deliberações da Dieta é algo que não se pode admitir de nenhuma forma. É um vício na constituição polonesa que a legislação e a administração não sejam nela suficientemente distinguidas, e que a Dieta, exercendo o poder legislativo, misture nisso partes da administração, e realize indiferentemente atos de soberania e de governo, frequentemente até mesmo atos mistos pelos quais seus membros são simultaneamente magistrados e legisladores.

As mudanças propostas tendem a distinguir com mais clareza esses dois poderes, e, por isso mesmo, a melhor definir os limites do *liberum veto*. Afinal, creio que jamais alguém tenha concebido estendê-lo às matérias de pura administração, o que seria aniquilar a autoridade civil e o governo como um todo.

Pelo direito natural das sociedades, a unanimidade foi exigida para a formação do corpo político e para as leis fundamentais que se vinculam à sua existência,[1] tais como, por exemplo, a primeira, a segunda, a nona e a décima-primeira emendas anotadas na Pseudo-Dieta de 1768. Ora, a unanimidade exigida para o estabelecimento dessas leis deve ser igualmente requerida para sua ab-rogação. Assim, eis os pontos sobre os quais o *liberum veto* pode continuar a subsistir, e porque não se trata de destruí-lo totalmente, os poloneses, que sem muita queixa viram esse direito ser limitado pela Dieta ilegal de 1768, deverão sem dificuldades vê-lo reduzido e limitado em uma Dieta mais livre e mais legítima.

Os pontos capitais a serem estabelecidos como leis fundamentais devem ser bem sopesados e meditados, e sobre esses pontos incidirá somente a força do *liberum veto*. Dessa maneira, a constituição tornar-se-á sólida e essas leis tão irrevogáveis quanto podem ser. Afinal, é contra a natureza do corpo político impor a si mesmo leis que não possa revogar, mas não é nem contra a natureza nem contra a razão que ele possa revogar essas

---

[1] Cf. *Contrato social*, I, 5 e IV, 2.

leis com a mesma solenidade que empregou para estabelecê-las. Eis o único grilhão que o corpo político pode dar a si mesmo para o futuro.[2] Isso é suficiente para consolidar a Constituição e para satisfazer o amor dos poloneses pelo *liberum veto*, sem mais adiante se expor aos abusos que ele gerou.

Quanto a essas profusões de artigos que foram ridiculamente inseridos entre as leis fundamentais, e que constituem meramente o corpo da legislação, assim como todos aqueles que são classificados sob o título de matérias do Estado, estão sujeitas, pela vicissitude das coisas, a variações indispensáveis que não admitem, para elas, a exigência da unanimidade. É ainda absurdo, seja qual for a circunstância, que um membro da Dieta possa interromper sua atividade, e que a saída ou o protesto de um ou de muitos núncios possa dissolver a assembleia e assim cassar a autoridade soberana. Deve-se abolir esse direito bárbaro e cominar a pena capital contra qualquer pessoa que se sinta disposta a praticá-lo. Se houvesse casos de protesto contra a Dieta, o que não poderia acontecer enquanto ela for livre e íntegra, esse direito poderia ser conferido às Dietinas e aos Palatinados, mas nunca aos Núncios, que, como membros da Dieta, não devem ter sobre ela nenhum grau de autoridade nem recusar suas decisões.

Entre o *veto*, que é a maior força individual atribuída aos membros do poder soberano e que somente deve ser aplicado às leis verdadeiramente fundamentais, e a maioria, que é a menor força e que se refere às matérias de mera administração, há diferentes proposições sobre as quais se pode determinar a preponderância de opiniões em razão da importância das matérias. Por exemplo, quando se tratar de legislação, pode-se exigir ao

---

2 Formulação semelhante àquela encontrada em *Contrato social*, I, 7.

menos três quartos dos sufrágios; dois terços para as matérias de Estado; a maioria somente para as eleições e outros assuntos correntes e momentâneos. Isso é somente um exemplo para explicar minha ideia, e não uma proporção por mim determinada.

Em um Estado tal como a Polônia, onde as almas ainda possuem um grande elã, talvez esse belo direito do *liberum veto* pudesse ter sido conservado em sua integralidade sem muito risco, e talvez até mesmo com benefícios, desde que tivessem tornado o exercício desse direito algo perigoso e que tivessem vinculado a ele pesadas consequências para quem se dispusesse a exercê-lo. Afinal, ouso afirmar ser extravagante que aquele que assim interrompe a atividade da Dieta e deixa o Estado sem recursos retorne para casa para gozar tranquilamente e impunemente da desolação pública que causou.

Portanto, se em uma resolução quase unânime um só opositor conservasse o direito de anulá-la, gostaria que defendesse sua oposição ao preço de sua cabeça, não somente diante de seus constituintes na Dietina pós-comicial, mas, em seguida, diante da nação inteira, contra a qual ele causou o mal-estar. Gostaria que fosse ordenado pela lei que, seis meses após sua oposição, ele fosse julgado solenemente por um tribunal extraordinário estabelecido unicamente para esse propósito, composto por todos que compõem o que a nação tem de mais sábio, mais ilustre e mais respeitável, e que não poderia simplesmente liberá-lo com a absolvição, mas que seria obrigado ou a condená-lo à morte, sem que fosse concedida nenhuma graça, ou a conceder-lhe uma recompensa e honras públicas vitalícias, sem poder jamais optar entre algum meio-termo entre essas duas alternativas.

Estabelecimentos dessa espécie, tão favoráveis para fortificar a coragem e o amor pela liberdade, são demasiado distantes do espírito moderno para que se possa esperar que sejam adotados ou apreciados, mas não eram desconhecidos dos antigos e foi por meio deles que seus instituidores souberam elevar as almas e, quando necessário, a inflamá-las com um zelo verdadeiramente heroico. Nas repúblicas onde reinavam leis mais rigorosas ainda, encontravam-se cidadãos generosos que, quando a pátria se encontrasse em perigo, arriscavam-se à morte para expor uma opinião que pudesse salvá-la. Um *veto* acompanhado pelo mesmo perigo pode ocasionalmente salvar o Estado, e nunca ocasionará um grande receio.

Ousarei falar aqui das confederações e não seguir a opinião dos sábios?[3] Eles enxergam somente o mal que elas fazem; seria preciso também ver aquele que elas impedem. É incontestável que a Confederação seja um estado violento na República, mas há males extremos que tornam os remédios violentos necessários, e os quais é preciso tentar curar a qualquer preço. A Confederação é, na Polônia, aquilo que a Ditadura era entre os romanos:[4] ambas silenciam as leis durante um perigo urgente, mas com a grande diferença que a Ditadura, diretamente contrária à legislação romana e ao espírito do governo, terminou

---

[3] Rousseau refere-se a Gabriel Bonnot de Mably, o abade de Mably (1709-1785), autor de um tratado chamado *Do governo e das leis da Polônia, para o sr. conde Wielhorski*, escrito no começo da década de 1770, mas que somente foi publicado em 1789. O manuscrito do abade fora enviado para Rousseau por intermédio do conde. Mais tarde, Mably, que seria um dos primeiros leitores do manuscrito das *Considerações sobre o governo da Polônia* (o que feria o acordo de segredo sobre o texto), faz objeções e mudanças no texto, encontradas em um manuscrito intitulado *Observações sobre o governo da Polônia*.

[4] No *Contrato social*, IV, 6, Rousseau apresenta uma reflexão sobre o instituto da Ditadura entre os romanos.

por destruí-la, enquanto as Confederações, ao contrário, sendo somente um meio de consolidar e restabelecer a constituição comprometida por grandes esforços, podem tensionar e reforçar a mola frouxa do Estado sem nunca poder quebrá-la. Essa forma federativa, que em sua origem talvez tenha tido uma causa fortuita, parece-me ser uma obra-prima da política. Em todo lugar onde a liberdade reina, ela é incessantemente atacada e muito frequentemente está sob perigo. Qualquer Estado livre onde as grandes crises não foram previstas encontra-se, a cada tormenta, sob o risco de perecer. Somente os poloneses souberam extrair dessas próprias crises um novo meio de manter a Constituição. Sem as Confederações, há muito tempo a República da Polônia não mais existiria, e receio bastante que, caso se tome a decisão de aboli-las, não dure muito tempo após elas. Vede aquilo que acaba de acontecer. Sem as Confederações, o Estado estava subjugado; a liberdade estava para sempre aniquilada. Quereis eliminar da República o expediente que acaba de salvá-la?

E que não se pense que, quando o *liberum veto* for abolido e a maioria restabelecida, as confederações se tornarão inúteis, como se toda sua vantagem consistisse nessa maioria. Não se trata da mesma coisa. Unido às confederações, o poder executivo sempre dará a elas, em épocas de necessidades extremas, um vigor, uma atividade, uma celeridade que a Dieta não pode ter, uma vez que é forçada a caminhar a passos lentos, com mais formalidades, não podendo fazer nem um único movimento irregular sem derrubar a constituição.

Não: as Confederações são a proteção, o asilo, o santuário dessa constituição. Enquanto aquelas subsistirem, parece-me impossível que esta se destrua. É necessário mantê-las, mas é preciso regulamentá-las. Se todos os abusos fossem eliminados, as confederações tornar-se-iam praticamente inúteis. A reforma de vosso governo deve produzir esse efeito. Somente as iniciativas violentas suscitarão a necessidade de recorrer a elas, mas essas iniciativas pertencem à ordem das coisas que devem ser antecipadas. Portanto, ao invés de abolir as confederações, determinai os casos em que elas podem legitimamente sobrevir, e depois regulamentai bem a forma e o efeito, para dar a elas, o tanto quanto possível, uma sanção legal que não perturbe nem sua formação nem sua atividade. Há até mesmo aquelas situações que, pelo simples fato de acontecerem, fazem com que toda a Polônia deva estar imediatamente confederada. São estas, por exemplo, no momento em que, sob qualquer pretexto que seja e fora do caso de uma guerra declarada, tropas estrangeiras ponham seus pés no Estado, porque, enfim, seja qual for o motivo dessa entrada e mesmo que o próprio governo tenha consentido com isso, uma confederação em casa não é hostilidade na casa alheia.[5] Quando, por qualquer obstáculo que seja, a Dieta é impedida de se reunir em assembleia no tempo determinado pela lei; quando, por instigação de quem quer que seja, tropas armadas se encontrem no tempo e lugar de sua assembleia; ou quando sua forma for alterada, sua atividade suspensa ou sua liberdade perturbada de qualquer maneira que seja: em todos esses casos a Confederação geral deve existir unicamente pelo fato dessas ocorrências terem sucedido. As assembleias e delegações particulares são apenas ramificações dela, e todos os Marechais devem ser subordinados ao que tiver sido nomeado primeiro.

---

5 Ditado segundo o qual a formação da confederação representa uma reação defensiva, e não uma ameaça.

X. *Administração*

Sem entrar nos detalhes da administração, sobre os quais me faltam conhecimentos e opiniões, arriscarei, a respeito de dois tópicos, as finanças e a guerra, algumas ideias que devo dizer porque considero que sejam boas, ainda que esteja quase seguro de que não serão apreciadas. Porém, inicialmente farei, a respeito da administração da justiça, uma observação que se distancia um pouco menos do espírito do governo polonês.

As duas condições, a do "homem de espada" e a do "homem de toga", eram desconhecidas dos antigos.[1] Os cidadãos não eram por ofício nem soldados, nem juízes, nem padres: eram-no

---

1 Referência à diferença entre a *nobreza togada* e a *nobreza da espada*. Membros da sociedade, em especial os comerciantes, tinham a esperança de poder comprar títulos nobiliários para ascender aos cargos da magistratura, da administração pública e do judiciário, ou seja, a *noblesse de robe* aspirava justamente assumir a "toga". Já a *noblesse d'épée*, que tinha o direito de portar armas, era concentrada em famílias nobres de linhagem mais antiga, sendo considerada, portanto, mais prestigiosa. Cf. Elias, *O processo civilizador*; Chaussinand-Nogaret, *La noblesse au XVIIIe siècle*.

por dever.² Eis o verdadeiro segredo para fazer com que tudo caminhe para a finalidade comum, para impedir que o espírito de acomodação³ se enraíze nos corpos à custa do patriotismo e para que a hidra da chicana não devore uma nação. A função do juiz, tanto nos tribunais supremos quanto nas primeiras instâncias, deve ser uma condição passageira, probatória, sobre a qual a nação possa apreciar o mérito e a probidade de um cidadão, para em seguida alçá-lo aos cargos mais eminentes aos quais se considera que ele seja capaz de ocupar. Essa maneira de enxergarem a si mesmos não poderá deixar de tornar os juízes muito ciosos de se colocarem ao abrigo de qualquer repreensão e de lhes dar, de modo geral, toda atenção e integridade que seu cargo requer. É assim que nos belos tempos de Roma se passava pela Pretura para se chegar ao Consulado. Eis o meio para que, com poucas leis claras e simples, mesmo com poucos juízes, a justiça seja bem administrada, deixando aos juízes o poder de interpretá-las e, quando necessário, supri-las por intermédio das luzes naturais da retidão e do bom senso. Nada de mais pueril que as precauções tomadas, a respeito dessa questão, pelos ingleses. Para acabar com os julgamentos arbitrários, submeteram-se a mil julgamentos iníquos e mesmo extravagantes: bandos de profissionais das leis as devoram, eternos processos as consomem, e com a louca ideia de querer tudo prever, fizeram de suas leis um dédalo imenso, onde a memória e a razão se perdem.

---

2 O que não implica numa mera obrigação, mas num *officium* ou *kathékon*, ou seja, um comportamento conveniente daquele que vive em comunidade.

3 Literalmente, o *esprit d'état*. No contexto, trata-se de uma mentalidade, seja individual, seja de órgãos ou corporações, de apego à sua própria condição.

É preciso fazer três códigos. Um político, outro civil e outro criminal.[4] Todos claros, curtos e precisos, o tanto quanto for possível. Esses códigos serão ensinados não somente nas universidades, mas em todos os colégios, e não há necessidade de outro corpo de direito. Todas as regras do direito natural[5] são mais bem gravadas nos corações dos homens do que em toda mixórdia de Justiniano.[6] Basta tornardes os homens honestos e virtuosos e vos responderei que eles saberão suficientemente sobre Direito. Mas é preciso que todos os cidadãos, e sobretudo os homens públicos, sejam instruídos sobre as leis positivas de seu país e sobre as regras específicas pelas quais são governados. Irão encontrá-las nesses códigos que devem estudar, e todos os nobres, antes de serem inscritos no Livro de Ouro que deve lhes franquear o ingresso em uma Dietina, devem submeter-se a um exame acerca desses códigos, e em particular sobre o primeiro, que não seja uma simples formalidade, e no qual, se não forem suficientemente instruídos, serão reprovados até que

---

[4] No *Contrato social*, II, 12, Rousseau não fala em "Códigos", mas divide a legislação em quatro espécies, segundo a relação que cada uma delas regulamenta. A primeira é a do Soberano (a república quando ativa, fazendo as leis) com o Estado (quando passiva), que constitui as leis políticas ou fundamentais. A segunda é a relação dos membros da sociedade entre si e com o corpo político, que forma a lei civil. A terceira diz respeito às desobediências e às penas, configurando a lei criminal ou penal. A quarta, e mais importante, refere-se aos costumes e opiniões de um povo, matéria sobre a qual o Legislador trabalha em segredo.

[5] Sobre a relação de Rousseau com o jusnaturalismo moderno, cf. nota 3, p.184.

[6] Justiniano I (c. 482-565), Imperador Romano do Oriente e autor do *Corpus Juris Civilis*, codificação do direito romano, importante compilação do corpo de direito civil da Roma antiga.

assim o estejam. A respeito do direito romano e dos costumes, tudo isso, se realmente existir, deve ser suprimido das escolas e dos tribunais. Nesses lugares deve-se conhecer somente a autoridade das leis do Estado; elas devem ser uniformes em todas as províncias, para cessar uma fonte de processos, e as questões que não forem decididas por elas devem sê-las pelo bom senso e pela integridade dos juízes. Esperai que, quando a magistratura for para aqueles que a exercem somente um estado probatório para galgar um lugar mais elevado, não abusarão da autoridade do cargo que poderia ser temida, ou, se esse abuso ocorrer, será sempre menor do que aquele dessas multidões de leis que frequentemente se contradizem, cuja quantidade torna os processos eternos e cujo conflito torna igualmente os juízes arbitrários.

O que digo aqui a respeito dos juízes deve se estender com razões ainda mais sólidas aos advogados. Essa condição tão respeitável em si mesma se degrada e se avilta tão logo se torna um ofício. O advogado deve ser o primeiro juiz de seu cliente, e o mais severo. Seu emprego deve ser, como o era em Roma e como ainda o é em Genebra, o primeiro passo para chegar às magistraturas; e, efetivamente, os advogados são extremamente considerados em Genebra e merecem sê-lo. São postulantes ao Conselho, muito ciosos de não fazer nada que possa atrair para si a desaprovação pública. Gostaria que todas as funções públicas conduzissem, assim, uma para a outra, a fim de que ninguém se acomodasse para ficar na sua, que não fizesse disso um ofício lucrativo e que não se colocasse para além do julgamento dos homens. Esse meio preencheria perfeitamente o desejo de fazer com que as crianças dos cidadãos opulentos passem por um período na condição de advogados, condição assim tornada honrosa e passageira. Desenvolverei melhor essa ideia em breve.

Devo aqui dizer de passagem, porque isso me veio à mente, que o estabelecimento de substituições e morgadios[7] é contra o sistema de igualdade na Ordem Equestre. É preciso que a legislação tenda sempre a diminuir a grande desigualdade de fortuna e de poder que insere demasiada distância entre os senhores e os simples nobres, e que um progresso natural tende sempre a aumentar. Quanto ao censo, através do qual será fixada a quantidade de terra que um nobre deve possuir para ser admitido nas Dietinas, enxergando nisso tanto bens como males, e não conhecendo suficientemente o país para comparar os efeitos, absolutamente não ouso decidir sobre esta questão. Seria incontestavelmente desejável que um cidadão, tendo voto em um Palatinado, ali possuísse algumas terras, mas não gostaria muito que se fixasse a quantidade delas: ao fazer das posses a medida de muitas coisas, deve-se então fazer com que o homem não seja a medida de nada? Mas vejam só! Se um fidalgo tivesse pouca ou nenhuma terra, cessaria por isso de ser livre e nobre? Sua pobreza é por si só um crime tão grave a ponto de lhe retirar o seu direito de cidadão?

De resto, nunca deve se tolerar que alguma lei caia em desuso. Seja ela indiferente, seja ela ruim, é preciso ab-rogá-la formalmente ou mantê-la em vigência. Essa máxima, que é fundamental, obrigará a passagem em revista de todas as antigas leis, a fim de ab-rogar muitas delas e dar a mais severa sanção àquela que se queira conservar. Considera-se na França como uma máxima

---

7 Institutos do direito das sucessões. Grosso modo, a *substituição* ocorre quando uma pessoa indicada substitui, durante um período pré-determinado, o herdeiro nomeado. Já o *morgadio* é a garantia ao primogênito da herança de todos os bens paternos.

do Estado o ato de fechar os olhos para muitas coisas. O despotismo sempre obriga a isso, mas, em um governo livre, esse é o meio para enfraquecer a legislação e abalar a constituição. Poucas leis, mas bem digeridas e sobretudo bem observadas. Todos os abusos que não são proibidos permanecem sem encarar as consequências. Contudo, alguém que invoca a lei em um Estado livre, invoca algo diante do qual todo cidadão estremece – e o rei em primeiro lugar. Em poucas palavras, tolerai tudo, menos o desgaste do elã das leis, pois, uma vez desgastado esse elã, o Estado está inapelavelmente perdido.

XI. Sistema econômico[1]

A escolha do sistema econômico que a Polônia deve adotar depende do objetivo que ela propõe a si mesma ao corrigir sua constituição. Se quiserdes ser apenas ruidosos, brilhantes, temíveis e exercer influência sobre os outros povos da Europa, tendes o exemplo: dedicai-vos a imitá-lo. Cultivai as ciências, as artes, o comércio, a indústria; tende tropas regulares, praças-fortes, Academias; tende, sobretudo, um bom sistema de finanças[2] que faça com que o dinheiro circule bem, que vos dê muito dinheiro, e trabalhai para torná-lo muito necessário, a fim de manter o povo em uma grande dependência e, para isso, fomentai o luxo material e o luxo de espírito, que lhe são inseparáveis. Dessa maneira, formareis um povo intriguista, irrequieto, ávido,

---

1 Embora o pensamento sobre o campo da economia política esteja disperso em todo o sistema rousseauniano, esse é um dos únicos momentos em que Rousseau se dedica integralmente à questão dos sistemas econômicos, já evocada no texto da Córsega. Aqui, Rousseau estabelece uma diferença até então não trabalhada em seus escritos anteriores: o *objeto econômico* não deve ser confundido com o *objeto político e moral*.
2 Para uma diferença entre o *sistema de finanças* e o *sistema rústico*, conferir o início do *Projeto de constituição para a Córsega*.

ambicioso, servil e velhaco como os outros, sempre sem nenhum meio-termo entre os extremos da miséria ou da opulência, da licença ou da escravidão. Mas estareis entre as grandes potências da Europa, entrareis em todos os sistemas políticos, em todas as negociações buscarão uma aliança convosco, estareis amarrados por tratados. Não haverá uma só guerra na Europa em que não tereis a honra de estar metido. Se a felicidade vos sorrir, podereis recuperar vossas antigas posses e talvez conquistar novas, para em seguida afirmar como Pirro ou como os russos, ou seja, como as crianças: "Quando o mundo inteiro for meu, comerei bastante açúcar".

Mas se por acaso preferirdes formar uma nação livre, pacífica e sábia, que não tem nem medo nem necessidade de ninguém, que basta a si mesma e que é feliz, então é necessário empregar um método inteiramente diferente: é preciso manter, restabelecer entre vós costumes simples, gostos sadios, um espírito marcial sem ambição; formar almas corajosas e desinteressadas; fazer com que vossos povos se dediquem à agricultura e às artes necessárias para a vida; tornar o dinheiro desprezível, e, se possível, inútil; buscar e encontrar, para realizar grandes coisas, móbeis mais poderosos e mais confiáveis.³ Admito que ao seguir

---

3 Pode-se legitimamente argumentar que as matérias relativas à dimensão que Rousseau denomina de "objeto econômico" serão submetidas a avaliações metodológicas severas, assim como acontece com o "objeto político e moral": trata-se de um traço característico da *démarche* de certo pessimismo rousseauniano. Contudo, a bibliografia crítica frequentemente insiste em arrolar razões psicológicas ou relativas ao "arcaísmo de Rousseau" para demonstrar uma "aversão" do filósofo pelo dinheiro e pela moeda; esta ordem de argumentação desvia-se dos problemas centrais implicados nessa matéria, desenvolvidos em outros escritos. Afinal, embora de fato Rousseau não deixe de tratar o dinheiro

esse caminho não ireis aparecer nas manchetes com o estrépito de vossas festas, de vossas negociações, de vossas proezas; que os filósofos não vos incensarão, que os poetas não vos cantarão, que na Europa pouco falarão de vós. Fingirão, talvez, desprezar-vos, mas vivereis na verdadeira abundância, na justiça e na liberdade. Não procurarão querela convosco, sereis temido sem disfarces, e vos digo que nem os russos nem outros virão mais se fazer de senhores entre vós, ou que, se para a infelicidade deles, por acaso vierem, terão ainda mais pressa de partir. Não tenteis, sobretudo, conciliar esses dois projetos: eles são demasiado contraditórios entre si e querer caminhar em direção a ambos empregando passos combinados é querer falhar nos dois. Portanto, fazei vossa escolha, e se preferirdes a primeira alternativa cessai de ler-me nesse instante. Afinal, de tudo o que me resta a propor, tudo se refere somente à segunda.

---

sob a perspectiva das paixões e dos costumes, ele se revela como objeto de reflexão econômico-filosófica de extrema importância para a explicação da formação da sociedade e suas convenções. A esse respeito, ver as lições de economia no livro III do *Emílio*, ou então alguns dos *Fragmentos políticos*, nos quais fica evidente que Rousseau tratava o dinheiro como um problema filosófico primordial, abordando questões como as causas do valor da moeda, a velocidade e facilidade de circulação do dinheiro, teorias sobre o preço, dentre outros. Além disso, ao enfatizar que a riqueza deriva do trabalho, e não de seus signos representativos (ou, como ele afirma mais adiante, seu "suplemento"), Rousseau enxerga o dinheiro como uma ideia extremamente abstrata e, portanto, sujeita aos caprichos imaginativos do poder do príncipe. Em outros termos, ele busca refletir sobre o caráter fiduciário envolvido nas trocas e sobre a sobreposição de valor, ocorrida na economia das sociedades modernas que adotam o sistema de finança, entre os signos convencionais e as coisas reais que eles representam. Cf. Vargas, *As sociedades e as trocas – Rousseau, a economia política e os fundamentos filosóficos do liberalismo*; e Pignol, Rousseau et l'argent: autarcie et division du travail dans *La Nouvelle Héloïse*.

É incontestável que haja excelentes opiniões econômicas nos papéis que me foram enviados.[4] O defeito que vejo neles é o de serem mais favoráveis à riqueza do que à prosperidade. No que se refere a novos estabelecimentos, não basta se contentar em ver seu efeito imediato: é preciso ainda prever suas consequências distantes, embora necessárias. Por exemplo, o projeto para a venda das estarostias e para a maneira de empregar seu produto me parece bem concebido e de fácil execução dentro do sistema estabelecido em toda a Europa, o de tudo fazer com dinheiro. Mas esse sistema é bom em si mesmo e vai corretamente em direção ao seu objetivo? É certo que o dinheiro é o nervo da guerra?[5] Os povos ricos sempre foram derrotados e conquistados

---

4 Além dos documentos de Mably, a referência é, aqui, a escola fisiocrática. Rousseau já havia lido François Quesnay, Nicolas Baudeau, Victor Riqueti de Mirabeau e Le Mercier de la Rivière, e, desse modo, tivera contato com parte importante da doutrina dos fisiocratas. Em sua célebre correspondência com Mirabeau, Rousseau deixa explícita sua recusa das premissas metafísicas (evidência) e políticas (jusnaturalismo) da fisiocracia, sobretudo aquelas expostas no livro *A ordem natural e essencial das sociedades políticas* (1767), de Rivière. Mas, diferente do que se poderia aventar, Rousseau não queria fazer da Polônia uma "república agrícola" ao modo fisiocrático, pois o *sistema rústico* funda-se em concepções muito diferentes do "reino agrícola" sustentado pela fisiocracia. Para uma explicação dos princípios fisiocráticos, cf. Coutinho, *Lições de economia política clássica*; Kuntz, *Capitalismo e natureza*; e Vargas, *A filosofia da fisiocracia*.

5 Rousseau retoma a negativa de Maquiavel em *Discursos sobre a primeira década de Tito Lívio*, II, 10. A recusa, no entanto, é em outros termos. Tendo em vista o contexto, trata-se de uma crítica à visão colbertista-mercantilista, segundo a qual a economia se revelava como um instrumento de beligerância entre os Estados sendo o comércio, realizado dentro de um mundo no qual os recursos encontravam-se num circuito estático, um jogo de soma zero. Cf. Spector, *Le concept de mercantilisme*.

pelos povos pobres. É certo que o dinheiro seja o móbil de um bom governo? Os sistemas de finanças são modernos. Não vejo proceder deles nada de grande ou de bom. Os governos antigos sequer conheciam a palavra *finança*, e o que faziam com homens era prodigioso. O dinheiro é no máximo o suplemento dos homens, e o suplemento jamais valerá a coisa. Poloneses, deixai todo esse dinheiro aos outros ou contentai-vos com aquele que terão de vos dar, pois eles possuem mais necessidade de vossos trigos do que tendes do ouro deles. Creiam em mim: é preferível viver na abundância a viver na opulência. Sede melhor do que endinheirados: sede ricos. Cultivai bem vossos campos, sem vos preocupardes com o resto, e logo estareis colhendo ouro, mais dele do que o necessário para comprar o óleo e o vinho que vos faltam, já que, com exceção destes últimos, a Polônia abunda ou pode ter abundância de tudo. Para vos manterdes felizes e livres, cabeças, corações e braços são aquilo de que necessitais: é isso o que constitui a força de um Estado e a prosperidade de um povo. Os sistemas de finança criam almas venais, e a partir do momento em que se deseja apenas ganhar, sempre se ganha mais sendo velhaco do que honesto.[6] O emprego do dinheiro se desvia e se esconde; ele é destinado a uma coisa e empregado em outra. Aqueles que o manejam logo aprendem a desviá-lo; e o que são os fiscais designados para vigiá-los senão tantos outros

---

6 No segundo *Discurso*, Rousseau, ao mesmo tempo incorporando e atacando partes do sistema de Bernard de Mandeville, aplicava um raciocínio mais geral sobre as sociedades modernas: "Caso me respondam que a sociedade é constituída de tal modo que cada homem lucra em servir aos outros, replicarei que isso seria muito bom, se ele não lucrasse ainda mais para prejudicá-los" (Rousseau, Discurso sobre a origem e os fundamentos da desigualdade entre os homens, nota I, p.257).

velhacos enviados para dividir o dinheiro com eles? Se todas as riquezas fossem somente públicas e manifestas, se o caminho do ouro deixasse uma marca ostensiva e não pudesse ser ocultada, não haveria nenhum expediente mais prático para adquirir préstimos, coragem, fidelidade, virtudes. Mas, tendo em vista sua circulação secreta, é mais prático ainda para fazer saqueadores e traidores, para leiloar o bem público e a liberdade. Em poucas palavras, o dinheiro é simultaneamente o móbil mais fraco e mais inútil que conheço para fazer com que a máquina política caminhe em direção à sua finalidade, e o mais forte e mais certeiro para desviá-la desse caminho.

Somente é possível fazer os homens agirem através de seu interesse, sei-o muito bem.[7] Mas o interesse pecuniário é o pior de todos, o mais vil, o mais adequado à corrupção e até mesmo – repito-o, e o repetirei com confiança e sempre assim o afirmarei –, o menor e o mais fraco aos olhos daquele que conhece bem o coração humano. Em todos os corações há naturalmente grandes paixões em reserva; quando neles resta apenas as paixões pelo dinheiro, é porque debilitamos, abafamos todas as outras que ele precisaria suscitar e desenvolver. O avaro não tem propriamente paixão dominante: ele aspira ao dinheiro somente por precaução, para satisfazer as paixões que poderiam lhe advir. Sabei fomentá-las e satisfazê-las diretamente sem esse recurso e logo ele perderá todo o seu valor.

---

7 A noção de "interesse" perpassa toda a obra de Rousseau e constitui-se como um conceito central para a teoria da obrigação apresentada no *Contrato*. Além disso, em uma nota do *Prefácio a Narciso* Rousseau avalia que os interesses dos indivíduos variam de acordo com o contexto histórico, econômico, social etc., no qual se inserem.

As despesas públicas são inevitáveis, também admito isso. Façam-nas com qualquer outra coisa que não com dinheiro. Na Suíça, até hoje se vê os oficiais, magistrados e outros estipendiários públicos pagos em gêneros. Recebem o dízimo, vinho, madeira, direitos úteis, honoríficos. O serviço público inteiro se faz por corveias, o Estado não paga quase ninguém em dinheiro. Dirão que ele é necessário para o pagamento das tropas. Esse ponto será abordado em breve. Essa maneira de pagamento não acontece sem inconvenientes: há perda, desperdício. A administração dessas espécies de bens é mais incômoda: ela desagrada sobretudo às pessoas que se encarregam de fazê-la, porque nela estão menos certas de obter alguma vantagem. Tudo isso é verdade, mas o quão menor é o mal comparado com a multidão de males que evita! Um homem que quisesse malversar não poderá fazê-lo, ao menos não sem se expor. Para me objetar, lembrarão dos bailios do cantão de Berna.[8] Mas qual é a fonte de suas vexações? Das multas pecuniárias por eles impostas. Essas multas arbitrárias já são um grande mal por si mesmas. No entanto, se eles puderem exigir somente em gêneros, isso não seria quase nada. O dinheiro que eles extorquem é facilmente ocultado; armazéns não se ocultariam da mesma forma. Somente no cantão de Berna maneja-se dez vezes mais dinheiro do que em todo o resto da Suíça, e, da mesma forma, a administração é proporcionalmente iníqua a isso. Buscai em todo país, em todo governo e no mundo inteiro: não ireis encontrar um grande mal em moral ou em política no qual o dinheiro não esteja metido.

Dir-me-ão que a igualdade de fortunas que reina na Suíça torna fácil a parcimônia na administração, ao passo que tantas

---

8 Os bailios eram membros do Grande Conselho de Berna.

poderosas casas e grandes senhores que se encontram na Polônia requerem, para sua manutenção, grandes despesas e finanças para abastecê-los. Nada disso. Esses grandes senhores são ricos em virtude de seus patrimônios, e no momento em que o luxo cessar de ser honrado no Estado, suas despesas serão menores, sem que por isso se distingam menos das fortunas inferiores, que seguirão a mesma proporção. Pagai os préstimos com autoridade, honrarias, grandes cargos. A desigualdade de posições é compensada, na Polônia, pela vantagem da nobreza, que torna aqueles que preenchem essas posições mais zelosos com a honra do que com o lucro. A república, graduando e distribuindo convenientemente essas recompensas puramente honoríficas, administra um tesouro que não a arruinará, e que lhe dará heróis como cidadãos. Esse tesouro das honras é um recurso inesgotável entre um povo que possui honra; e queira Deus que a Polônia tenha a esperança de consumir esse recurso. Oh! Feliz a nação que não mais encontrará em seu seio distinções possíveis para a virtude!

Além do defeito de não serem dignas da virtude, as recompensas pecuniárias acumulam o de não serem suficientemente públicas, de não falarem constantemente aos olhos e aos corações, de desaparecerem tão logo sejam concedidas, e de não deixar nenhum traço visível que estimula a emulação ao perpetuar a honra que deve acompanhá-las. Gostaria que todas as gradações, todos os empregos, todas as recompensas honoríficas fossem identificadas por sinais externos; que nunca fosse permitido a um homem em um cargo público caminhar incógnito, que os sinais de sua posição ou de sua dignidade o acompanhassem por toda parte, e que ele sempre fosse respeitado e respeitasse a si mesmo; que, dessa forma, pudesse sempre dominar a opulência;

que um rico que for apenas rico, incessantemente ofuscado por cidadãos titulados e pobres, não encontre nem consideração, nem aprovação em sua pátria; que fosse forçado a servi-la para conseguir nela brilhar, para ser íntegro por ambição e para aspirar, malgrado sua riqueza, a posições às quais somente a aprovação pública pode levar e das quais a desaprovação pode sempre destituir. Eis como se enfraquece a força das riquezas e como são feitos homens que não estão à venda. Insisto muito sobre esse ponto, muito persuadido de que vossos vizinhos, e sobretudo os russos, nada pouparam para corromper vossos funcionários, e que a grande preocupação de vosso governo é a de trabalhar para torná-los incorruptíveis.

Se me disserem que pretendo fazer da Polônia um povo de capuchinos, respondo que isso é somente um argumento à moda francesa, e que fazer gracinhas não é raciocinar. Respondo ainda que não se deve forçar as minhas máximas para além de minhas intenções e da razão, e que meu intento não é o de suprimir a circulação das espécies, mas somente o de desacelerá-la e, sobretudo, o de provar o quanto importa que um bom sistema econômico não seja um sistema de finança e de dinheiro. Licurgo, para arrancar a cupidez em Esparta pela raiz, não acabou com a moeda, mas fez uma de ferro.[9] Quanto a mim, não pretendo proscrever nem a prata nem o ouro, mas sim torná-los menos necessários e fazer com que aquele que não os possua seja pobre sem ser indigente. No fundo, o dinheiro não é a riqueza, é apenas o signo dela, e não se deve multiplicar o signo, mas a coisa representada. Malgrado as fábulas dos viajantes, vi que os ingleses, em meio a todo o ouro que possuem, não tinham

---

9 Referência a Plutarco, Vida de Licurgo, em *Vidas paralelas*.

individualmente menos necessidades do que outros povos. E, no final das contas, o que me importa ter cem guinés ao invés de dez, se cem guinés não me oferecem uma vida mais confortável? A riqueza pecuniária é somente relativa e, segundo relações que podem se alterar por uma miríade de causas, é possível que alguém se encontre sucessivamente rico e pobre com o mesmo montante; mas o mesmo não ocorre com bens *in natura*, pois como são imediatamente úteis ao homem, possuem sempre seu valor absoluto que absolutamente não depende de uma operação de comércio. Admitirei que o povo inglês é mais rico que os outros povos, mas não se segue disso que um burguês de Londres viva mais confortavelmente do que um burguês de Paris. De povo para povo, aquele que tem mais dinheiro tem mais vantagens, mas isso em nada contribui para o destino dos particulares, e não é aí que reside a prosperidade de uma nação.[10]

Favoreci a agricultura e as artes úteis não ao enriquecer os cultivadores, o que seria apenas os estimular a deixar sua condição, mas sim ao torná-las honrosas e agradáveis. Estabeleci as manufaturas de primeira necessidade; multiplicai constantemente vossos trigos e vossos homens, sem preocupação com o resto. O supérfluo do produto de vossas terras, que irá faltar no resto da Europa graças à multiplicação dos monopólios, necessariamente vos dará mais dinheiro do que tereis necessidade. Para além desse produto necessário e confiável, sereis pobres enquanto tiverdes a vontade de possuir outras coisas; tão logo souberdes dispensá-los, sereis rico. Eis o espírito que gostaria que reinasse em vosso sistema econômico. Pouco considerar o estrangeiro, pouco se preocupar com o comércio, mas

---

10 Para a diferença entre "prosperidade" e "abundância", ver nota 5, p.172.

multiplicar entre vós, o tanto quanto possível, os víveres e os consumidores. O efeito infalível e natural de um governo livre e justo é a população.[11] Portanto, quanto mais aperfeiçoardes o governo, mas ireis multiplicar vosso povo sem nem mesmo notar isso. Assim, não tereis nem mendigos nem milionários. O luxo e a indigência desaparecerão conjuntamente e imperceptivelmente, e os cidadãos, curados dos gostos frívolos incutidos pela opulência e dos vícios ligados à miséria, dedicarão seus cuidados e sua glória para bem servir a pátria e encontrarão sua felicidade em seus deveres.

Gostaria que os braços dos homens prevalecessem sobre o seu bolso, que as estradas, as pontes, os edifícios públicos, os serviços do príncipe e do Estado, fossem feitos por corveias, e não pagos com dinheiro. Essa espécie de imposto é, no fundo, menos onerosa e, acima de tudo, aquela da qual menos se pode abusar: afinal, o dinheiro desaparece ao sair das mãos que o pagam, mas todos enxergam o emprego que se dá aos homens e não se pode sobrecarregá-los inutilmente. Sei que esse método é impraticável onde reinam o luxo, o comércio e as artes: mas nada é mais fácil em meio a um povo simples e de bons costumes e nada é mais útil para conservá-los como tais. Eis uma razão para preferi-lo.

Retorno, pois, às estarostias, e admito mais uma vez que o projeto de vendê-las para explorar seu produto em benefício

---

11 A preocupação com aspectos demográficos e populacionais, também abordadas no escrito para a Córsega, é um tema recorrente nos tratados de economia política da modernidade. No *Contrato social*, III, 9, Rousseau afirma que o aumento da população é um sinal infalível de um bom governo. Cf. Senellart, La population comme signe du bon gouvernement.

do tesouro público é bom e bem concebido no que diz respeito ao seu objeto econômico. Porém, quanto ao objeto político e moral, esse projeto me desgosta tanto que, caso as estarostias fossem vendidas, gostaria que fossem recompradas para que delas se pudesse constituir um fundo para os salários e recompensas daqueles que serviriam a pátria ou que são muito dignos de seu merecimento. Em poucas palavras, gostaria, se fosse possível, que não houvesse erário público e que o fisco desconhecesse pagamentos em dinheiro.[12] Sinto que, a rigor, a coisa é impossível, embora o espírito do governo deve sempre tender a torná-la possível, e nada é mais contrário a esse espírito do que a venda da qual tratamos. A república seria mais rica com isso, é verdade, mas o móbil do governo seria proporcionalmente mais fraco.

Admito que a gestão dos bens públicos tornar-se-á mais difícil, e sobretudo menos agradável aos gestores, quando todos esses bens forem *in natura* e não em dinheiro. Mas, então, é preciso fazer dessa gestão e de sua inspeção um sem-número de provas de bom senso, de vigilância e especialmente de integridade, para que se possa alcançar cargos mais eminentes. A esse respeito, apenas se estará imitando a administração municipal estabelecida em Lyon, onde é necessário começar sendo administrador do Hôtel-Dieu[13] para chegar aos cargos municipais, e se julga se alguém é digno de outros cargos pelo modo como

---

12 Rousseau retoma nesse e nos próximos parágrafos algumas reflexões sobre o erário público e o papel fiscal do Estado, já adiantadas no último terço do verbete "Economia", de 1755. Nesse tema, Rousseau elege como interlocutores sobretudo Jean Bodin (*Os seis livros da república*) e Montesquieu (*Do espírito das leis*).
13 Sobre o Hôtel-Dieu de Lyon, cf. nota 38, p.131.

executa o primeiro. Não havia nada mais íntegro que os questores dos exércitos romanos, porque a questura era o primeiro passo para se chegar aos cargos mais curuis.[14] Nos cargos em que a cupidez pode ser uma tentação, é preciso estruturá-los de modo que a ambição a reprima. O maior bem que resulta disso não é poupar-se das velhacarias, mas de tornar o desinteresse honroso e de tornar a pobreza respeitável quando ela for o fruto da integridade.

As receitas da república não igualam sua despesa. Sei muito bem disso: os cidadãos não querem pagar absolutamente nada. Mas homens que querem ser livres não devem ser escravos de seu bolso, e onde está o Estado no qual a liberdade não se compra, nem mesmo por um elevado preço? Evocarão a Suíça. Contudo, como já disse, na Suíça os próprios cidadãos desempenham funções que alhures prefere-se pagar para que outros a desempenhem em seu lugar. São soldados, oficiais, magistrados, operários: são tudo para o serviço do Estado, e, sempre prontos para pagar com sua pessoa, não têm a necessidade de pagar de seu bolso. Quando os poloneses desejarem proceder dessa forma, não terão mais necessidade de dinheiro que os suíços. Porém, se um Estado tão grande se recusa a orientar-se a partir das máximas das pequenas repúblicas, não deve ambicionar os benefícios nela encontradas e tampouco almejar pelo efeito ao rejeitar os meios para obtê-lo. Se a Polônia fosse, de acordo com o meu desejo, uma confederação de trinta e três pequenos

---

14 O curul era um assento reservado aos grandes e aos magistrados romanos mais importantes. Já a questura era um cargo inicial para aqueles que aspiravam à carreira política em Roma, e em geral cuidavam de questões ligadas ao erário público.

Estados, ela reuniria a força das grandes monarquias e a liberdade das pequenas repúblicas. Mas, para isso, seria necessário renunciar à ostentação, e receio que esse ponto seja o mais difícil.

De todas as maneiras de estabelecer um imposto, a mais cômoda e a que custa menos despesas é incontestavelmente a capitação. Porém, é também a mais coatora, a mais arbitrária, e é sem dúvida por isso que Montesquieu a acha servil,[15] ainda que ela tenha sido a única a ser praticada pelos Romanos e que exista ainda nesse instante com outros nomes em diversas repúblicas. Na verdade, é isso que se faz em Genebra, onde é chamada de *pagar os guardas* e é uma taxa paga somente pelos cidadãos e burgueses, enquanto os habitantes e nativos pagam outros tributos. Trata-se de algo exatamente contrário à ideia de Montesquieu.

Mas como é injusto e insensato tributar pessoas que nada possuem, as imposições reais[16] valem sempre mais do que as pessoais. Deve-se somente evitar aquelas cuja coleta é difícil e custosa e, sobretudo, aquelas que se eludem por contrabando, que desvalorizam, que deixam o Estado repleto de fraudadores e bandidos e que corrompem a fidelidade dos cidadãos. É preciso que a imposição seja tão bem equilibrada que os contratempos para cometer a fraude sejam superiores ao seu benefício. Assim, que nunca haja imposto sobre aquilo que pode ser facilmente ocultado, como os tecidos finos e as bijuterias: é melhor proibir seu uso do que sua importação. Na França, a tentação do contrabando é de bom grado estimulada, e isso me faz crer que

---

15 Montesquieu, *Do espírito das leis*, XIII, 14.
16 Ou seja, os impostos sobre as coisas (*res*), no caso, a propriedade. Rousseau diferencia as "relações pessoais" das "relações reais". Ver, nesse sentido, *Contrato social*, I, 4 e especialmente 9, "Do domínio real".

Textos de intervenção política

a Fazenda[17] se beneficia com o fato de existirem contrabandistas. Esse sistema é abominável e contrário a qualquer bom senso. A experiência ensina que o papel timbrado é um imposto singularmente oneroso aos pobres, incômodo para o comércio, que multiplica extremamente as chicanas e faz com que as pessoas se queixem por toda parte em que é estabelecido. Aconselho que ele sequer seja levado em consideração. O imposto sobre o gado me parece muito melhor, contanto que se evite a fraude, pois toda fraude possível é sempre uma fonte de males. Mas ele pode ser oneroso aos contribuintes pelo fato de ser pago em dinheiro, e o produto das contribuições dessa espécie é demasiado sujeito a ser desviado de sua destinação.

A meu ver, o melhor imposto, o mais natural e que não é sujeito a fraude, é uma taxa proporcional sobre as terras e sobre todas as terras sem exceção, como assim propuseram o marechal de Vauban[18] e o abade de Saint-Pierre. Afinal, é aquele que produz que deve pagar. Todos os bens reais, nobres, eclesiásticos e plebeus dever pagar igualmente, isto é, proporcionalmente

---

17 Na França, a *Ferme Générale* era a companhia encarregada pela cobrança de impostos. Os cobradores privados eram chamados de *fermiers généraux*, isto é, coletores particulares que durante um prazo determinado eram adjudicantes do direito de cobrança dos impostos. No sistema de *tax-farming* a coleta dos tributos e impostos é terceirizada a um agente privado que paga, por sua vez, uma taxa ao Estado. Em oposição ao sistema da *Ferme*, encontrava-se a *Régie* (mencionada por Rousseau alguns parágrafos antes), que era a gestão pública dos tributos. Sobre o assunto, cf. Montesquieu, *Do espírito das leis*, XIII, 19.

18 Sébastien Le Prestre (1633-1707), marechal e marquês de Vauban, foi um urbanista, engenheiro e estrategista militar, conselheiro do rei Luís XIV. Escreveu obras militares e econômicas, dentre elas o *Projeto de dízimas reais* (1707).

ao seu tamanho e ao seu produto, seja qual for seu proprietário. Essa imposição pareceria exigir uma operação preliminar que seria longa e custosa, a saber, um cadastro geral. Porém, essa despesa pode muito bem ser evitada, e até mesmo com benefícios, ao incidir o imposto não diretamente sobre a terra, mas sobre seu produto, o que seria ainda mais justo. Ou seja, ao estabelecer a dízima em uma proporção que se julgar conveniente, que seria cobrada *in natura* sobre a colheita, tal como a dízima eclesiástica, e buscando contornar o problema da sua venda e dos armazéns, essas dízimas seriam arrendadas em leilão, como assim fazem os padres. De modo que os particulares deveriam pagar a dízima somente sobre a sua colheita, e somente pagariam de seu bolso quando assim preferissem, a partir de uma tarifa regulamentada pelo governo. Agrupados, esses arrendamentos poderiam ser um objeto de comércio pelo débito dos víveres que eles produzem e que poderiam ser exportados via Dantzig ou Riga. Ademais, com isso seriam evitados os custos de coleta e de gestão e todos esses bandos de funcionários e empregados tão odiosos ao povo, tão incômodos ao público e, o que é o ponto mais importante, a república teria dinheiro sem que os cidadãos fossem obrigados a fornecê-lo. Afinal, nunca repetirei demais que aquilo que torna a talha e todos os impostos onerosos ao cultivador é o fato de serem pecuniários e o fato de que ele é primeiramente obrigado a vender para conseguir pagar.

XII. Sistema militar

De todas as despesas da república, a manutenção do exército da Coroa é a mais considerável, e certamente os serviços prestados por esse exército não são proporcionais ao que ele custa. No entanto, de pronto dirão que é preciso tropas para a proteção do Estado. Concordaria com isso caso essas tropas efetivamente o protegessem, mas desconheço que esse exército tenha alguma vez o defendido de alguma invasão, e receio tremendamente que ele tampouco o fará no futuro.

A Polônia é rodeada de potências belicosas que constantemente mantêm de prontidão numerosas tropas perfeitamente disciplinadas, contra as quais ela, mesmo com os maiores esforços, não poderia opor forças similares sem se esgotar em pouquíssimo tempo, sobretudo no estado deplorável no qual os bandidos que a devastarem irão deixá-la. Além disso, tais potências não a deixariam fazê-lo, e se com os recursos da mais vigorosa administração a Polônia pudesse colocar seu exército em uma posição respeitável, seus vizinhos, atentos para impedi-la, esmagá-la-iam muito rapidamente antes que ela pudesse executar seu projeto. Não: se ela quiser somente imitá-los, nunca lhes oporá resistência.

A nação polonesa é diferente em termos de natureza, de governo, de costumes, de linguagem, não somente de suas nações vizinhas, mas de todo o resto da Europa. Gostaria que além disso ela se diferenciasse na sua constituição militar, em sua tática, em sua disciplina, que ela fosse sempre ela e não uma outra. Somente então ela será tudo aquilo que pode ser e extrairá de seu seio todos os recursos que pode ter. A mais inviolável lei da natureza é a lei do mais forte. Não há nenhuma legislação, nenhuma constituição que possa se isentar dessa lei. Buscar meios para se proteger das invasões de um vizinho mais forte que vós é ir atrás de uma quimera. Seria uma quimera ainda maior querer realizar conquistas e vos dar uma força ofensiva, pois ela é incompatível com a forma de vosso governo. Quem quer que deseja ser livre não deve desejar ser conquistador. Os romanos o foram por necessidade e, por assim dizer, malgrado eles mesmos. A guerra era um remédio necessário ao vício de sua constituição. Sempre atacados e sempre vencedores, eram o único povo disciplinado entre os bárbaros, e tornaram-se os senhores do mundo ao se defenderem constantemente. Vossa posição é tão diferente que não saberíeis nem mesmo vos defender contra aquele que vos ataca. Nunca tereis força ofensiva, demorará muito tempo para que tenhais a defensiva, mas tereis muito em breve, ou melhor, já tendes, a força de preservação que vos protegerá, mesmo subjugados, da destruição, e que preservará vosso governo e vossa liberdade no seu único e verdadeiro santuário, que é o coração dos poloneses.

As tropas regulares, a peste e o despovoamento da Europa são bons apenas para duas finalidades: ou para atacar e conquistar os vizinhos ou para agrilhoar e subjugar os cidadãos. As duas finalidades são igualmente alheias para vós: renunciai, pois, ao meio pelo qual é possível chegar a elas. O Estado não deve permanecer sem defensores, sei muito bem disso; mas seus verdadeiros defensores são seus membros. Todo cidadão deve ser soldado por dever, ninguém deve sê-lo por ofício. Tal foi o sistema militar dos romanos, tal é atualmente o dos suíços, tal deve ser o de todo Estado livre e sobretudo o da Polônia. Sem condições de pagar um exército suficiente para defendê-la, é preciso que ela encontre ao menos esse exército entre os seus habitantes. Uma boa milícia, uma verdadeira milícia bem exercitada, é a única capaz de realizar esse objetivo. Essa milícia custará pouca coisa à república,[1] estará sempre pronta para servi-la e a servirá bem, porque, enfim, o próprio bem é sempre mais bem defendido do que o bem alheio.

O conde Wielhorski propõe constituir um regimento por Palatinado e mantê-lo sempre em alerta. Isso supõe que o exército da Coroa, ou pelo menos a infantaria, fosse licenciado: afinal, creio que a manutenção desses trinta e três regimentos sobrecarregaria a república se ela tivesse, além disso, o exército da Coroa a pagar. Essa mudança teria sua utilidade e me parece fácil de ser feita, mas também pode ser onerosa e dificilmente os abusos seriam evitados. Eu não seria a favor de espalhar os soldados para manter a ordem nos burgos e cidades: isso seria discipliná-los mal. Os soldados, sobretudo aqueles que o são por

---

[1] A discussão sobre a manutenção de exércitos regulares e profissionais ou adoção de milícias (com o objetivo de preparar e estimular todos os cidadãos para as virtudes marciais) foi um tema muito discutido no século XVIII, sobretudo no terreno do pensamento econômico-político. Adam Ferguson e Adam Smith são dois dos mais ilustrativos exemplos dos debates concernentes a esse assunto. Cf. Ferguson, *Ensaio sobre a história da sociedade civil. Instituições de filosofia moral*; Smith, *A riqueza das nações*, v.II, liv.V, cap.I, parte 1. Cf. também Robertson, *The Scottish Enlightenment and the Militia Issue*.

ofício, nunca devem ser deixados sozinhos a cargo de sua própria conduta, e muito menos encarregados de qualquer inspeção dos cidadãos. Devem sempre marchar e conviver em corpo: sempre subordinados e vigiados, devem ser apenas instrumentos cegos nas mãos de seus oficiais. Se os encarregássemos de realizar uma inspeção, por menor que ela fosse, disso resultaria violências, vexações, incontáveis abusos. Os soldados e os habitantes se tornariam inimigos uns dos outros, essa é uma infelicidade que ocorre em todo lugar que tenha tropas regulares. Esses regimentos, sempre em adido, adotariam tal espírito, e esse espírito nunca é favorável à liberdade. A república romana foi destruída por suas legiões quando as distâncias de suas conquistas a forçou a tê-las sempre em prontidão. Novamente, os poloneses não devem olhar em torno de si para imitar o que se faz nesses lugares, nem mesmo aquilo que é bem-feito. Esse bem, relativo a constituições completamente diferentes, representaria um mal na sua constituição. Os poloneses devem buscar unicamente aquilo que lhes é conveniente e não aquilo que os outros fazem.

Por que, portanto, no lugar de tropas regulares cem vezes mais onerosas do que úteis ao povo inteiro, que não possui o espírito de conquista, não poderia ser estabelecido na Polônia uma verdadeira milícia, exatamente como aquela estabelecida na Suíça, onde todo habitante é soldado, mas somente quando assim deve sê-lo? A servidão estabelecida na Polônia não permite, admito-o, que tão cedo os camponeses estejam armados: as armas em mãos servis serão sempre mais perigosas do que úteis ao Estado. Porém, ao aguardar a chegada do feliz momento de libertá-los, a Polônia formiga de cidades, e seus habitantes arregimentados poderiam fornecer, quando necessário, tropas numerosas cuja manutenção fora desse tempo de necessidade nada custaria ao Estado. Como a maior parte desses habitantes não tem nenhuma terra, pagariam assim seu contingente em serviço, e esse serviço poderia ser facilmente distribuído de maneira a não ser oneroso para eles, ainda que fossem devidamente treinados.

Na Suíça, todo indivíduo que casa deve obrigatoriamente ser provido com um uniforme que se torna sua roupa de festas, com um fuzil de calibre e com todo o equipamento de um soldado de infantaria, e é inscrito na companhia de seu bairro. Durante o verão, nos domingos e dias de festas as milícias fazem treinamentos segundo a ordem de seu alistamento, inicialmente em pequenos esquadrões, em seguida por companhias e depois por regimentos, até que, chegado seu turno, reúnam-se no campo e formem sucessivamente pequenos acampamentos nos quais são exercitadas todas as manobras que convêm à infantaria. Enquanto não saírem do seu local de residência, estejam pouco ou totalmente desviados de seus trabalhos, não possuem nenhum pagamento; mas, tão logo marchem para o campo, possuem pão e munição e estão a soldo do Estado, não sendo permitido a ninguém enviar um outro homem em seu lugar, a fim de que cada um treine a si mesmo e que todos cumpram o serviço. Em um Estado tal como a Polônia, pode-se facilmente tirar de suas vastas províncias pessoas para substituir o exército da Coroa por um número suficiente de milícias sempre em prontidão, mas que, mudando pelo menos anualmente e sendo recrutados por pequenos destacamentos tirados do corpo inteiro da nação, seria pouco onerosa aos particulares que, por sua vez, mal se apresentariam uma vez a cada doze ou quinze anos. Dessa maneira, toda a nação seria treinada, ter-se-ia um belo e numeroso exército sempre pronto para os casos de necessidade, e que custaria muito menos, sobretudo em tempos de paz, do que atualmente custa o exército da Coroa.

Mas, quanto a esse ponto, para ser bem-sucedido nessa operação seria necessário começar por mudar a opinião pública a respeito de uma condição que, na verdade, será completamente alterada, e fazer com que na Polônia o soldado não fosse mais visto como um bandido que, para viver, se vende a 5 soldos por dia, mas como um cidadão que serve a pátria e que está a serviço dela. É preciso recolocar essa condição no mesmo lugar honroso em que antes se encontrava, condição na qual ainda se encontra na Suíça e em Genebra, onde os melhores burgueses exibem tanto orgulho na sua corporação e com suas armas quanto o demonstram na prefeitura e no Conselho Soberano. Para isso, é importante que na escolha dos oficiais não se preste atenção ao estrato social, ao crédito e à riqueza, mas unicamente à experiência e ao talento. Nada é mais fácil do que tornar o manejo das armas um ponto de honra, fazendo com que cada um se exerça com zelo em serviço da pátria aos olhos de sua família e dos seus; zelo impossível de ser inflamado da mesma maneira entre a ralé alistada ao acaso, sensível somente às dificuldades impostas pelo treinamento. Vi a época em que, em Genebra, os burgueses realizavam manobras muito mais bem feitas do que as tropas regulares; mas os magistrados, achando que isso inculcaria na burguesia um espírito militar que não os agradava, dedicaram esforços para refrear essa emulação, e foram singularmente bem-sucedidos nisso.

Na execução desse projeto, poder-se-ia sem nenhum perigo outorgar ao rei a autoridade militar naturalmente vinculada ao seu cargo, pois não é conveniente que a nação possa ser utilizada para oprimir a si mesma, pelo menos não quando todos aqueles que a compõem compartilham sua liberdade. Somente com tropas regulares e permanentes o poder executivo pode subjugar o Estado. Os grandes exércitos romanos estavam livres de abuso enquanto mudavam a cada cônsul, e até Mário nenhum deles havia pensado em utilizá-los como meio para escravizar o Estado. Apenas quando a grande distância das conquistas forçou os romanos a manter em prontidão esses mesmos exércitos, a recrutar pessoas sem confiança e a perpetuar seu comando na mão dos procônsules, que estes passaram a sentir sua independência e a querer se servir dela para estabelecer seu poder. Os exércitos de Sula, de Pompeu e de César tornaram-se verdadeiras tropas regulares que substituíram o espírito do governo militar pelo espírito do governo republicano, e isso é tão verdadeiro que os soldados de César ficavam muito ofendidos quando, em um momento de desentendimento recíproco, chamavam-nos de cidadãos, *quirites*.[2] No plano que imagino e que logo terminarei de traçar, a Polônia inteira se tornará guerreira tanto para a defesa de sua liberdade contra as investidas do príncipe quanto das investidas de seus vizinhos, e ousarei dizer que com esse projeto, uma vez bem executado, será possível acabar com o cargo de Grande General e vinculá-lo à Coroa, sem que disso resulte o menor perigo para a liberdade, a não ser que a nação se deixasse ludibriar por projetos de conquistas, caso no qual eu não responderia por mais nada.

Por que a Ordem Equestre, na qual a república reside verdadeiramente, não seguiria por si mesma um plano semelhante ao que proponho para a infantaria? Estabelecei em todos os

---

2 História contada por Suetônio, "Júlio César", *Vida dos Césares*, cap. 70, e Tácito, *Anais*, I, 42.

Palatinados corpos de cavalaria onde a nobreza inteira seja inscrita, e que tenha seus oficiais, seu Estado maior, seus estandartes, seus quartéis designados em casos de alarme, seus períodos estabelecidos para neles se reunirem todos os anos. Que essa brava nobreza exercite-se em formar esquadrões, a fazer todas as espécies de movimentos, evoluções, a colocar ordem e precisão em todas suas manobras, a conhecer a subordinação militar. Não gostaria que ela imitasse servilmente a tática das outras nações. Gostaria que elaborasse uma tática que lhe fosse adequada, que desenvolvesse e aperfeiçoasse suas disposições naturais e nacionais, que se exercitasse sobretudo na velocidade e na ligeireza, a desfazer formações, a se dispersar e a se reunir sem esforço e sem confusão. Gostaria que se exercitasse no que se chama de pequena guerra, em todas as manobras que convêm a tropas ligeiras, na arte de inundar um país como uma torrente, de atacar por toda parte sem ser atacada, de agir sempre em concerto ainda que separada, de cortar as comunicações, de interceptar os comboios, de atacar retaguardas, de tomar vanguardas de assalto, de surpreender os destacamentos, de perseguir grandes corpos de exército que marcham e acampam reunidos. Gostaria que a Polônia adotasse a maneira dos antigos partas,[3] cujo mesmo valor ela já possui, e que aprenda como estes a vencer e destruir os exércitos mais bem disciplinados sem nunca travar batalhas e sem lhes deixar um momento de respiro. Em poucas palavras, tende infantaria porque ela é necessária, mas contai somente com vossa cavalaria, e não vos esqueçais de nada para inventardes um sistema que coloca o destino inteiro da guerra nas suas mãos.

---

3 O Império Parta, potência da Pérsia antiga que travou as longas guerras romano-partas entre os séculos I a.C. e III d.C.

É um mau conselho para um povo livre o de ter praças-fortes; elas absolutamente não convêm ao gênio polonês, e, em todos os lugares, cedo ou tarde se tornam ninhos de tiranos. Tereis infalivelmente fortificado para os russos as praças que pensais ter fortificado contra eles, e elas se tornarão para vós entraves dos quais não poderei mais se livrar. Desconsiderai até mesmo as vantagens dos postos avançados e não vos arruineis com uma artilharia: isso não é tudo que precisais. Uma invasão brusca é sem dúvida uma grande infelicidade, mas grilhões permanentes são um mal muito maior. Não conseguireis nunca fazer com que seja difícil para vossos vizinhos entrarem em vosso território, mas podeis proceder de modo que lhes seja difícil sair dele impunemente, e deveis empregar todos os vossos cuidados para fazer isso. Antônio e Crasso entraram facilmente num território, mas, para a infelicidade deles, era o território dos partas. Um país tão vasto quanto o vosso oferece sempre a seus habitantes refúgios e grandes recursos para escapar de seus agressores. A arte humana inteira não seria capaz de impedir a ação brusca do forte contra o fraco, mas pode munir-se com meios para a reação, e quando a experiência ensinar que a saída de vosso território é extremamente difícil, eles se tornarão menos apressados para nele entrar. Deixai, pois, vosso país inteiramente aberto, assim como Esparta; mas, como ela, erigi grandes cidadelas nos corações dos cidadãos e, assim como Temistócles[4]

---

4 Temístocles (c. 524-459 a.C.), político e general grego, famoso por investir na navegação ateniense e mandar construir uma imensa frota de navios, derrotando posteriormente os persas. Segundo Plutarco, "só ele [Temístocles] ousou subir à tribuna, na assembleia do povo, para exigir que se renunciasse a semelhantes distribuições e, com o dinheiro, se construíssem trirremes capazes de sustentar a guerra

levava Atenas em sua frota, se necessário levai vossas cidades sobre vossos cavalos. O espírito de imitação produz poucas boas coisas e nunca produz nada de grandioso. Cada país tem vantagens que lhes são próprias e as quais a instituição deve ampliar e favorecer. Administrai, cultivai as instituições da Polônia e ela terá poucas nações para invejar.

Uma coisa basta para torná-la impossível de ser subjugada: o amor pela pátria e pela liberdade animado pelas virtudes que lhes são inseparáveis. Acabais de oferecer um exemplo memorável para todo o sempre. Enquanto esse amor arder nos corações, ele talvez não irá vos proteger de um jugo passageiro, mas, cedo ou tarde, irá rebentá-lo, irá se livrar do jugo e vos tornará livres. Trabalhai sem descanso e sem cessar para levar o patriotismo ao mais alto grau em todos os corações poloneses. Indicarei mais adiante alguns dos meios mais adequados para produzir esse efeito, mas agora basta que eu desenvolva aqui o efeito que considero ser o mais vigoroso, o mais poderoso e até mesmo o mais infalível para atingir seu sucesso, caso seja bem executado. Trata-se de proceder de modo que todos os cidadãos se sintam incessantemente sob a vigia do público; que ninguém se promova ou tenha êxito senão pela recomendação pública; que todo cargo, que todo emprego seja preenchido pelo desejo da nação; e que, enfim, do último nobre, mesmo do último labrego, até o rei, se assim for possível, todos dependam de tal modo da estima

---

contra os eginetas [...]. Com o dinheiro proveniente das minas, construíram-se trirremes, que serviram também na luta naval contra o rei Xerxes. [...] De rudes soldados que eram, diz Platão, ele fez dos atenienses marinheiros e homens do mar" (Plutarco, Vida de Temístocles, in: *Vidas paralelas*, p.237).

pública que sem ela nada se possa fazer, adquirir ou conseguir.[5] Da exaltação estimulada por essa emulação comum nascerá essa ebriedade patriótica que sozinha sabe elevar os homens para além de si mesmos, e sem a qual a liberdade é somente uma palavra inútil e a legislação é somente uma quimera.

Na Ordem Equestre, esse sistema é fácil de ser estabelecido caso se tenha o cuidado de em toda parte seguir uma marcha gradual e de não admitir nas honras e nas dignidades do Estado ninguém que não tenha previamente passado pelos graus inferiores, que servirão de entrada e de prova para se galgar a uma posição muito mais elevada. Pelo fato da igualdade entre a nobreza ser uma lei fundamental da Polônia, a carreira dos negócios públicos deve nela sempre começar pelos empregos subalternos; esse é o espírito da constituição. Esses empregos devem estar abertos a qualquer cidadão que por seu zelo seja levado a apresentar-se a eles e que acredita se sentir em condição de desempenhá-los com sucesso. Mas eles devem ser o primeiro passo indispensável para aquele, seja grande ou pequeno, que queira avançar nessa carreira. Cada um é livre para não se apresentar, mas tão logo alguém entre nela, é preciso, com exceção de aposentadorias voluntárias, que avance ou que seja afastado por reprovação. É preciso que em qualquer conduta sua, vigiada e julgada por seus concidadãos, ele saiba que todos os seus passos são seguidos, que todas suas ações são sopesadas e que do bem e do mal que ele realiza é feito um balanço fiel cuja influência se estenderá sobre todo o resto de sua vida.

---

[5] A estima pública e a opinião são problemas que atravessam toda a obra de Rousseau, e possuem um papel especial na divisão das leis estabelecidas no *Contrato social*. Cf. nota 4, p.241

XIII. Projeto para submeter todos os membros do governo a uma marcha gradual

Eis, para a gradação dessa marcha, um projeto que me esforcei para adaptar tão bem quanto foi possível à forma de governo estabelecida, reformado somente quanto à nomeação dos senadores de acordo com a maneira e razão abaixo expostas.

Todos os membros ativos da república, entendendo por isso aqueles que participarão da administração, serão divididos em três classes identificadas por símbolos distintivos, cujos integrantes que compõem essas classes envergarão em suas pessoas. As ordens de cavalaria, que outrora eram provas de virtude, atualmente são apenas símbolos do favor dos reis. As fitas e as bijuterias que são sua marca possuem um ar de ninharia e de adorno feminino que, em nossa instituição, é necessário evitar. Gostaria que as marcas das três ordens que proponho fossem placas de metais diversos, cujo preço material estaria em proporção inversa ao grau daqueles que as trajarem.

O primeiro passo nos negócios públicos será precedido de um estágio probatório para a juventude nos cargos de advogados, assessores, até mesmo juízes nos tribunais subalternos, administradores de alguma porção do dinheiro público e, em geral, em todos os cargos inferiores que dão àqueles que os desempenham a oportunidade de mostrar seu mérito, sua capacidade, seu rigor e sobretudo sua integridade. Esse estágio probatório deve durar ao menos três anos, no final dos quais, munidos com certificados emitidos por seus superiores e com o testemunho da voz pública, se apresentarão à Dietina de sua província, onde, após um severo exame de sua conduta, serão honrados aqueles que forem considerados dignos de uma placa de ouro contendo seu nome, o de sua província, a data em que a receberam e, na parte inferior, essa inscrição em letras grandes: *Spes Patriæ*.[1] Aqueles que tiverem recebido essa placa a levarão sempre pendurada em seu braço direito ou sobre seu coração, e adquirirão o título de *Servidores do Estado*, e na Ordem Equestre sempre haverá somente Servidor do Estado que possam ser eleitos núncios na Dieta, deputados no Tribunal, comissários no Tribunal de Contas ou encarregados de qualquer função pública pertencente à soberania.

Para se chegar ao segundo grau, será necessário ter sido núncio na Dieta por três vezes e ter obtido a cada uma dessas vezes na sessão relatorial das Dietinas a aprovação de seus constituintes, e ninguém poderá ser eleito núncio uma segunda ou terceira vez se não estiver munido com esse certificado de sua nunciatura precedente. O serviço no Tribunal ou em Radom, na qualidade de comissário ou de deputado, equivalerá a uma nunciatura, e bastará ter obtido um assento por três vezes em qualquer uma dessas assembleias, mas sempre com a aprovação para chegar de direito ao segundo grau. De modo que, com base nos três certificados apresentados à Dieta, o Servidor do Estado que

---

1 Esperança da pátria.

os tiver obtido será honrado com a segunda placa e com o título do qual ela é a insígnia.

Essa placa será de prata e terá o mesmo formato e tamanho que a precedente, ela trará as mesmas inscrições, exceto que, no lugar das duas palavras *Spes Patriæ*, serão gravadas essas duas: *Civis electus*. Aqueles que vestirem essas placas serão chamados de *Cidadãos escolhidos* ou simplesmente *Eleitos*, e não mais poderão ser simples núncios, deputados no Tribunal, tampouco comissários na Câmara; serão, no entanto, candidatos para os cargos de senadores. Ninguém que não tenha passado por esse segundo grau, que não tenha carregado a insígnia, poderá ingressar no Senado; e todos os senadores deputados que, segundo o projeto, serão escolhidos dentre esses de segundo grau, continuarão a utilizá-la até que cheguem ao terceiro.

Gostaria que os diretores dos colégios e os inspetores da educação das crianças fossem escolhidos dentre aqueles que tenham atingido o segundo grau. Eles poderiam ser obrigados a desempenhar esse emprego durante um certo tempo antes de serem admitidos no Senado, e seriam obrigados a apresentar à Dieta a aprovação do Colégio de administradores da educação: sem esquecer que essa aprovação, como todas as outras, deve sempre ser confirmada pela aprovação pública, que pode ser consultada de mil maneiras.

A eleição dos senadores deputados será realizada na câmara dos núncios a cada Dieta regular, de modo a ocuparem o cargo por apenas dois anos. Porém, poderão continuar ou ser eleitos novamente duas outras vezes, contanto que, a cada vez que deixem o cargo, tenham previamente obtido da mesma câmara um ato de aprovação semelhante àquele cuja obtenção é necessária nas Dietinas para ser eleito núncio uma segunda e uma terceira vez; pois, sem um semelhante certificado obtido a cada gestão, não poderá alcançar mais nada, e não possuirá, para não ser excluído do governo, senão o expediente de recomeçar pelos graus inferiores, o que deve ser permitido para não arrancar de um cidadão zeloso, por qualquer erro que possa ter cometido, qualquer esperança de apagar esse erro e de chegar aos cargos mais altos. De resto, nunca se deve encarregar qualquer comitê particular de expedir ou recusar esses certificados ou aprovações. É preciso sempre que esses julgamentos sejam realizados pela câmara como um todo, o que será realizado sem dificuldades nem perda de tempo caso se siga, para o julgamento dos senadores deputados deixando o cargo, o mesmo método de cartões que propus para a sua eleição.

Sobre isso, poder-se-á talvez dizer que todos esses certificados de aprovação, oferecidos inicialmente por corpos particulares, em seguida pelas Dietinas e enfim pela Dieta, não serão tanto concedidos pelo mérito, pela justiça e pela verdade, mas sobretudo serão extorquidos pela intriga e pelo crédito. Quanto a isso, tenho apenas uma resposta a dar. Acreditei estar me dirigindo a um povo que, sem ser isento de vícios, possuía ainda elã e virtudes, e, supondo-se isto, meu projeto é bom. Mas se a Polônia já se encontra naquele ponto em que tudo nela seja venal e corrompido até à raiz, é em vão que ela buscará reformar suas leis e preservar sua liberdade: ela deve renunciar a tais coisas e declinar sua cabeça ao jugo. Mas voltemos.

Todo senador deputado que assim o tiver sido por três vezes com aprovação passará de direito ao terceiro grau mais elevado no Estado, e a insígnia dessa passagem será conferida pelo rei com base na nomeação da Dieta. Essa insígnia será uma placa de aço azul semelhante às precedentes e terá essa inscrição: *Custos legum*.² Aqueles que a tiverem recebido a envergarão por todo o resto da vida em qualquer cargo eminente que venham a alcançar, e mesmo sobre o trono, caso venha a ascender a ele.

Os palatinos e os grandes castelães somente poderão ser selecionados dentre o corpo dos Guardiães das leis, da mesma maneira que estes o foram dentre os Cidadãos eleitos, isto é, pela escolha da Dieta, e como esses palatinos ocupam os cargos mais eminentes da república e pelo fato de o ocuparem vitaliciamente, para que sua emulação não adormeça nos cargos, posições nas quais não enxergam nada além do trono acima deles, o acesso a este lhes será franqueado, mas de maneira que só possam chegar a ele também através da voz pública e graças à virtude.

Observemos, antes de avançarmos, que a carreira que faço os cidadãos percorrerem para chegarem gradualmente à cabeça da república parece conformar-se suficientemente bem aos parâmetros da vida humana, para que aqueles que detenham as rédeas do governo, já tendo passado pelo ímpeto da juventude, possam, não obstante, encontrar-se ainda no vigor da idade, e que, após quinze ou vinte anos de provação contínua sob os olhos do público, reste-lhes ainda um bom número de anos para fazer a pátria usufruir de seus talentos, de sua experiência e de suas virtudes, e para fazer com que eles próprios possam usufruir, nos primeiros escalões do Estado, do respeito e das honras que terão tão bem merecido. Supondo que um homem começa a ingressar aos 20 anos nos negócios públicos, é possível que aos 35 já seja um palatino; mas, como é bem difícil e sequer é adequado que essa marcha gradual se faça tão rapidamente, não se chegará a esse cargo eminente antes dos 40, e essa é a idade, a

---

2 Guardiães das leis.

meu ver, mais conveniente para reunir todas as qualidades que devem ser buscadas em um homem de Estado. Acrescente-se a isso que essa marcha parece ser apropriada, o tanto quanto é possível, às necessidades do governo. No cálculo de probabilidades, estimo que a cada dois anos ter-se-á ao menos cinquenta novos cidadãos eleitos e vinte guardiães das leis: números mais do que suficientes para recrutar as duas partes do Senado para as quais esses dois respectivos graus conduzem. Afinal, vê-se facilmente que, embora o primeiro escalão do Senado seja o mais numeroso, sendo vitalício ele irá com menos frequência ter cargos a serem preenchidos do que o segundo, que, em meu projeto, se renova a cada Dieta comum.

Já vimos, e em breve veremos novamente, que não deixo ociosos os *eleitos* supranumerários, esperando que ingressem no Senado como deputados. Para também não deixar ociosos os Guardiães das leis, esperando que ali ingressem como palatinos ou castelães, é a partir de seu corpo que formareis o Colégio dos administradores da educação sobre o qual falei anteriormente. Seria possível indicar, como presidente desse Colégio, o primado ou um outro bispo, estatuindo além disso que nenhum outro eclesiástico, seja bispo ou senador, poderia nele ser admitido.

Eis, parece-me, uma marcha muito bem graduada para a parte essencial e intermediária do todo, a saber, a nobreza e os magistrados. Mas nos falta ainda os dois extremos, a saber, o povo e o rei. Comecemos pelo primeiro, até aqui não levado em conta, mas que é finalmente importante contabilizar para alguma coisa[3] caso se queira dar uma certa força, uma certa consistência

---

3 Veremos que, com esse recurso retórico, Rousseau na verdade pretende fazer com que com uma mudança gradativa a Polônia liberte o povo

à Polônia. Nada de mais delicado do que a operação em questão, pois, enfim, embora todos sintam o grande mal que é para a república o fato de a nação ser de algum modo confinada à Ordem Equestre, e que todo o resto, camponeses e burgueses, seja nada tanto no governo quanto na legislação, assim é a antiga constituição. Nesse momento, não seria nem prudente nem possível alterá-la subitamente, mas pode ser possível fazer essa mudança gradativamente, de fazer, sem uma revolução perceptível, que a parte mais numerosa da nação se ligue com afeição à pátria e até mesmo ao governo. Isso será obtido através de dois meios: o primeiro, uma exata observação da justiça, de modo que o servo e o plebeu, nunca tendo que temer serem injustamente humilhados pelo nobre, curem-se da aversão que naturalmente devem ter por este último. Isso exige uma grande reforma nos tribunais e um cuidado particular para a formação dos corpos de advogados.

O segundo meio, sem o qual o primeiro nada é, é o de abrir uma porta para os servos, para adquirirem a liberdade, e para os burgueses, para adquirirem a nobreza. Quando a coisa não fosse praticável diante dos fatos, seria necessário que essa possibilidade fosse ao menos vislumbrada. Mas é possível fazer mais, assim me parece, e isso sem correr nenhum risco. Eis, por exemplo, um meio que me parece levar dessa maneira ao objetivo proposto.

---

e se dirija a uma espécie de democracia fundada na soberania do povo (o que, segundo o *Contrato*, é uma tautologia), na qual a monarquia e a aristocracia apenas entrariam na "mistura" praticamente necessária dos regimes políticos históricos. Afinal, como já preconizava Rousseau em 1762, no livro IV do *Emílio*, "é o povo que compõe o gênero humano; o que não é povo é tão pouca coisa que não vale a pena contá-lo". Cf. Rousseau, *Emílio ou Da educação*, p.270.

A cada dois anos, no intervalo entre uma Dieta e outra, seria escolhido em cada província um período e lugar propícios onde os *Eleitos* da mesma província, que ainda não seriam Senadores deputados, reunir-se-iam, diante da presença de um *Custos legum* que ainda não fosse senador vitalício, em um comitê censorial ou de beneficência para o qual se convidariam não todos os padres, mas somente aqueles que fossem julgados mais dignos dessa honra. Creio até mesmo que essa preferência, constituindo um julgamento tácito aos olhos do povo, poderia também introduzir alguma emulação entre os padres da aldeia, e protegê-los contra costumes crapulosos aos quais estão excessivamente sujeitos.

Essa assembleia, na qual poderiam ser convocados anciões e notáveis de todos os estados, ocupar-se-ia do exame dos projetos de estabelecimentos úteis para a província; nela seriam escutados os relatos dos padres sobre a condição de suas paróquias e das paróquias vizinhas, os relatos dos notáveis sobre a condição dos cultivos, das famílias de seu cantão, e esses relatos seriam verificados cuidadosamente. Cada membro do comitê acrescentaria a eles suas próprias observações, e de tudo isso se extrairia um fiel registro do qual seriam tirados memorandos sucintos para as Dietinas.

Nelas seriam examinadas em detalhes as necessidades das famílias sobrecarregadas, dos enfermos, das viúvas, dos órfãos, que seriam amparadas proporcionalmente com base em um fundo constituído pelas contribuições gratuitas dos abastados da província. Essas contribuições seriam tanto menos onerosas na medida em que se tornariam o único tributo de caridade, visto que não serão admitidos nem mendigos nem hospitais[4] em

---

4 Boa parte dos autores de meados do século XVIII buscava diferenciar a pobreza da mendicância, vendo a questão sob o prisma do "trabalho"

qualquer lugar da Polônia. Sem dúvida os padres farão muita grita pela conservação dos hospitais, e essa grita é apenas uma razão a mais para destruí-los.

Nesse mesmo comitê, que nunca se ocupará nem de punições nem de reprimendas, mas somente de benfeitorias, de encômios e de encorajamentos, far-se-ão listas exatas, baseadas em informações fidedignas, sobre os particulares de todas as condições cuja conduta fosse digna de honra e de recompensa.[5] Essas listas seriam enviadas ao Senado e ao rei para que fossem consideradas no momento propício, para que pudessem sempre alocar bem suas escolhas e preferências; e é pelas indicações

---

e do "ócio". Sustentavam, em suma, que caberia ao bom governo oferecer trabalhos, cuidar dos cidadãos em necessidade, bem como mantê-los sadios e com acesso à dignidade através de uma atividade profissional. Os *hôpitaux* eram asilos nos quais muitas vezes os pobres eram encarcerados, uma espécie de detenção cuja estrutura administrativa constituía uma pequena soberania. Cf. Foucault, *História da loucura na Idade Clássica*. Cf. ainda os verbetes "Mendigo" (Jaucourt) e "Hospital" (Diderot) da *Enciclopédia*.

5 Nessas avaliações, é necessário prestar muito mais atenção às pessoas do que a algumas ações isoladas. O verdadeiro bem se faz com pouco estardalhaço. É por uma conduta uniforme e constante, por virtudes privadas e domésticas, por cumprir bem todos os deveres de sua condição, enfim, por ações que derivam de seu caráter e de seus princípios, que um homem pode merecer honras, mais do que por quaisquer grandes cenas de teatro, que já encontram sua recompensa na admiração pública. A ostentação filosófica ama demais as ações esplendorosas; mas uma tal pessoa com cinco ou seis ações dessa espécie, bem brilhantes, bem ruidosas e bem exaltadas, não tem outra finalidade senão a de oferecer uma falsa impressão sobre sua pessoa e a de ser impunemente injusta e rigorosa por toda a vida. *Dai-nos um pequeno trocado para as grandes ações.* O dito dessa mulher é um dito muito judicioso. (N. A.)

das mesmas assembleias que, pelos administradores, seriam dados nos colégios as vagas gratuitas sobre as quais falei anteriormente.

Contudo, a principal e mais importante ocupação desse comitê seria a de preparar, com base nos memorandos fiéis e nos relatos acuradamente verificados da voz pública, um rol de camponeses que se distinguissem por uma boa conduta, um bom cultivo, bons costumes, pelo cuidado com sua família, por todos os deveres que derivam de sua condição serem bem desempenhados. Esse rol seria em seguida apresentado à Dietina, que então escolheria uma quantidade determinada pela lei para que fossem libertos, e que providenciaria, por meios acordados, a indenização dos patrões, fazendo com que gozem de isenções, de prerrogativas e, enfim, de benefícios proporcionais à quantidade de camponeses que fossem considerados dignos da liberdade. Afinal, seria absolutamente necessário fazer isso de um modo que, ao invés da libertação do servo ser onerosa ao senhor, ela seja honrosa e vantajosa. Certamente que, a fim de evitar o abuso, essas libertações não seriam feitas pelos senhores, mas nas Dietinas através de julgamento e somente na quantidade fixada pela lei.

Quando já se tiver libertado sucessivamente um certo número de famílias de um cantão, poder-se-á libertar aldeias inteiras, e pouco a pouco formar comunas nesses lugares, dar-lhes algumas propriedades fundiárias e algumas terras comunais, como na Suíça. Seria possível estabelecer ali oficiais comunais e, quando gradativamente tiverem conduzido as coisas até poder, sem revolução perceptível, completar a operação em larga escala, restituir-lhes finalmente o direito que a natureza lhes deu de participar na administração de seu país ao enviarem deputados para as Dietinas.

Feito tudo isso, todos esses camponeses tornados homens livres e cidadãos seriam munidos com armas, arregimentados, treinados e assim se acabaria por ter uma milícia verdadeiramente excelente, mais do que suficiente para a defesa do Estado.

É possível seguir um método semelhante para o enobrecimento de um certo número de burgueses e, mesmo sem os enobrecer, destiná-los a certos cargos fulgurantes a serem ocupados unicamente por eles, excluindo-se os nobres, e isso seria feito imitando os venezianos que, embora tão zelosos de sua nobreza, sempre dão a um citadino, para além dos empregos subalternos, o segundo cargo do Estado, a saber, o de Grande Chanceler, sem que nenhum patrício possa jamais almejar essa posição. Dessa maneira, abrindo para a burguesia a porta da nobreza e das honras, isso fará com que ela se ligue com afeição à pátria e à manutenção da constituição. Seria ainda possível enobrecer coletivamente determinadas cidades sem enobrecer os indivíduos, dando preferência àqueles onde florescem, mais do que qualquer outra coisa, o comércio, a indústria e as artes, e onde, por conseguinte, a administração municipal seria a melhor. Essas cidades enobrecidas poderiam, à maneira das cidades imperiais, enviar núncios para a Dieta, e seu exemplo não deixaria de estimular em todos as outras um vivo desejo de obter a mesma honra.

Os Comitês Censoriais, encarregados desse departamento de beneficências, que para a vergonha dos reis e dos povos nunca existiu em parte alguma, seriam, ainda que sem eleição, compostos da maneira mais apropriada para desempenhar suas funções com zelo e integridade, tendo em vista que seus membros, aspirantes aos cargos senatoriais aos quais seus respectivos graus os conduzem, tomariam um grande cuidado para merecer, pela aprovação pública, os sufrágios da Dieta. Isso seria uma ocupação suficiente para manter esses aspirantes em alerta e sob os olhos do público nos intervalos que poderiam separar suas eleições sucessivas. No entanto, note-se que isso será feito sem que nesses intervalos eles sejam retirados da condição de simples cidadãos graduados, porque essa espécie de tribunal, tão útil e tão respeitável, tendo sempre somente coisas boas a realizar, não seria revestido de nenhum poder coativo. Assim, com isso não multiplico as magistraturas, mas me valho de um caminho de passagem de uma à outra para tirar partido daqueles que devem ocupá-las.

Com base nesse plano, graduado em sua execução por uma marcha sucessiva passível de ser acelerada, desacelerada ou mesmo interrompida em função de seu sucesso ou de seu fracasso, somente a vontade, guiada pela experiência, ditaria os avanços realizados; despertar-se-ia em todas as camadas inferiores um zelo ardente em contribuir para o bem público; enfim, conseguir-se-ia vivificar e vincular todas as partes da Polônia de maneira a constituírem somente um único corpo cujo vigor e forças seriam pelo menos dez vezes maiores do que aquelas que podem ter atualmente, e isso com a vantagem inestimável de ter evitado qualquer mudança intensa e brusca, além do perigo das revoluções.

Tendes uma bela ocasião de começar essa operação de uma maneira esplêndida e nobre que deverá produzir o maior dos efeitos. Não é possível que, diante das infelicidades que a Polônia acaba de suportar, os confederados não tenham recebido ajuda e sinais de afeição dos burgueses e mesmo de alguns camponeses. Imitai a magnanimidade dos romanos, tão cuidadosos, após as grandes calamidades de sua república, de cobrir com testemunhos de sua gratidão os estrangeiros, os escravos e até mesmo os animais que, durante suas desgraças, haviam lhes oferecido alguns préstimos notáveis. Oh! Que belo começo, a meu ver, seria conceder solenemente a nobreza a esses burgueses e a libertação a esses camponeses, e isso com toda a pompa e todo espavento que podem tornar essa cerimônia augusta, tocante e memorável! E não vos detenhais apenas nesse começo. Esses homens assim distinguidos devem sempre permanecer como os filhos escolhidos da pátria. É preciso velar por eles, protegê-los, ajudá-los, apoiá-los, mesmo que fossem maus súditos. É preciso a todo custo fazê-los prosperar enquanto viverem, para que, através desse exemplo apresentado diante dos olhos do público, a Polônia mostre para a Europa inteira o que devem esperar dela em seu sucesso aqueles que a auxiliaram no momento de aflição.

Eis uma ideia grosseira, simplesmente dada como exemplo, da maneira pela qual é possível proceder para que cada um veja diante de si o caminho livre para alcançar qualquer coisa, para que todos, ao servirem bem a pátria, tendam gradualmente às posições mais honrosas, e para que a virtude possa abrir todas as portas que a fortuna se compraz em fechar.

Porém, nem tudo foi feito ainda, e a parte desse projeto que me resta expor é incontestavelmente a mais embaraçosa e a mais difícil; ela propõe-se a superar obstáculos contra os quais a prudência e a experiência dos políticos mais consumados sempre fracassaram. No entanto, pressupondo a adoção do meu projeto, parece-me que através do meio muito simples que irei propor todas as dificuldades são resolvidas, todos os abusos são prevenidos e o que parecia constituir um novo obstáculo transforma-se em uma vantagem na execução.

XIV. Eleição dos reis

Todas essas dificuldades reduzem-se à de atribuir ao Estado um chefe cuja escolha não cause problemas e que não atente contra a liberdade. O que aumenta essa dificuldade é que o chefe deve ser dotado das grandes qualidades necessárias a quem quer que ouse governar homens livres. A hereditariedade da Coroa previne os problemas, mas ela conduz à servidão; a eleição mantém a liberdade, mas a cada reinado ela abala o Estado. Essa alternativa é importuna,[1] mas antes de falar dos meios para evitá-la, que me seja concedido um momento de reflexão sobre a maneira pela qual os poloneses comumente dispõem de sua Coroa.

Inicialmente, pergunto-me: por que precisam dar a si mesmos reis estrangeiros? Por qual estranha cegueira assim empregaram o meio mais seguro para subjugar sua nação, para abolir seus usos, para fazerem de si mesmos o joguete das outras cortes e para aumentar de bom grado as desordens dos interregnos? Que injustiça para consigo mesmos, que afronta feita contra sua pátria, como se, no desespero para encontrar em seu seio um homem digno de comandá-los, tivessem sido forçados a

---

[1] Cf. *Contrato social*, III, 6.

buscá-lo ao longe. Como não perceberam, como não viram que aquilo obrava o completo oposto? Consultai os registros históricos de vossa nação, e nunca a vereis mais triunfante do que quando sob o comando dos reis poloneses; ireis vê-la quase sempre oprimida e aviltada sob os reis estrangeiros. Que a experiência venha, enfim, em apoio da razão; vereis quais males fazeis e quais bens negais a vós mesmos.

Afinal, pergunto-me também como a nação polonesa, após ter feito tanto para tornar sua coroa eletiva, não pensou em tirar partido dessa lei para introduzir entre os membros da administração uma emulação de zelo e de glória, que sozinha teria feito mais pelo bem da pátria do que todas as outras leis reunidas. Que poderoso recurso sobre almas grandes e ambiciosas essa coroa destinada ao mais digno, e que foi colocada no horizonte de qualquer cidadão que souber merecer a estima pública! Que virtudes, que nobres esforços a esperança de conquistar seu mais alto preço não deve estimular na nação, que fermento de patriotismo em todos os corações, quando souberem muito bem que apenas através disso poderão obter esse cargo que se tornou o objeto secreto dos desejos de todos os particulares, assim que, graças ao mérito e aos serviços, depender deles aproximar-se cada vez mais desse cargo e, caso a fortuna os favoreça, de enfim alcançá-lo por completo. Busquemos o melhor meio de colocar em jogo esse grande recurso tão poderoso na república e tão negligenciado até o momento. Dir-me-ão que não basta dar a Coroa apenas aos poloneses para resolver as dificuldades em questão: é isso que veremos em um instante, uma vez que tiver proposto meu expediente. Esse expediente é simples, mas inicialmente parecerá errar o alvo que eu mesmo acabo de marcar quando eu disser que ele consiste em fazer com que o sorteio participe da eleição dos reis. Peço a gentileza de me concederem o tempo para me explicar ou simplesmente de me relerem com atenção.

Afinal, se indagarem "como se assegurar que um rei sorteado tenha as qualidades requeridas para desempenhar dignamente seu cargo?", estarão fazendo uma objeção já resolvida, porque para isso basta que o rei somente possa ser selecionado dentre os senadores vitalícios. Afinal, porque estes mesmos serão selecionados dentre a ordem dos *Guardiães das leis*, e pelo fato de terem passado com honra por todos os graus da república, as provações experimentadas ao longo de toda a sua vida e a aprovação pública em todos os cargos que tiverem desempenhado serão garantias suficientes do mérito e das virtudes de cada um deles.

Não pretendo, no entanto, que mesmo entre os senadores vitalícios apenas a sorte decida a preferência: assim fazê-lo seria errar parcialmente o grande alvo que deve ser estabelecido. É preciso que a sorte faça alguma coisa e que a escolha faça muita coisa, a fim de, por um lado, neutralizar em parte as intrigas e as astúcias das potências estrangeiras e, por outro lado, de engajar todos os palatinos em um interesse tão grande a ponto de fazer com que não se acomodem em sua conduta, mas de modo a continuarem a servir a pátria com zelo para merecer a preferência sobre seus concorrentes.

Admito que a classe desses concorrentes me parece bem numerosa se nela incluirmos os grandes castelães, que, pela atual constituição, têm uma posição quase igual à dos palatinos. Mas não vejo qual inconveniente haveria em conceder somente aos palatinos o acesso imediato ao trono. Isso introduziria na mesma ordem um novo grau pelo qual os grandes castelães ainda teriam que passar para se tornarem palatinos, e, por conseguinte, um meio a mais para manter o Senado dependente do legislador. Já vimos que esses grandes castelães me parecem supérfluos na constituição. Não obstante, se para evitar qualquer grande mudança lhes seja deixado seu cargo e sua posição no Senado, estou de acordo com isso. Mas na gradação que proponho, nada vos obriga de alçá-los ao nível dos palatinos, e como nada também vos impede de fazê-lo, é possível sem inconvenientes decidir-se pela melhor decisão a se tomar. Suponho aqui que essa decisão preferida será a de franquear somente aos palatinos o acesso imediato ao trono.

Assim, imediatamente após a morte do rei, isto é, no menor intervalo possível e que deverá ser fixado em lei, a Dieta da eleição será solenemente convocada. Os nomes de todos os palatinos concorrerão e três deles serão sorteados com todas as precauções possíveis para que nenhuma fraude altere essa operação. Esses três nomes serão declarados em voz alta na assembleia, que, na mesma sessão e com a maioria dos votos, escolherá aquele de sua preferência, e ele será proclamado rei no mesmo dia.

Nessa forma de eleição será encontrado um grande inconveniente, admito-o: o de que a nação não possa escolher livremente, dentre o número de palatinos, aquele que ela honra e preza mais do que todos os outros, e que ela julga ser o mais digno da realeza. Mas esse inconveniente não é novo na Polônia, onde se pôde observar em inúmeras eleições, e sobretudo na última, que sem nenhuma consideração para com aqueles que a nação era favorável, ela foi forçada a escolher aquele que teria rejeitado. Contudo, contra essa vantagem que ela não tinha mais e que sacrifica, quantas outras mais importantes ela ganha por essa forma de eleição!

Primeiramente, a ação do sorteio neutraliza de uma só vez as fações e intrigas das nações estrangeiras que podem influenciar sobre essa eleição, demasiado incertas do sucesso para empregar muitos esforços nisso, visto que a própria fraude seria insuficiente em favor de um súdito que a própria nação pode sempre rejeitar. Essa vantagem é por si só tão grande que ela garante o sossego da Polônia, abafa a venalidade na república e confere para a eleição praticamente toda a tranquilidade da hereditariedade.

A mesma vantagem age contra as intrigas dos próprios candidatos. Afinal, quem dentre eles fará um grande esforço para garantir uma preferência que absolutamente não depende dos homens e sacrificar sua fortuna por um evento que tem tantas chances contrárias contra uma favorável? Acrescentemos que aqueles que a sorte favoreceu não mais possuem tempo de comprar eleitores, porque a eleição deve ser feita na mesma sessão.

A escolha livre da nação entre três candidatos preserva-a dos inconvenientes da sorte que, por hipótese, recaísse sobre um súdito indigno; pois nessa hipótese a nação evitará escolhê-lo, e não é possível que dentre trinta e três homens ilustres, a elite da nação, onde sequer se é possível compreender como poderia ser encontrado um só súdito indigno, todos os três que a sorte favoreceu assim o sejam.

Assim, e essa observação é de grande peso, reuniremos através dessa forma todas as vantagens da eleição com as vantagens da hereditariedade.

Pois primeiramente, com a coroa não passando de pai para filho, nunca haverá continuidade de sistema para escravizar a república. Em segundo lugar, o próprio sorteio é, nesse formato, instrumento de uma eleição esclarecida e voluntária. Do respeitável corpo dos Guardiães das leis e dos palatinos sorteados entre eles, somente é possível fazer uma escolha, seja ela qual for, que já tenha sido feita pela nação.

Mas vede que emulação tal perspectiva deverá introduzir nos corpos dos palatinos e grandes castelães que, em cargos vitalícios, poderiam acomodar-se pela certeza de que estes não mais poderiam lhes ser retirados. Eles não mais podem ser contidos pelo receio, mas a esperança de ocupar um trono que cada um deles vê tão perto de si é um novo aguilhão que os mantém incessantemente atentos consigo mesmos. Sabem que o sorteio os favoreceria inutilmente caso fossem rejeitados na eleição, e que o único meio de serem escolhidos é o de merecer sê-lo. Essa vantagem é muito grande e muito evidente para que seja necessário insistir nela.

Suponhamos por um instante, pensando no pior dos casos, que a fraude não possa ser evitada na operação do sorteio e que um dos concorrentes venha a enganar a vigilância de todos os outros tão interessados nessa operação. Essa fraude seria uma infelicidade para os candidatos excluídos, mas o efeito, para a república, seria o mesmo que se a decisão do sorteio tivesse sido fiel: pois ainda assim haveria o benefício da eleição; seriam evitados os tumultos dos interregnos e os perigos da hereditariedade; o candidato que tivesse sido seduzido por sua ambição a recorrer a essa fraude seria, de resto, um homem de mérito, capaz, pelo julgamento da nação, de vestir a coroa com honra; e, enfim, mesmo após essa fraude, ele dependeria, para aproveitar dela, da escolha subsequente e formal da república.

Através desse projeto adotado em toda sua amplitude, tudo no Estado se entrelaça, e, do último dos particulares até o primeiro dos palatinos, ninguém enxerga outro meio para avançar que não a rota do dever e da aprovação pública. Somente o rei, uma vez eleito, vendo apenas as leis acima dele, não possui nenhum outro freio que o contenha, e não mais tendo necessidade da aprovação pública pode dispensá-la sem risco caso seus projetos assim exijam. Vejo apenas um remédio para isso, sobre o qual não se deve nem mesmo pensar. Seria que a Coroa fosse de alguma maneira amovível e que no final de certos períodos os reis tivessem necessidade de serem confirmados. Mas, novamente, esse expediente não é passível de proposição: ao se manter o trono e o Estado em uma agitação contínua, nunca se permitiria que a administração tivesse um estado de espírito suficientemente sólido para poder dedicar-se unicamente e utilmente ao bem público.

Houve um uso antigo que somente foi praticado por um único povo, mas é surpreendente que seu sucesso não tenha instigado nenhum outro povo a imitá-lo. É verdade que ele é adequado apenas para um reinado eletivo, embora inventado e praticado em um reinado hereditário. Falo do julgamento dos reis do Egito após sua morte, e do decreto pelo qual a sepultura e as honras reais lhes eram concedidas ou recusadas segundo tivessem governado bem ou mal o Estado durante sua vida. A indiferença dos modernos a respeito de todos os objetos morais e a respeito de tudo aquilo que pode dar elã às almas indubitavelmente lhes fará enxergar como uma loucura a ideia de restabelecer esse uso para os reis da Polônia, e não são os franceses, sobretudo os filósofos, que gostaria de induzir a adotá-la, mas creio que é possível propô-la aos poloneses. Ouso mesmo propor que esse estabelecimento teria entre eles grandes vantagens que seriam impossíveis de serem supridas de alguma outra maneira, sem apresentar nenhum inconveniente. Quanto ao objeto em questão, vê-se que, com exceção do caso de uma alma vil e insensível à honra de sua memória, não é possível que a integridade de um julgamento inevitável não impressione o rei e não coloque em suas paixões um freio que, admito-o, pode ser mais ou menos forte, mas sempre capaz de contê-los até certo ponto, sobretudo quando se juntar a isso o interesse de seus filhos, cujo destino será decidido pelo decreto estabelecido sobre a memória do pai.

Gostaria, pois, que após a morte de cada rei seu corpo fosse depositado em um lugar apropriado, até que se tivesse pronunciado sobre sua memória; que o tribunal que deve decidir isso e atribuir sua sepultura fosse reunido o mais cedo possível; que nessa reunião sua vida e seu reinado fossem rigorosamente examinados; e que, após inquéritos nos quais qualquer cidadãos seria admitido para acusá-lo ou defendê-lo, o processo, bem instruído, fosse seguido de um decreto emitido com toda a solenidade possível.

Como consequência desse decreto, caso seja favorável o falecido rei seria declarado bom e justo príncipe; seu nome inscrito com honra na lista dos reis da Polônia; seu corpo colocado com pompa em sua sepultura; o epíteto de *gloriosa memória* acrescentado ao seu nome em todos os atos e discursos públicos; um dote seria atribuído à sua viúva; e seus filhos, declarados príncipes reais, seriam honrados enquanto vivessem com todos os benefícios ligados a esse título.

Se, ao contrário, ele fosse considerado culpado de injustiça, de violência, de malversação e, sobretudo, de ter atentado contra a liberdade pública, sua memória seria condenada e difamada; seu corpo, privado da sepultura real, seria enterrado sem honras como o de um particular qualquer; seu nome apagado do registro público dos reis; e seus filhos, privados do título de príncipes reais e das prerrogativas a isto ligadas, entrariam novamente na classe dos simples cidadãos, sem nenhuma distinção honrosa nem difamatória.

Gostaria que esse julgamento fosse realizado com a maior pompa, mas que precedesse, se fosse possível, a eleição de seu sucessor, a fim de que o crédito deste não pudesse ter influência sobre a sentença, cuja severidade ele mesmo teria interesse em aplacar. Sei que seria desejável haver mais tempo para desvelar a contento as verdades ocultas e para melhor instruir o processo. Contudo, caso fosse postergado para após a eleição, recearia que esse importante ato logo se tornasse uma vã cerimônia, e, como infalivelmente aconteceria em um reino hereditário, que fosse mais uma oração fúnebre para o rei defunto do que um julgamento justo e severo sobre sua conduta. Nessa circunstância, é melhor dar preferência à voz pública e perder alguns esclarecimentos dos detalhes, a fim de conservar a integridade e a austeridade de um julgamento que sem isso se tornaria inútil.

A respeito do tribunal que pronunciaria essa sentença, gostaria que não fosse nem o Senado, nem a Dieta, nem nenhum corpo revestido de qualquer autoridade no governo, mas uma ordem constituída inteiramente por cidadãos, que não pode ser facilmente nem enganada nem corrompida. Parece-me que os *Civis electis*, mais instruídos, mais experimentados que os *Servidores do Estado*, e menos interessados que os *Guardiães das leis*, já muito avizinhados ao trono, seriam precisamente o corpo intermediário em que se encontraria simultaneamente mais esclarecimentos e mais integridade, o mais adequado para emitir apenas julgamentos seguros, e, por isso, preferível às duas outras nessa ocasião. Mesmo se acontecesse desse corpo não ser suficientemente numeroso para um julgamento dessa importância, preferiria que lhes fossem atribuídos adjuntos selecionados dentre os *Servidores do Estado* do que dentre os *Guardiães das leis*. Enfim, gostaria que esse tribunal não fosse presidido por nenhum homem de posição, mas por um marechal tirado de seu corpo e eleito por este, como os das Dietas e das Confederações. Seria tão necessário evitar que nenhum interesse influísse sobre esse ato que ele pode se tornar muito augusto ou muito ridículo, a depender da maneira pela qual é levado a cabo.

Para finalizar esse capítulo sobre a eleição e o julgamento dos reis, devo aqui dizer que uma coisa em vossos usos me pareceu bem chocante e bem contrária ao espírito de vossa constituição: a de vê-la quase derrubada e aniquilada com a morte do rei, a ponto de todos os tribunais serem suspensos e fechados, como se essa constituição se ligasse de tal modo a esse príncipe que a morte de um fosse a destruição da outra. Ah, meu Deus! Deveria ser exatamente o oposto disso. Com o rei morto, tudo deveria continuar como se ainda vivesse; a falta de uma peça na máquina mal deveria ser percebida, de tão pouco essencial que essa peça era para sua solidez. Felizmente, essa inconsequência não está ligada a nada. Basta proclamar que ela não mais existirá e nada mais precisa ser alterado. Porém, não se deve deixar que essa estranha contradição persista, pois se ela já se afigura como uma na atual constituição, seria uma bem maior ainda após a reforma.

XV. Conclusão

Eis meu plano suficientemente esboçado: encerro por aqui. Seja qual for aquele que ireis adotar, não se deve esquecer aquilo que afirmei no *Contrato social* sobre o estado de fraqueza e de anarquia no qual uma nação se encontra no momento em que estabelece ou reforma sua constituição.[1] Nesse momento de desordem e de agitação, ela encontra-se sem condição de opor qualquer resistência, e o menor choque é capaz de desarranjar tudo. É importante, pois, arranjar para si a qualquer custo um intervalo tranquilo durante o qual se possa, sem riscos, agir sobre si mesmo e rejuvenescer sua constituição. Embora as mudanças a serem feitas na vossa constituição não sejam fundamentais e não pareçam ser tão grandes, elas são suficientes para exigir essa precaução, e forçosamente é preciso um certo tempo para que seja sentido o efeito da melhor reforma e para que a consistência, que deve ser o seu fruto, seja notada. O empreendimento em questão só pode ser contemplado se supusermos que seu sucesso estará à altura da coragem dos Confederados e da justiça de sua causa. Nunca sereis livres enquanto ainda restar

---

[1] *Contrato social*, II, 10.

um único soldado russo na Polônia, e estareis sempre ameaçados deixar de sê-lo enquanto a Rússia se imiscuir em vossos negócios públicos. Porém, se conseguirdes forçá-la a tratar convosco como de potência para potência, e não mais como de protetor para protegido, tirai então vantagem da exaustão na qual a guerra contra a Turquia[2] a terá lançado para realizar vossa obra antes que a Rússia possa interferir nela. Embora eu não faça nenhum caso da segurança externa oferecida por tratados, essa circunstância única vos forçará talvez a vos escorar nesse apoio o tanto quanto possível, mesmo que seja para conhecer a disposição atual daqueles que tratarão convosco. Mas, exceptuando-se esse caso e talvez, em outros períodos, alguns tratados de comércio, não vos desgastais com negociações inúteis, não vos arruineis com embaixadores e ministros nas outras cortes, e não conteis com as alianças e tratados para alguma coisa. Tudo isso de nada serve com as potências cristãs. Elas não conhecem outros vínculos que não o de seu interesse; quando acharem que ele consiste em cumprir seus compromissos, elas o cumprirão; quando acharem que ele consiste em rompê-los, elas o romperão: melhor seria não se engajar em nenhum. Se ao menos esse interesse fosse sempre verdadeiro, o conhecimento daquilo que conviria a essas potências fazerem permitiria com que se pudesse prever o que elas farão. Mas quase nunca é a razão de

---

2 A Guerra Russo-Turca de 1768-1774, ocasionada por conflitos derivados da ocupação russa na Polônia, foi um conflito no qual o Império Russo obteve uma vitória ampla sobre o exército turco, com conquistas territoriais importantes: os russos passaram, por exemplo, a ter controle e influência sobre a Crimeia e a Moldávia, além de acesso à navegação no mar Negro.

Estado[3] que as guia, é o interesse fugaz de um ministro, de uma jovem, de um favorito; é o motivo pelo qual nenhuma sabedoria humana pôde prever o que as determina ora a favor, ora contra seus verdadeiros interesses. Como é possível se encontrar em segurança com pessoas que não possuem nenhum sistema fixo e se conduzem somente por impulsões fortuitas? Nada é mais frívolo do que a ciência política das cortes: como ela não tem nenhum princípio estável, nenhuma consequência certa poderia ser extraída disso, e toda essa bela doutrina dos interesses dos príncipes é uma brincadeira de crianças que causa risos nos homens sensatos.

Portanto, não depositeis confiança nem em vossos aliados nem em vossos vizinhos. Há apenas um deles com o qual podereis contar um pouco. Trata-se do Grão Senhor, e não deveis poupar nada para conquistar seu apoio. Não que suas máximas de Estado sejam muito mais certas do que as das outras potências. Nesse lugar tudo depende igualmente de um vizir, de uma favorita, de uma intriga de serralho. Mas o interesse da Porta é claro e simples: faz tudo girar em torno dela, e geralmente ali reinam, com bem menos luzes e sagacidade, mais retidão e bom

---

3 O termo *raison d'État* – de rara ocorrência no *corpus rousseauniano* – tem um significado preciso na filosofia de Rousseau e se afasta da concepção clássica, pois possui a mesma acepção que a expressão *raison publique*, isto é, a *razão pública*. Não se trata, portanto, de velar pela conservação do Estado a qualquer custo e tampouco de alçar o governante, seja ele quem for, para acima das leis, como se pode depreender da própria leitura dessas *Considerações sobre o governo da Polônia*. Sobre o uso da expressão "razão de Estado" na obra rousseauniana, cf. Bernardi, *La fabrique des concepts*, p.527 ss. Para uma história do termo e sua recepção, cf. Gonçalves, Sobre a razão de Estado clássica e seus estudos recentes; e Senellart, *Machiavélisme et raison d'État*.

senso.[4] Com ela, tereis ao menos essa vantagem a mais do que com as potências cristãs: a Porta ama cumprir seus compromissos e geralmente respeita os tratados. É preciso empenhar-vos para estabelecer com ela um tratado que dure por vinte anos, e que seja tão forte e claro quanto for possível. Enquanto uma outra potência ocultará seus projetos, esse tratado será a melhor e talvez a única garantia que podereis ter, e, na condição em que a atual guerra provavelmente deixará a Rússia, estimo que será o suficiente para que vossa obra seja empreendida com segurança, ainda mais tendo em vista que o interesse comum das potências da Europa, e sobretudo de vossos outros vizinhos, é o de sempre vos deixar como uma barreira entre eles e os russos, e que de tanto alternarem de desvario em desvario, é certamente necessário que pelo menos algumas vezes sejam sábios.

Uma coisa me leva a acreditar que olharão sem inveja para o trabalho de reforma da vossa constituição: é que essa obra tende somente à solidez da legislação, consequentemente da liberdade, e em todas as cortes essa liberdade é vista como uma mania de visionários, tendente mais a enfraquecer do que a consolidar o Estado. É por isso que a França sempre favoreceu a liberdade do corpo germânico e da Holanda, e é por isso que atualmente a Rússia favorece o atual governo da Suécia, obstruindo os projetos do rei com todas as suas forças. Todos esses grandes ministros que, julgando os homens em geral ao tomarem a si mesmos e os que os rodeiam como medida, creem conhecê-los, mas estão bem longe de imaginar que móbil o amor pela pátria e o elã da

---

4 Por "Grão Senhor" Rousseau refere-se ao grão-vizir turco, o mais importante ministro e conselheiro do sultão. A "Sublime Porta" representava o governo central do Império Otomano.

virtude podem oferecer às almas livres. Por mais que se deixem iludir pelas opiniões rasteiras que possuem das repúblicas, nelas encontrando contra todos os seus empreendimentos uma resistência com a qual não esperavam lidar, nunca abandonarão um preconceito fundado no desprezo que os faz se sentirem dignos, e com base no qual avaliam o gênero humano. Malgrado a experiência um tanto impressionante que os russos acabam de ter na Polônia, nada os fará mudar de opinião. Sempre enxergarão os homens livres como devem olhar a si mesmos, isto é, como homens nulos sobre os quais apenas dois instrumentos exercem influência, a saber, o dinheiro e o cnute.[5] Portanto, se notarem que a República da Polônia, no lugar de se dedicar a encher seus cofres, a engordar suas finanças, a recrutar tropas regulares, considera, ao contrário, licenciar seu exército e dispensar o dinheiro, acreditarão que ela trabalha para se enfraquecer, e, persuadidos de que para conquistá-la bastará que ali apareçam quando assim lhes aprouver, deixá-la-ão completamente a seu bel prazer para se organizar, enquanto zombam entre si do trabalho que ela realiza. E é preciso convir que o estado de liberdade tira de um povo a força ofensiva, e que ao seguir o plano que proponho é preciso renunciar a qualquer esperança de conquista. No entanto, feita a vossa obra, que daqui vinte anos tentem os russos vos invadir e saberão que soldados são, para a defesa de seus lares, esses homens de paz que não sabem atacar os lares alheios e que esqueceram o preço do dinheiro.

De resto, quando estiverdes livres desses hóspedes cruéis, evitai tomar quaisquer atitudes brandas em relação ao rei que

---

5 O cnute era um azorrague ou açoite russo, feito de tiras de couro, com pequenas esferas de metal nas pontas.

eles vos pretendiam outorgar.[6] É necessário ou lhe mandar cortar a cabeça, tal como ele merecia, ou, sem ter consideração por sua primeira eleição, que é completamente nula, elegê-lo novamente com outros *pacta conventa* pelos quais devereis fazê-lo renunciar à nomeação dos grandes cargos. Essa segunda resolução é não somente a mais humana, mas a mais sábia; vejo nela, inclusive, um certo orgulho generoso que talvez mortifique a Corte de Petersburgo tanto quanto se uma outra eleição fosse realizada. Poniatowski foi muito criminoso, não há dúvidas; hoje em dia, talvez não seja nada além de infeliz; pelo menos na situação atual, assim me parece, ele se conduz de forma apropriada ao não se meter em nada. Naturalmente ele deve, no fundo de seu coração, desejar ardentemente a expulsão de seus duros senhores. Talvez houvesse um heroísmo patriótico em se reunir para expulsar os Confederados; mas é bem sabido que Poniatowski não é um herói. Ademais, para além do fato de que não lhe seria permitido fazê-lo e de que inequivocamente se encontra sob custódia, devendo tudo aos russos, declaro francamente que, caso eu estivesse no seu lugar, não gostaria por nada no mundo de ser capaz desse tipo de heroísmo.

Sei muito bem que não é esse o rei que precisais quando vossa reforma estiver pronta, mas é, talvez, aquele necessário para fazê-la tranquilamente. Que ele ainda viva somente oito ou dez anos, vossa máquina já tendo então começado a funcionar, e muitos Palatinados já estando ocupados por *Guardiães das leis*, não tereis receio de lhe dar um sucessor que se assemelhe a ele.

---

6 Estanislau II Augusto (1732-1798), ou Stanisław Antoni Poniatowski, rei da Polônia e da Comunidade Polaco-Lituana.

Porém, eu mesmo receio que, ao destitui-lo simplesmente, não sabereis o que fazer e ireis vos expor a novos problemas.

A despeito de quaisquer embaraços que, não obstante, sua livre eleição possa vos poupar, é preciso considerá-la somente após se estar bem assegurado de suas verdadeiras disposições e supondo-se que algum bom senso ainda será encontrado nele, algum sentimento de honra, algum amor por seu país, algum conhecimento de seus verdadeiros interesses e algum desejo de segui-los. Pois a qualquer tempo, e sobretudo na triste situação na qual os infortúnios da Polônia irão deixá-la, não haveria nada de mais funesto para ela do que ter um traidor na cabeça do governo.

Quanto à maneira de iniciar a obra em questão, não posso apreciar todas as sutilezas que vos foram propostas para de algum modo surpreender e enganar a nação a respeito das mudanças a serem feitas em suas leis. Meu conselho somente seria o de, ao mostrar vosso plano em toda sua amplitude, não começar bruscamente a execução ao preencher a república com descontentes, de manter nos cargos a maior parte daqueles que os ocupam atualmente, de preencher os empregos segundo a nova reforma apenas à medida que eles forem vagando. Não deveis nunca sacudir muito bruscamente a máquina do Estado. Não duvido que um bom plano, uma vez adotado, mude até mesmo o espírito daqueles que haviam participado de um governo que era conduzido sob um outro plano. Não sendo possível subitamente criar novos cidadãos, é preciso começar por servir-se daqueles que existem, e oferecer um caminho novo para sua ambição é o meio de dispô-los a segui-lo.

E se, malgrado a coragem e a constância dos Confederados e malgrado a justiça de sua causa, o destino e todas as potências os abandonarem e entregarem a pátria a seus opressores...?

Não tenho, contudo, a honra de ser polonês, e em uma situação semelhante àquela em que vos encontrais, somente se é permitido oferecer conselhos através do próprio exemplo.

Acabo de cumprir, segundo a medida de minhas forças, a tarefa a mim atribuída pelo conde Wielhorski, e queira Deus que eu a tenha realizado com tanto sucesso quanto ardor. Talvez tudo isso seja um monte de quimeras, mas eis minhas ideias. Não é minha culpa se elas se parecem tão pouco com as de outros homens, não dependeu de mim organizar minha cabeça de outra forma. Admito até mesmo que, qualquer singularidade que possam ter encontrado nelas, de minha parte não vejo nessas ideias nada que não seja de bem adaptado ao coração humano, de bom, de praticável, sobretudo na Polônia, pois em minhas opiniões dediquei-me a seguir o espírito dessa República e a propor somente o mínimo de mudanças que pude para corrigir suas falhas. Parece-me que um governo estruturado sobre semelhantes móbeis deve se dirigir para o seu verdadeiro alvo do modo mais direto, mais seguro e mais prolongado possível, sem ignorar que, de resto, todas as obras dos homens são imperfeitas, passageiras e perecíveis como eles.

Omiti propositalmente muitos pontos profundamente importantes sobre os quais não me sentia suficientemente aclarado para poder bem julgá-los. Deixo esse cuidado para homens mais esclarecidos e mais sábios do que eu, e coloco um fim a essa longa miscelânea pedindo ao conde Wielhorski desculpas por tê-lo ocupado durante tanto tempo. Ainda que eu pense de modo diferente dos outros homens, não me lisonjeio de ser mais sábio do que eles, nem pretendo que encontrem em meus devaneios nada que possa ser realmente útil à sua pátria. Porém, meus votos para sua prosperidade são demasiado verdadeiros, demasiado puros, demasiado desinteressados para que o orgulho de contribuir para vossa pátria possa acrescentar algo ao meu zelo. Possa ela triunfar sobre seus inimigos, tornar-se e permanecer pacífica, feliz e livre, oferecer um grande exemplo para o universo e, aproveitando-se dos trabalhos patrióticos do conde Wielhorski, encontrar e formar em seu seio muitos cidadãos a ele assemelhados!

Recomendações bibliográficas

Obras de Rousseau e outras fontes do século XVIII

BUTTAFOCO, Matteo; ROUSSEAU, Jean-Jacques. *Projets de Constitution pour la Corse*. Apresentação, organização e comentários de Philippe Castellin e Jean-Marie Arrighi. Ajaccio: La Marge, 1980.

DIDEROT, Denis; D'ALEMBERT, Jean Le Rond. *Enciclopédia*. Org. Pedro Paulo Pimenta e Maria das Graças de Souza. São Paulo: Editora Unesp, 2015-2017. 6 v.

MABLY, Gabriel Bonnot de. *Du gouvernement et des lois de la Pologne*. Introdução e notas de Marc Belissa. Paris: Kimé, 2008.

MONTESQUIEU, Charles de Secondat. *Considerações sobre as causas da grandeza dos romanos e de sua decadência*. Trad. Vera Ribeiro. Rio de Janeiro: Contraponto, 2002.

_____. *De l'esprit des lois*. Ed. Robert Derathé. Paris: Garnier, 1973. 2 v.

_____. *De l'esprit des lois*. In: *Œuvres complètes de Montesquieu*, t.II. Ed. Roger Caillois. Paris: Gallimard/Pléiade, 1951.

_____. *O espírito das leis*. Trad. Cristina Murachco. 3.ed. São Paulo: Martins Fontes, 2005.

QUESNAY, François et al. *Fisiocracia*: textos selecionados. Ed. Leonardo André Paes Müller e Thiago Vargas. São Paulo: Editora Unesp, 2021.

ROUSSEAU, Jean-Jacques. *Affaires de Corse*. Org. Christophe Litwin. Ed. James Swenson. Paris: Vrin, 2018.

ROUSSEAU, Jean-Jacques. Carta a d'Alembert sobre os espetáculos teatrais. Trad. Fabio Stieltjes Yasoshima. In: *Rousseau – Escritos sobre a política e as artes*. Org. Pedro Paulo Pimenta. São Paulo: Ubu/UnB, 2020.

_____. *Cartas escritas da montanha*. Trad. Maria Constança Peres Pissarra e Maria das Graças de Souza. São Paulo: Educ/Editora Unesp, 2006.

_____. *Considerações sobre o governo da Polônia e sua reforma projetada*. Trad. Luiz Roberto Salinas Fortes. São Paulo: Brasiliense, 1982.

_____. *Correspondance complète de J.-J. Rousseau*. Org. R. A. Leigh. Oxford: Voltaire Foundation, 1965-1992. 52 v.

_____. Des lois. In: *Œuvres complètes de Jean-Jacques Rousseau*, t.III. Paris: Gallimard/Pléiade, 1964.

_____. *Discours sur l'économie politique et autres textes*. Ed. Barbara de Negroni. Paris: GF Flammarion, 2012.

_____. Discurso sobre a origem e os fundamentos da desigualdade entre os homens. Trad. Iracema Gomes Soares e Maria Cristina Roveri Nagle. In: *Rousseau – Escritos sobre a política e as artes*. Org. Pedro Paulo Pimenta. São Paulo: Ubu/UnB, 2020.

_____. Do contrato social ou princípios do direito político. Trad. Ciro Lourenço Borges Jr. e Thiago Vargas. In: *Rousseau – Escritos sobre a política e as artes*. Org. Pedro Paulo Pimenta. São Paulo: Ubu/UnB, 2020.

_____. *Du contrat social*. Ed. Bruno Bernardi. Paris: GF Flammarion, 2001.

_____. Economia (moral e política). Trad. Maria das Graças de Souza. In: DIDEROT, Denis; D'ALEMBERT, Jean Le Rond (Org.). *Enciclopédia*, v.4. São Paulo: Editora Unesp, 2015.

_____. *Emílio ou Da educação*. Trad. Thomaz Kawauche. Revisão técnica de Thiago Vargas. São Paulo: Editora Unesp, 2022.

_____. Le luxe, le commerce et les arts. In: *Œuvres complètes de Jean-Jacques Rousseau*, t.III. Paris: Gallimard/Pléiade, 1964. [O luxo, o comércio e as artes. Trad. Luís Fernandes dos Santos Nascimento. *Cadernos de Ética e Filosofia Política* (USP), São Paulo, n.31, 2017.]

_____. *Obras de Jean-Jacques Rousseau*, v.II: Obras Políticas. Trad. Lourdes Santos Machado. Revisão de Lourival Gomes Machado. Introdução e notas de Paul Arbousse-Bastide. Porto Alegre: Globo, 1958.

ROUSSEAU, Jean-Jacques. *Œuvres et correspondance inédites*. Org. M. G. Streckeisen-Moultou. Paris: Michel Lévy frères, 1861.

_____. *Œuvres complètes de Jean-Jacques Rousseau*, t.III: Du contrat social. Écrits politiques. Org. B. Gagnebin e M. Raymond. Paris: Gallimard/Pléiade, 1964.

_____. *On the Social Contract and other Political Writings*. Ed. Christopher Bertram, Trad. Quintin Hoare. London: Penguin Classics, 2012.

_____. *Os devaneios do caminhante solitário*. Trad. Julia da Rosa Simões. Porto Alegre: L&PM, 2010.

_____. *Rousseau – Escritos sobre a política e as artes*. Org. Pedro Paulo Pimenta. São Paulo: Ubu/UnB, 2020.

_____. *Rousseau juiz de Jean-Jacques*: Diálogos. Trad. Claudio A. Reis e Jacira de Freitas. São Paulo: Editora Unesp, 2022.

_____. *The Social Contract and other later Political Writings*. Ed. Victor Gourevitch. Cambridge: Cambridge University Press, 1997.

VOLTAIRE. Dictionnaire philosophique. In: *Œuvres complètes de Voltaire*, t.20. Paris: Garnier Frères, 1879. [*Dicionário filosófico*. Trad. Ivone C. Benedetti. São Paulo: WMF Martins Fontes, 2020.]

Estudos sobre a Córsega e a Polônia e trabalhos temáticos

BACHOFEN, Blaise. *La condition de la liberté*: Rousseau, critique des raisons politiques. Paris: Payot et Rivages, 2002.

BANDERA, Mauro Dela. Rousseau e a grande partilha Ocidental: a ideia de exclusividade da natureza humana. *Kriterion* (UFMG), Belo Horizonte, n.150, 2021.

BERNARDI, Bruno. *Le principe d'obligation*: sur une aporie de la modernité politique. Paris: Vrin, 2007.

_____. Un corps composé de voix. *Cahiers philosophiques*, n.109, 2007.

_____. *La fabrique des concepts*: recherches sur l'invention conceptuelle chez Rousseau. Paris: Honoré Champion, 2006.

CALORI, François. Le système rustique. Démographie, agriculture et forme du gouvernement. In: *Affaires de Corse*. Org. C. Litwin. Ed. J. Swenson. Paris: Vrin, 2018.

CITTON, Yves. Rousseau et les physiocrates: la justice entre produit net et pitié. *Études Jean-Jacques Rousseau*, Montmorency, n.11 (Rousseau et économie politique), 1999.

DERATHÉ, Robert. *Rousseau e a ciência política de seu tempo*. Trad. Natalia Maruyama. São Paulo: Barcarolla/Discurso Editorial, 2010.

FORTES, Luiz Roberto Salinas. *Rousseau*: da teoria à prática. 2.ed. São Paulo: Discurso Editorial, 2021[1976].

_____. *Rousseau*: o bom selvagem. 2.ed. São Paulo: Discurso Editorial/Humanitas, 2007[1989].

_____. O engano do povo inglês. *Discurso* (USP), São Paulo, n.8, 1978.

_____. Rousseau: entre o bem dizer e o bem fazer. *Discurso* (USP), São Paulo, n. 5, 1974.

HANLEY, Ryan Patrick. Enlightened Nation Building: The 'Science of the Legislator' in Adam Smith and Rousseau. *American Journal of Political Science*, v.52, n.2, 2008.

HÉNAFF, Marcel. Rousseau et l'économie politique. 'Système rustique' et 'système de finances'. *Études françaises*, v.25, n.2-3, 1989.

HIRSCHMAN, Albert O. *The Passions and the Interests*: Political Arguments for Capitalism before its Triumph. Princeton, New Jersey: Princeton University Press, 2013[1977].

KAWAUCHE, Thomaz. *Educação e filosofia no Emílio de Rousseau*. São Paulo: Editora Unifesp/Fapesp, 2021.

KUNTZ, Rolf. *Fundamentos da teoria política de Rousseau*. São Paulo: Barcarolla/Fapesp, 2012.

LARRÈRE, Catherine. Pourquoi faudrait-il faire de Rousseau un économiste?. *Cahiers d'économie politique*, n.53, 2007.

_____. *L'invention de l'économie au XVIIIe siècle*. Paris: PUF, 1992.

MARUYAMA, Natalia. *A contradição entre o homem e o cidadão*: consciência e política segundo J.-J. Rousseau. São Paulo: Humanitas, 2001.

MOSCATELI, Renato. *Rousseau frente ao legado de Montesquieu*: história e teoria política no Século das Luzes. Porto Alegre: EdiPUCRS, 2010.

NASCIMENTO, Milton Meira. *A farsa da representação política*: ensaios sobre o pensamento político de Rousseau. São Paulo: Discurso Editorial, 2016.

NASCIMENTO, Milton Meira. *Opinião pública e revolução*. 2.ed. São Paulo: Discurso Editorial, 2016.

_____. A aporia da quadratura do círculo: polos de oscilação no pensamento político de Rousseau. *Cadernos de Ética e Filosofia Política* (USP), São Paulo, v.1, n.16, 2010.

_____. O contrato social – entre a escala e o programa. *Discurso* (USP), São Paulo, n.17, 1988.

PIGNOL, Claire. Pauvreté et fausse richesse chez J.-J. Rousseau. L'économie entre éthique et politique. *Cahiers d'économie politique*, n.59, 2010.

SENELLART, Michel. La population comme signe du bon gouvernement. In: CHARRAK, André; SALEM, Jean (Org.). *Rousseau et la philosophie*. Paris: Publications de la Sorbonne, 2004.

SOUZA, Maria das Graças de. Ocasião propícia, ocasião nefasta: tempo, história e ação política em Rousseau. *Trans/Form/Ação* (Unesp), Marília, v.29, n.2, 2006.

_____. *Ilustração e história*: o pensamento sobre a história no Iluminismo francês. São Paulo: Discurso Editorial, 2001.

SPECTOR, Céline. *Rousseau et la critique de l'économie politique*. Bordeaux: Presses Universitaires de Bordeaux, 2017.

_____. *Rousseau*: les paradoxes de l'autonomie démocratique. Paris: Michalon, 2015.

VARGAS, Thiago. *As sociedades e as trocas – Rousseau, a economia política e os fundamentos filosóficos do liberalismo*. São Paulo/Paris, 2021. Tese (Doutorado em Filosofia). Universidade de São Paulo/Université Paris 1 Panthéon-Sorbonne.

_____. *Trabalho e ócio*: um estudo sobre a antropologia de Rousseau. São Paulo: Alameda/Fapesp, 2018.

Outras fontes citadas

CHAUSSINAND-NOGARET, Guy. *La Noblesse au XVIIIe siècle*: de la Féodalité aux Lumières. Paris: Hachette, 1976.

CÍCERO, Marco Túlio. *Discussões tusculanas*. Trad. Bruno Freni Bassetto. Uberlândia: Edufu, 2014.

COUTINHO, Mauricio Chalfin. *Lições de economia política clássica*. São Paulo: Hucitec, 1993.

ELIAS, Norbert. *O processo civilizador*. Trad. Ruy Jungmann. Rio de Janeiro: Zahar, 1994. 2 v.

FERGUSON, Adam. *Ensaio sobre a história da sociedade civil. Instituições de filosofia moral*. Trad. Eveline Campos Hauck e Pedro Paulo Pimenta. São Paulo: Editora Unesp, 2019.

FORTES, Luiz Roberto Salinas. *Paradoxo do espetáculo*: política e poética em Rousseau. São Paulo: Discurso Editorial, 1997.

FOUCAULT, Michel. *História da loucura na Idade Clássica*. Trad. José Teixeira Coelho Neto. São Paulo: Perspectiva, 2010.

GONÇALVES, Eugênio Mattioli. Sobre a razão de Estado clássica e seus estudos recentes. *Sofia* (UFES), Vitória, v.8, n.2, 2019.

HIPÓCRATES. *Du régime des maladies aiguës*. Trad. Robert Joly. Paris: Belles Lettres, 2003.

HOBBES, Thomas. *De cive*: elementos filosóficos a respeito do cidadão. Trad. Ingeborg Soler. Petrópolis: Vozes, 1993.

KANTOROWICZ, Ernst. *Os dois corpos do rei*. Trad. Cid Knipel Moreira. São Paulo: Cia. das Letras, 1998.

KAWAUCHE, Thomaz. *Religião e política em Rousseau*: o conceito de religião civil. São Paulo: Humanitas/Fapesp, 2013.

KUNTZ, Rolf. *Capitalismo e natureza*: ensaio sobre os fundadores da economia política. São Paulo: Brasiliense, 1982.

OZOUF, Mona. *La fête révolutionnaire, 1789-1799*. Paris: Gallimard, 1976.

PIGNOL, Claire. Rousseau et l'argent: autarcie et division du travail dans *La Nouvelle Héloïse*. In: *Art et argent en France au temps des Premiers Modernes (XVIIe et XVIIIe siècle)*, v.10. Oxford: Voltaire Foundation/SVEC, 2004.

PIMENTA, Pedro Paulo. *A trama da natureza*: organismo e finalidade na época da Ilustração. São Paulo: Editora Unesp, 2018.

PLUTARCO. *Vidas paralelas*. Trad. Gilson César Cardoso. São Paulo: Paumape, 1991-1992. 5 v.

PRADO JR., Bento. *A retórica de Rousseau e outros ensaios*. 2.ed. São Paulo: Editora Unesp, 2018.

RIBEIRO, Lucas M. C. Contrato social e direito natural em Jean-Jacques Rousseau. *Kriterion* (UFMG), Belo Horizonte, v.58, n.136, 2017.

ROBERTSON, John. *The Scottish Enlightenment and the Militia Issue*. Edinburgh: John Donald Publishers, 1985.
SENELLART, Michel. *Machiavélisme et raison d'État*. Paris: PUF, 1989.
SMITH, Adam. *A riqueza das nações*. Trad. Alexandre Amaral Rodrigues e Eunice Ostrenski. São Paulo: Martins Fontes, 2013. 2 v.
SPECTOR, Céline. Le concept de mercantilisme. *Revue de métaphysique et de morale*, n.39, 2003.
VARGAS, Thiago. *A filosofia da fisiocracia*: metafísica, economia, política. São Paulo: Discurso Editorial, 2021.
_____. O tempo dentro e fora dos espetáculos: trabalho e ócio na *Carta a d'Alembert*. *Princípios* (UFRN), Natal, v.24, n.45, 2018.
ZAMOYSKI, Adam. *Napoleão*: o homem por trás do mito. Trad. Rogério Galindo. São Paulo: Planeta, 2020.

SOBRE O LIVRO

Formato: 13,7 x 21 cm
Mancha: 23,5 x 39 paicas
Tipologia: Venetian 301 BT 12,5/16
Papel: Off-white 80 g/m² (miolo)
Cartão Supremo 250 g/m² (capa)

1ª edição Editora Unesp: 2022

EQUIPE DE REALIZAÇÃO

Edição de texto
Thomaz Kawauche (Copidesque)
Edilson Dias de Moura (Revisão)

Capa
Vicente Pimenta

Editoração eletrônica
Sergio Gzeschnik

Assistência editorial
Alberto Bononi
Gabriel Joppert

Coleção Clássicos

A arte de roubar: Explicada em benefício dos que não são ladrões
D. Dimas Camándula

A construção do mundo histórico nas ciências humanas
Wilhelm Dilthey

A escola da infância
Jan Amos Comenius

A evolução criadora
Henri Bergson

A fábula das abelhas: ou vícios privados, benefícios públicos
Bernard Mandeville

Cartas de Claudio Monteverdi: (1601-1643)
Claudio Monteverdi

Cartas escritas da montanha
Jean-Jacques Rousseau

Categorias
Aristóteles

Ciência e fé – 2ª edição: Cartas de Galileu sobre o acordo do sistema copernicano com a Bíblia
Galileu Galilei

Cinco memórias sobre a instrução pública
Condorcet

Começo conjectural da história humana
Immanuel Kant

Contra os astrólogos
Sexto Empírico

Contra os gramáticos
Sexto Empírico

Contra os retóricos
Sexto Empírico

Conversações com Goethe nos últimos anos de sua vida: 1823-1832
Johann Peter Eckermann

Da Alemanha
Madame de Staël

Da Interpretação
Aristóteles

Da palavra: Livro I – Suma da tradição
Bhartrhari

Dao De Jing: Escritura do Caminho e Escritura da Virtude com os comentários do Senhor às Margens do Rio
Laozi

De minha vida: Poesia e verdade
Johann Wolfgang von Goethe

Diálogo ciceroniano
Erasmo de Roterdã

Discurso do método & Ensaios
René Descartes

Draft A do Ensaio sobre o entendimento humano
John Locke

Enciclopédia, ou Dicionário razoado das ciências, das artes e dos ofícios –
Vol. 1: Discurso preliminar e outros textos
Denis Diderot, Jean le Rond d'Alembert

Enciclopédia, ou Dicionário razoado das ciências, das artes e dos ofícios –
Vol. 2: O sistema dos conhecimentos
Denis Diderot, Jean le Rond d'Alembert

Enciclopédia, ou Dicionário razoado das ciências, das artes e dos ofícios –
Vol. 3: Ciências da natureza
Denis Diderot, Jean le Rond d'Alembert

Enciclopédia, ou Dicionário razoado das ciências, das artes e dos ofícios –
Vol. 4: Política
Denis Diderot, Jean le Rond d'Alembert

Enciclopédia, ou Dicionário razoado das ciências, das artes e dos ofícios –
Vol. 5: Sociedade e artes
Denis Diderot, Jean le Rond d'Alembert

Enciclopédia, ou Dicionário razoado das ciências, das artes e dos ofícios –
Vol. 6: Metafísica
Denis Diderot, Jean le Rond d'Alembert

Ensaio sobre a história da sociedade civil / Instituições de filosofia moral
Adam Ferguson

Ensaio sobre a origem dos conhecimentos humanos /
Arte de escrever
Étienne Bonnot de Condillac

Ensaios sobre o ensino em geral e o de Matemática em particular
Sylvestre-François Lacroix

Escritos pré-críticos
Immanuel Kant

Exercícios (Askhmata)
Shaftesbury (Anthony Ashley Cooper)

Fisiocracia: Textos selecionados
François Quesnay, Victor Riqueti de Mirabeau, Nicolas Badeau, Pierre-Paul
Le Mercier de la Rivière, Pierre Samuel Dupont de Nemours

Fragmentos sobre poesia e literatura (1797-1803) / Conversa sobre poesia
Friedrich Schlegel

Hinos homéricos: Tradução, notas e estudo
Wilson A. Ribeiro Jr. (Org.)

*História da Inglaterra –
2ª edição: Da invasão de Júlio César à Revolução de 1688*
David Hume

História natural
Buffon

História natural da religião
David Hume

Investigações sobre o entendimento humano e sobre os princípios da moral
David Hume

Lições de ética
Immanuel Kant

Lógica para principiantes – 2ª edição
Pedro Abelardo

Metafísica do belo
Arthur Schopenhauer

Monadologia e sociologia: E outros ensaios
Gabriel Tarde

O desespero humano: Doença até a morte
Søren Kierkegaard

O mundo como vontade e como representação – Tomo I – 2ª edição
Arthur Schopenhauer

O mundo como vontade e como representação – Tomo II
Arthur Schopenhauer

O progresso do conhecimento
Francis Bacon

O sobrinho de Rameau
Denis Diderot

Obras filosóficas
George Berkeley

Os analectos
Confúcio

Os elementos
Euclides

Os judeus e a vida econômica
Werner Sombart

Poesia completa de Yu Xuanji
Yu Xuanji

Rubáiyát: Memória de Omar Khayyám
Omar Khayyám

Tratado da esfera – 2ª edição
Johannes de Sacrobosco

Tratado da natureza humana – 2ª edição: Uma tentativa de introduzir o método experimental de raciocínio nos assuntos morais
David Hume

Verbetes políticos da Enciclopédia
Denis Diderot, Jean le Rond d'Alembert